창세기 이야기

김민웅

창세기 이야기

❷ 길 떠나는 사람들

한길사

창세기 이야기 ❷ 길 떠나는 사람들

지은이 · 김민웅
펴낸이 · 김언호
펴낸곳 · (주)도서출판 한길사

등록 · 1976년 12월 24일 제74호
주소 · 413-756 경기도 파주시 교하읍 문발리 520-11
  www.hangilsa.co.kr
  E-mail: hangilsa@hangilsa.co.kr

전화 · 031-955-2000~3   팩스 · 031-955-2005

상무이사 · 박관순 ┃ 영업이사 · 곽명호
편집 · 박희진 안민재 ┃ 전산 · 한향림
마케팅 및 제작 · 이경호 이연실 ┃ 관리 · 이중환 문주상 장비연 김선희

출력 · 한국커뮤니케이션 ┃ 인쇄 제본 · 갑우문화사

제1판 제1쇄 2010년 3월 10일

값 14,000원
ISBN 978-89-356-6155-8 04230
ISBN 978-89-356-6157-2 (전3권)

• 잘못 만들어진 책은 구입하신 서점에서 바꿔드립니다.

이 도서의 국립중앙도서관 출판시도서목록(CIP)은
e-CIP 홈페이지(http://www.nl.go.kr/ecip)에서 이용하실 수 있습니다.
(CIP제어번호: CIP2010000723)

"지금 잡았다고 해서 언제나 내 손 안에 있는 것이 아니며, 놓쳤다고 해서 영원히 잃는 것 또한 아닙니다. 하나님은 주실 것을 반드시 주시고 가져갈 것은 언제든 가져가십니다."

김민웅

창세기 이야기 ❷ 길 떠나는 사람들

❶ 생명의 빛

❸ 넘치는 축복

18 아브람의 출발

창세기 11장 10절-12장 4절

역사의 흐름을 바꾼 발걸음

한 시대와 역사의 큰 흐름이 바뀌기까지 수많은 사람들의 노력과 생각의 축적이 필요합니다. 그런데 중요한 것은 그 흐름의 방향입니다. 그건 꼭 많은 사람이 있어야만 되는 일은 아닙니다. 성서는 한 인간이 그 큰 흐름의 경계선을 어떻게 전격적으로 만들어내는지를 잘 보여줍니다. 역사적인 선택의 순간에 서 있는 한 사람이 인류 문명의 발전에 중대한 열쇠가 될 수 있다는 것입니다. 물론 그의 영혼에 하나님의 뜻이 있어야겠지요.

노아가 이전과는 다른 문명의 출발점이 된 존재라면, 아브람은 거기에 근거를 두고 이룩해가는 새로운 신앙공동체의 초석입니다. 노아 이후 나타난 바벨탑의 붕괴가 문명의 방향을 새롭게 바꾸는 전환점이었다면 아브람은 그 지점에서 출발하는 히브리 신앙공동체의 결정적인 변화를 상징합니다. 이후 그가 '아브라함'이라고 불리게 된 것은 '큰 아브람'이라는 뜻으로, 하나님의 역사 속으로 걸어 들어오면서 얻은 이름입니다. 그 순간 평범한 아버지였던 존재가 역사의 시조始祖로 격상하는 사건이 일어나게 되었습니다. 단 한 사람이 이룬 중대한 변화들입니다.

그런 까닭에 창세기 11장 본문의 긴 족보는 아브람을 그 정점에 놓고 있습니다. 노아의 아들 셈으로부터 아브람의 아버지 데라에 이르는 이 긴 세대의 흐름은 아브람이 역사의 거대한 저수지이자 새로운 물길임을 보여줍니다. 물론 중요한 것은 데라가 없다면 아브람도 없다는 사실입니다. 혈육의 차원에서도 그렇지만 그 이후의 역사를 봐도 그렇습니다. 데라가 바빌론 우르에서 가나안으로 길을 떠나는 결단을 하지 않았다면, 아브람은 우르에서 무명의 존재로 살아갔을지도 모릅니다. 데라의 선택은 아브람 이후 전개될 역사의 밑바탕이 되었습니다. 또한 아브람의 등장 이후 펼쳐지는 히브리 신앙공동체의 출발점임을 보여줍니다.

바빌론 문명의 중심에 살고 있던 데라가 변방 가나안으로 가는 것은 상식적으로 보면 역행의 과정입니다. 오지 가나안에서 문명의 중심 우르로 오는 것이 대세였던 시대에, 잘못된 방향 설정이라고 여길 수 있습니다. 그러나 데라는 훗날 아브람이 가야 할 길의 지침이 되었습니다. 그렇게 되기까지 역사는 하나의 뚜렷한 특징을 보여줍니다.

노아가 살았던 시대에 인간의 악함을 보시고, 하나님은 사람의 수명을 길어야 120세로 낮추겠다고 하셨습니다. 그런데 당장 줄인 것이 아니라 오랜 과정을 거칩니다. 노아의 아들 셈이 6백 살에 이른다면, 그 다음 4백 살, 2백 살로 줄어들지요. 아브라함은 175세에 숨을 거두는데, 2백 살이 채 안 되는 수명의 변화가 생겼습니다. 생명의 기력이 약해져가는 것이지요. 도시문명은 발전을 거듭하지만, 인간의 생기는 조상들에 비해 형편없이 떨어졌습니다. 셈에서 아브람으로 이어지는 족보는 데라에 이르는 시간의 흐름을 보여주는 동시에, 바빌론의 우르문명에 속한 인간들의 생명력이 시들어가고 있음을 증언합니다. 이런 상황이었으니 무언가 중대한 결단의 순간이 와야 합니다. 그 전환의 계기가 바로 데라에게서 실현됨을 우리는 보게 됩니다.

앞선 세대의 헌신

아브라함은 성서를 조금이라도 아는 사람들에게는 매우 중요하게 기억되는 인물이지만, 그의 아버지 데라는 그렇지 못합니다. 아브람으로 이어지는 계보의 한 고리 정도로 알고 있거나, 아예 그 이름조차 모르는 경우가 많습니다. 데라가 아브람의 아버지가 아니었다면 그의 이름은 그냥 묻혀버렸을 것입니다. 그러나 11장에 나오는 족보에서 가장 길게 서술되는 인물은 다름 아닌 데라입니다. 그 앞에 나오는 대부분의 인물이 두 절 정도의 기록에 그치는 반면, 데라는 일곱 절이나 할애되며 조명을 받고 있습니다.

데라에 대한 성서의 소개는, 첫째 데라의 자식들이 누구인지 밝히고 있으며 둘째 그 자식들의 형편이 어떠한지 기록하고 있습니다. 그리고 셋째 데라의 후반 생애를 적고 있습니다.

데라는 일흔 살에 아브람과 나홀과 하란을 낳았다. 창세기 11: 26

데라는 칠십 살에 아브람과 나홀과 하란을 자식으로 낳았는데, 세 아들의 운명은 외관상 각기 갈라집니다. 아브람은 아버지 데라와 함께 바빌론 우르를 떠나고, 나홀은 그곳에 남아 있다가 그 손녀 리브가의 대에 이르면 아브람의 아들 이삭과 인연을 맺습니다. 하란은 아버지보다 먼저 세상을 떠납니다. 이처럼 하나는 아버지와 함께 고향을 떠나고, 하나는 뒤에 남고, 또 다른 하나는 먼저 숨을 거둡니다. 그러나 세 아들은 후손을 통해 다시 하나의 가족으로 얽힙니다.

데라의 족보는 이러하다. 데라는 아브람과 나홀과 하란을 낳았다. 하란은 롯을 낳았다. 그러나 하란은, 그가 태어난 땅, 바빌로니아의 우르에서 아버지보다 먼저 죽었다. 아브람과 나홀이 아내를 맞아들였다. 아브람의 아내의 이름은 사래이고, 나홀의 아내의 이름은 밀가이다. 하란은 밀가와 이스가의 아버지이다. 사래는 임신을 하지 못하여서, 자식이 없었다. 창세기 11: 27-30

하란은 일찍 죽었지만 그렇다고 그의 역사가 거기서 멈춘 것은 아닙니다. 나홀의 아내 밀가는 하란의 딸이었으니 삼촌과 조카가 결혼한 것이었고, 아브람의 아들 이삭은 세월이 한참 지나 작은아버지 나홀의 손녀 리브가와 결혼합니다. 먼저 죽은 하란에게 딸 밀가 말고도 롯이라는 아들이 있었는데, 롯은 할아버지 데라와 큰아버지 아브람과 같이 길을 떠나게 됩니다. 이렇게 데라의 자손들은 서로 다른 길을 간 것 같지만, 하나님의 큰 역사의 틀 안에서 의도했든 아니든 모두 인연을 맺습니다. 세월이 흐르다보니 사는 곳이 달라지고, 가는 길 또한 같지 않았는데도 하나님의 섭리 안에서 다시 만나는 필연이 놀랍기만 합니다. 인류는 이렇게 따지고 보면 서로 형제요 자매이며, 아버지와 아들, 어머니와 딸입니다.

　한편, 아브람의 아내 사래가 임신을 할 수 없는 형편이어서 후손이 없었다는 기록은 나중에 아브람 가계의 계승이 어떻게 이루어지는지를 주목케 하는 구절입니다. 자식이 없는 아브람이었으니 조카 롯에 대한 마음이 얼마나 애틋했는지도 짐작할 수 있습니다. 또한 롯에게 아브람은 아버지 같은 존재였을 것입니다. 이제 우리는 데라가 고향 우르에서 일가를 거느리고 가나안으로 떠나는 장면을 보게 됩니다.

　데라는, 아들 아브람과, 하란에게서 난 손자 롯과, 아들 아브람의 아내인 며느리 사래를 데리고, 가나안 땅으로 오려고 바빌로니아의 우르를 떠나서, 하란에 이르렀다. 그는 거기에다가 자리를 잡고 살았다. 데라는 이백오 년을 살다가, 하란에서 죽었다. 창세기 11: 31 32

　하란은 훗날 바빌론 제국의 역사에서 매우 중요한 곳입니다. 우르에서 발전해나간 수메르는 점차 그 경계를 넓혀 하란에 이르기까지 그 문명의 힘을 떨치지요. 수메르는 갈대아, 메데, 바빌론, 페르시아를 아우르는 모든 고대 문명의 기반입니다. 하란은 바빌론의 입장에서 보면 서쪽인 오늘날 시리아라고 부르는 지역과 그 남쪽 이집트까지 영토를 확장하는 과정에서 전초기지 역할을 했던 곳입니다. 그 점을 떠올리면, 하란은 우르에서 시작한 고대 바빌론의 역사가 가나안 쪽으로 뻗어가기 전 중간 기착지 성격이 있음을 짐작할 수 있습니다.

　데라는 하란에 이르러 더는 여정을 계속하지 않습니다. 아들 아브람과 며느리 사래, 손자 롯을 모두 데리고 하란을 거쳐 가나안에 가려 했으나,

정작 그가 죽을 때까지 머문 곳은 하란이었습니다. 고장 이름을 하란이라 부른 것은 가슴에 묻은 아들 하란을 잊지 못해서인지도 모르겠습니다.

하란은 데라가 본래 가고자 했던 목적지는 아니었지요. 그곳은 어디까지나 가나안이었습니다. 기존의 세계 질서에서 보면 데라는 가족들을 이끌고 제국의 변방으로 떠난 자입니다. 그러나 하나님의 시선에서 보면 다른 의미를 갖습니다. 새로운 중심을 향해 가는 길이었던 것입니다. 성서는 이렇게 이미 중심이라고 여기는 곳에서 최고가 되는 것이 아니라 변방에서 새로운 중심을 세우는 사람들의 고난과 희망, 믿음에 대한 이야기를 기록하고 있습니다. 사람들이 생각했던 중심은 도리어 무너지고, 변방이라고 천시되던 곳이 중심으로 일어서는 역전이 이루어지는 것입니다. 이로써 새로운 역사의 주역이 등장합니다.

데라가 어떤 생각에서 우르를 떠났는지 우리는 구체적으로 알지 못합니다. 그는 아들과 손자를 데리고 더 이상 그곳에서 살지 않겠다고 결심합니다. 그 길의 끝에 아브람이 서 있습니다. 아브람이 데라의 길 떠남을 완성한 것입니다. 데라가 하란에서 생애를 마쳤으니 중도에 머문 것처럼 보이지만, 그만큼이라도 왔기 때문에 가야 할 방향이 더 분명해졌고 가나안으로의 여정은 단축될 수 있었습니다. 데라는 하나님의 계획과 아브람의 출발을 이어준 교량 같은 존재입니다. 과거와 미래를 잇는 징검다리 역할을 했지요. "나는 여기까지 왔지만 더는 못 가겠다. 나를 딛고 너는 가라." 역사는 이런 마음으로 기꺼이 징검다리가 되려는 많은 사람들에 의해 힘차게 전진합니다.

아브람의 위대함 앞에는, 자신의 생애에 비록 꿈을 이루지는 못했어도 그 목표를 향해 온몸을 던진 데라의 세대가 있었습니다. 그 세대의 땀과 노력은 흔히 역사 속에서 쉬이 잊혀지는 경우가 많지만, 역사의 시발점이었다는 사실은 분명 기억해야 합니다. 누군가의 시작이 있기에, 다음 세대와 그 다음의 역사가 자연스럽게 사명을 감당하고 목표를 완성하는 시간이 다가오는 것입니다. "저 아득히 먼 가나안에 언제 당도할 수 있을까?" 하고 지레 포기했다면 데라도 아브람도 없습니다.

자신의 시대에 모든 것을 완성해야 한다고 생각하면, 그는 욕심이 너무 많거나 쉽게 좌절하는 인간이 될 수 있습니다. 역사는 긴 눈으로 내다봐야 지금의 선택을 의미 있게 해낼 수 있습니다. 한 사람의 결단이 다음에 올 결정적 전환점을 이루어내는 순간이 될 수 있습니다. 희망은 그렇게 생겨나고, 미래는 그렇게 오며, 역사는 그렇게 발전합니다.

하나님이 보여주시는 땅

데라의 일가가 우르를 떠나 하란에 뿌리를 내리고, "이 정도면 되지 않았을까?" 하고 생각했을지도 모를 때, 하나님은 아브람을 불러 세우십니다. 하나님은 데라의 결단과 그의 삶을 허무하게 끝나지 않도록 하신 것입니다. 아브람으로서는 어려운 선택 앞에 서게 되었습니다. 사실 대부분의 사람들은 오랫동안 익숙해진 것과 결별하는 것이 쉽지만은 않습니다. 웬만하면 익숙하고 편안한 환경에서 안정되게 살고 싶어합니다. 그러나 하나님의 생각은 달랐습니다.

주께서 아브람에게 말씀하셨다. "너는, 네가 살고 있는 땅과, 네가 난 곳과, 너의 아버지의 집을 떠나서, 내가 보여주는 땅으로 가거라." 창세기 12:1

하나님은 아브람에게 지금의 익숙하고 평안한 그 자리에서 일어나라 합니다. 고향이니 친척이니 또는 가진 모든 기득권과 결별하라고 합니다. 하란에 만족하지 말고 사명이 더 있음을 일깨우지요.

하나님은 인간의 삶이 안정되었다고 여기고 그의 기운이 고이려 하는 때 일으켜 세우십니다. 안락하다고 그냥 주저앉으면 안정이 아니라 퇴보이고 무너짐의 시작일 수 있습니다. 자기도 모르게 노쇠해지고 맙니다. 또한 창조적 긴장을 가져올 만한 도전을 피하고 생명력 넘치는 상상력을 상실한 습관적인 인생으로 후퇴하며 틀에 박힌 삶의 무미건조한 존재가 되어가는 길이기 때문입니다.

그러나 하나님은 아브람에게 구체적인 일정과 계획표를 상세히 마련해주시지 않았으며, 가는 길에 필요한 지도를 손에 쥐어주지도 않으셨습니다. "내가 보여주는 땅으로 가라"고 하셨을 뿐입니다. 누가 이런 말씀만 듣고 떠날 의지가 쉽게 생겨날 수 있겠습니까? 아브람은 힘들고 어려울 때 힘이 되어줄 사람들과 삶의 모든 기반이 하란에 있었습니다. 도대체 무엇을 믿고 어디로 가야 하는지 생각하면 암담했을 것입니다. 아무리 아버지의 꿈을 이어가는 과정이라고 해도 현실 조건을 계산해보면, 하란을 떠나는 것이 미래를 확실히 보장해준다는 근거를 발견하기 어려웠을 겁니다. 하란도 우르에 비해 부족한 것이 많은데, 그보다 더 열악한 조건의 가나안으로 가라니, 그것은 가까운 아내도 설득시킬 수 없고 주변 사람들도 납득하기 어려운 결심일 수 있습니다. 사서 고생을 하는 길을 누가 선뜻 떠나려 하겠습니까?

아브람이 길을 떠나서 가나안에 당도하여 한 곳에 정착하기까지 그 과정은 힘겹기만 합니다. 그가 그 땅을 살펴보고 "여기구나!" 하면서 푯대를 꽂고 안정된 가문을 이룬 것이 아니었습니다. 여기도 가고 저기도 가고 오랜 유랑의 세월을 보낸 뒤 비로소 뿌리를 내리게 되었지요. 아브람에게는 그야말로 곡절 많은 여정이었습니다. 하나님이 아브람에게 "내가 보여주는 땅으로 가라" 하셨을 때, 그 땅은 누구도 미리 알 수가 없습니다. 몸을 움직여 직접 가보고 확인해야 알 수 있는 땅입니다. 그러기 전까지는 어느 길로 가는지도 모릅니다. 동네 이름도, 누가 살고 있으며 얼마나 멀리 있는지, 어떤 상황에 직면할지 전혀 알 수 없습니다.

바로 이런 상황에서 아브람의 '낙관적인 믿음'이 태어납니다. 지금 나는 아무것도 모르지만 이 말씀 하나 믿고 가다보면 결국 알지 않을까 하는 마음입니다. 인간이 아무리 이성적 존재라고 해도 미리 그 운명의 경로를 논리적으로 따져서 구체적으로 알 수는 없습니다. 자신이 지금까지 쌓아온 지식과 경험 이상을 생각할 수는 없습니다.

그러면 과연 자신이 처한 상황에 대해 새롭게 눈뜨고 자신을 옥죄던 운명의 사슬을 푸는 때는 언제입니까? 그것은, 아무도 예상하지 못했던 새로운 현실이 자신이 그토록 구했던 답을 줄 때 가능해집니다. 생각이 제아무리 많아도 자신에게 닥친 현실은 단 하나이며, 선택의 여지가 하늘의 별처럼 많아도 결국 하나를 택할 수밖에 없습니다. 그런 현실이 어떤 의미를 지녔는지 당장에 다 알 수 있는 것도 아니지요. 우선은 유리하게 보이더라도 잠시 뒤에 가장 불리한 상황이 될 수 있고, 불리하게 여겨지는 지점도 알고 보면 유리한 고지로 가는 고갯마루일 수 있습니다.

아무런 사전 상식도 없고 지도도 없고 길잡이도 없다면, 산비탈이 아무리 험해도 직접 정상에 올라봐야 그 너머 또 산이 있는지, 들판이 펼쳐지는지 알 수 있습니다. 더 가야 하는지, 머물러야 하는지, 돌아가야 하는지도 알게 되지요. 중요한 것은 하나님이 그 길과 땅을 보여주시고 그 과정에서 우리에게 기쁨과 자신감을 불어넣어주시겠다는 것입니다. 그 땅을 보는 마음에 판단력과 지혜와 안목을 훈련시켜주시는 절차입니다. 우리가 가지고 있는 판단 기준과는 다른 기준에 대한 눈뜸이고, 그로써 하나님이 보여주시는 땅에 대한 가치를 통찰하는 힘이 생깁니다.

인간이 현실의 대세로 판단하기에는 그럴 듯해도 하나님은 아니라고 하실 수 있고, 우리에게 현실의 대세가 아니라고 해도 하나님은 이 땅이야말로 네가 택할 곳이라고 말씀해주실 수 있습니다. "내가 보여주는"이라는 말씀 속에 담긴 특별한 훈련의 의미를 깨닫고 그곳을 향해 가는 길에 우리가 영적으로 성장해가는 미래까지 예감한다면, 하나님이 아브람에게 말씀하신 뜻이 얼마나 깊은가를 짐작할 수 있을 것입니다.

우리는 이렇게 길을 떠나는 과정에서 사람과 하나님의 시간표가 다르다는 것을 종종 잊습니다. 이만하면 약속된 땅이 나와야 한다고 여기고 있다가 그렇지 않으면 인내와 믿음의 의지가 무너질 수 있습니다. 모세가 이집트 제국으로부터 해방시켜 광야로 이끌고 갔던 히브리 백성들도, 자신들이 설정했던 시간표와 하나님의 계획 사이에 거리가 존재함을 제대로 알지 못해 도중에서 무척이나 흔들립니다.

우리들 인생사에서도 이런 일들은 무수히 일어납니다. 우리는 바라는 일이 속히 이루어지기를 원하지만, 하나님은 그것이 주어져야만 하는 필연적인 이유와 목적이 있을 때를 정해놓으십니다. 그렇기 때문에 대체로 우리는 그 이루어짐의 의미를 일이 벌어지고 난 다음에야 알게 됩니다. 경험과 성찰이 하나가 되고, 그것이 믿음의 자산이 됩니다.

자신을 온전히 거는 자

하나님은 아브람에게 길을 떠나라고 하셨을 때 익숙한 것과의 결별만을 요구하지 않았습니다. 자신의 모든 것을 걸라고까지 한 것입니다. 그러지 않으면 제대로 떠날 수 없습니다. 기존의 현실에 적당히 한 발을 걸쳐놓고 이리저리 눈치만 보면 기회주의적인 선택만 되풀이하는 삶이 됩니다. 성서에 등장하는 하나님의 사람들은 모두 자신을 온전히 걸었던 존재들이었습니다. 자기를 진정으로 걸지 않으면 하나님과 형식적인 관계를 맺을 뿐, 결정적인 순간 자신에게 불리하다고 여겨지면 언제든 배반하게 됩니다. 예수께서 자신을 십자가에 거셨고 하나님의 선택에 자신을 모두 내어 맡겼습니다. 거기에서 하나님 당신의 생명을 모두 그대로 드러내십니다. 자신을 거는 존재에게 하나님 당신을 완전하게 여시기 때문입니다. 인간관계도 이와 다를 바 없을 것입니다. 막연한 일에 자신을 건다는 것은 이성적이지 못하고 무모해보입니다. 이는 도박과는 다릅니다. 도박은 이윤을 계산하고 하는 행위이지만, 하나님의 길은 그 자체로 의미가 있기 때문입니다. 도박은 돈을 걸지만, 하나님의 길에 거는 것은 자기 존재 자체입니다. 이로써 자신의 재산, 성취, 지위, 지식, 기득권 일체를 넘어서는 자가 되며, 하나님이 보여주시는 땅을 점점 더 구체적으로 볼 수 있습니다.

길을 떠나는 순간부터 아브람이 위대해진 것은 아닙니다. 애초에는 풋내기일지 모르나 자신을 걸고 길을 가면서 그는 하나님이 보여주시는 바를 볼 수 있는 큰 사람으로 성장해갔습니다. 이런 아브람에게 하나님이 주시는 축복의 내용은 대단히 특별합니다. 여기서 우리는 성서가 일깨우는 '축복'의 뜻을 분명히 알게 됩니다.

"내가 너로 큰 민족이 되게 하고, 너에게 복을 주어서, 네가 크게 이름을 떨치게 하겠다. 너는 복의 근원이 될 것이다. 너를 축복하는 사람에게는 내가 복을 베풀고, 너를 저주하는 사람에게는 내가 저주를 내릴 것이다. 땅에 사는 모든 민족이 너로 말미암아 복을 받을 것이다." 창세기 12: 2-3

복에 대해 사람들은 흔히 재물이 많아지고 권세가 높아지며 지위가 올라가는 것만을 떠올립니다. 아브람에게 주신 복의 내용은 "큰 민족이 되게 하고 이름을 떨치고 복의 근원"이 된다는 것이었습니다.

아브람은 성서의 유명한 인물이지만 당대의 현실에서는 무명의 존재에 불과했습니다. 가나안이라는 오지로 떠나는 사람이었으니, 누가 그를 알아주었겠습니까. 그런 처지에 놓인 아브람이 어떻게 큰 민족을 이룰 거라고 예상할 수 있나요. 유랑자로 헤매다가 결국 그 후손들도 뿔뿔이 흩어질지도 모르는 상황인데 말입니다.

하나님은 이런 아브람이 역사의 중심 존재로 커나간다고 하셨습니다. 현실의 조건을 보면 도저히 상상할 수 없는 일입니다. 어디에도 그럴 가능성은 없어 보입니다. 그런 그에게 하나님은 그의 존재가 결코 미약하지 않다고 분명히 일깨우십니다. 하나님은 그의 존재가치를 "모든 민족이 너로 말미암아 복을 받을 것이다, 너는 복의 근원이 될 것이다"라는 말로 표현하십니다. 복의 진정한 실체입니다. 아브람이 있음으로 해서 세상이 달라진다는 얘기입니다. 그의 삶이 다른 이들의 행복에 기여하고 그 뿌리가 된다는 이야기입니다. 그로 인해 위로와 격려를 받고, 기쁨과 소망을 품으며, 생명의 기력이 생겨나는 감격이 있다는 것입니다. 땅에 사는 모든 민족이 복을 받을 것이라니, 이보다 더 감동적인 존재의 가치 승인이 어디에 있습니까? 그 사람이 있기만 하면 슬픔이 거두어지고, 힘이 나서 살아가게 된다니 말이지요.

내가 뭘 갖고, 뭘 누리고 있느냐가 복이 아니라, 내 존재 자체가 복이라면 그 사람은 어디에 있든 행복의 에너지가 됩니다. 그런 사람은 당대의 이웃만이 아니라 후대에도 축복의 근거가 되는 존재로 우뚝 섭니다. 암담한 현실에서 하나님 나라를 여는 존재는 그런 사람입니다. 참으로 우리 자신이 이웃과 민족, 인류 전체의 복의 근원이 될 수 있기를 바랍니다.

아브람은 조카 롯과 함께 결국 길을 떠나게 되었습니다.

> 아브람은 주께서 말씀하신 대로 길을 떠났다. 롯도 그와 힘께 길을 떠났다. 아브람이 하란을 떠날 때에, 나이는 일흔다섯이었다. 창세기 12: 4

이때 아브람의 나이가 일흔다섯이지요. 그가 175세까지 살았다고는 하나 100세가 되었을 때 자신을 늙었다고 했으니, 일흔다섯은 결코 젊은 나이가 아니었습니다. 새로 무언가를 시작하기에는 늦었다고 여길 만한 나이일 수 있습니다. 그러나 하나님의 역사 안에서 "늦었다, 선택의 여지가 없다"라는 말은 없습니다. 우리는 때로 나이는 숫자에 불과하다고 이야기합니다. 나이 먹는 것을 두려워하지 말라는 위로입니다. 나이가 물론 숫자만은 아니겠지요. 그 안에는 인생사의 무수한 경륜과 사연이 담겨 있습니다. 하지만 하나님의 역사 안에서 나이는 정말 숫자에 불과함을 알 수 있습니다. 나이보다 더 중요한 것은 하나님의 영혼이 일으켜 세우는 생명의 능력이기 때문입니다.

 존재의 가치를 빛나게 하는 것은 내면에 깃든 말씀의 힘입니다. 그 말씀대로 지금 일어나 길을 떠나겠다고 결단하는 순간 누구든 새로운 존재가 됩니다. 그는 빛나는 존재로 살아갈 수 있습니다. 그런 사람은 나이를 먹을수록 더더욱 멋진 가치를 뿜어낼 수 있습니다. 우리가 어떤 세월에 처해 있어도 새로운 시작은 그렇게 해서 이루어집니다. 이런 마음을 품고 길을 떠나는 이에게 땅이 주어집니다. 하나님이 보여주시는 땅! 자신의 존재가치가 가장 아름답게 피어날 생명과 영혼의 영토가 마련되는 것입니다. 그런 땅의 주인이 되는 것은 무엇보다 행복한 일입니다. 그곳을 비옥하게 가꾸고 생명을 싹틔우며 꽃을 피워서, 사랑의 향기를 더욱 멀리 많은 이들에게 보낼 수 있기를 바랍니다. 그로 말미암아 세상은 아름다워질 수 있습니다. 축복의 진정한 의미는 이렇게 완성되어갑니다.

11

^{10} 셈의 족보는 이러하다. 셈은, 홍수가 끝난 지 이 년 뒤, 백 살이 되었을 때에 아르박삿을 낳았다. ^{11} 셈은 아르박삿을 낳은 뒤에, 오백 년을 더 살면서, 아들딸을 낳았다. ^{12} 아르박삿은 서른다섯 살에 셀라를 낳았다. ^{13} 아르박삿은 셀라를 낳은 뒤에, 사백삼 년을 더 살면서, 아들딸을 낳았다. ^{14} 셀라는 서른 살에 에벨을 낳았다. ^{15} 셀라는 에벨을 낳은 뒤에, 사백삼 년을 더 살면서, 아들딸을 낳았다. ^{16} 에벨은 서른네 살에 벨렉을 낳았다. ^{17} 에벨은 벨렉을 낳은 뒤에, 사백삼십 년을 더 살면서, 아들딸을 낳았다. ^{18} 벨렉은 서른 살에 르우를 낳았다. ^{19} 벨렉은 르우를 낳은 뒤에, 이백구 년을 더 살면서, 아들딸을 낳았다. ^{20} 르우는 서른두 살에 스룩을 낳았다. ^{21} 르우는 스룩을 낳은 뒤에, 이백칠 년을 더 살면서, 아들딸을 낳았다. ^{22} 스룩은 서른 살에 나홀을 낳았다. ^{23} 스룩은 나홀을 낳은 뒤에, 이백 년을 더 살면서, 아들딸을 낳았다. ^{24} 나홀은 스물아홉 살에 데라를 낳았다. ^{25} 나홀은 데라를 낳은 뒤에, 백십구 년을 더 살면서, 아들딸을 낳았다. ^{26} 데라는 일흔 살에 아브람과 나홀과 하란을 낳았다. ^{27} 데라의 족보는 이러하다. 데라는 아브람과 나홀과 하란을 낳았다. 하란은 롯을 낳았다. ^{28} 그러나 하란은, 그가 태어난 땅, 바빌로니아의 우르에서 아버지보다 먼저 죽었다. ^{29} 아브람과 나홀이 아내를 맞아들였다. 아브람의 아내의 이름은 사래이고, 나홀의 아내의 이름은 밀가이다. 하란은 밀가와 이스가의 아버지이다. ^{30} 사래는 임신을 하지 못하여서, 자식이 없었다. ^{31} 데라는, 아들 아브람과, 하란에게서 난 손자 롯과, 아들 아브람의 아내인 며느리 사래를 데리고, 가나안 땅으로 오려고 바빌로니아의 우르를 떠나서, 하란에 이르렀다. 그는 거기에다가 자리를 잡고 살았다. ^{32} 데라는 이백오 년을 살다가, 하란에서 죽었다.

12

^{1} 주께서 아브람에게 말씀하셨다. "너는, 네가 살고 있는 땅과, 네가 난 곳과, 너의 아버지의 집을 떠나서, 내가 보여주는 땅으로 가거라. ^{2} 내가 너로 큰 민족이 되게 하고, 너에게 복을 주어서, 네가 크게 이름을 떨치게 하겠다. 너는 복의 근원이 될 것이다. ^{3} 너를 축복하는 사람에게는 내가 복을 베풀고, 너를 저주하는 사람에게는 내가 저주를 내릴 것이다. 땅에 사는 모든 민족이 너로 말미암아 복을 받을 것이다." ^{4} 아브람은 주께서 말씀하신 대로 길을 떠났다. 롯도 그와 함께 길을 떠났다. 아브람이 하란을 떠날 때에, 나이는 일흔다섯이었다.

19 길 떠나는 자의 운명

창세기 12장 5절 - 13장 1절

마침내 가나안에 이르다

아브람은 가족들과 조카 롯을 데리고 드디어 목표하던 가나안에 당도 했습니다.

> 아브람은, 아내 사래와 조카 롯과 하란에서 모은 재산과 거기에서 얻은 사 람들을 거느리고, 가나안 땅으로 가려고 길을 떠나서, 마침내 가나안 땅에 이르렀다. 창세기 12: 5

그가 간절하게 바라던 바가 결국 이루어졌습니다. 아브람은 이제 우르 시절의 아브람도, 하란의 아브람도 아닙니다. 가나안에 이르는 과정을 통해 그는 새로운 존재로 변모해가는 인생을 살았습니다. '마침내'라는 이 한마디에는 말로 다 표현할 수 없는 많은 사연이 담겨 있습니다. 단순히 '하란에서 가나안까지'라는 지리적 이동의 완료만을 뜻하지 않습니다. 가나안에 도착하기까지 도처에서 하나님이 내렸던 모든 훈련을 통과한 존재의 내면에 깃든 삶의 풍부함과 믿음의 고투를 떠올리게 합니다. 또 그 여정이 속성으로 이루어지지 않았음을 말합니다. 거칠 것은 거치고, 넘어설 것은 넘어서면서, 힘겹게 가나안에 왔다는 표현입니다. 모세의 인도로 이집트 제국에서 탈출한 히브리 백성들도 가나안을 목표로 삼았습니다. 그 역시 단지 '이집트에서 가나안으로'라는 지리적 이동을 완료하면 되는 일이 아니었습니다. 가나안에서의 새로운 생활을 감당할 수 있어야 하고, 노예가 아니라 진정한 자유인이 되어 살아갈 만한 자질을 갖추어야 합니다. 그 훈련의 과정이 '광야'라는 무대였지요. 반드시 거쳐야 할 과정에서 갖출 것을 갖추지 않으면 바라던 결과가 주어져도 진정한 자신의 것이 되지 못합니다. 히브리인들이 노예에서 자유인이 되는 힘든 절차를 밟지 않았다면 가나안에서도 노예로 살게 되거나 여전히 노예의식을 버리지 못한 채 살게 되지요.

아브람도 마찬가지입니다. 그가 진실로 아브람답기 위해서는 시간이 아무리 걸린다 해도 가나안에 오기까지의 절차를 제대로 밟아야 했습니다. 그 절차의 완성이 다름 아닌 '마침내'입니다. 비로소 내면의 성장 목표가 실현되지요. 어느 인간도 애초부터 완벽하게 출발하는 존재는 없습니다. 서툴고 능력이 부족하지만 과정을 거치며 어느새 달라집니다. 누구도 무시하지 못할 강건함을 가진 사람이 됩니다.

그렇다고 가나안 도착이 모든 일의 완결은 아니었습니다. 아브람은 가나안 지역에 온 뒤에도 정착할 만하면 떠나고 또 떠나기를 거듭합니다. 이사를 열두 번도 더 합니다. 가나안에 정착하나 했더니 그곳을 지나 세겜에 갔다가 베델 동쪽 산간지방으로 옮겨가고, 그 다음에는 그곳의 남쪽 네겝 지방으로 갑니다. 네겝에 기근이 들어 이집트로 피신 갔다가 다시 네겝으로 올라간 뒤에 떠돌다 예전에 살던 베델 부근으로 와서 정착하려다가 헤브론으로 갑니다.

아브람은 그 땅을 지나서, 세겜 땅, 곧 모레의 상수리나무가 있는 곳에 이르렀다. 창세기 12: 6

아브람은 또 거기에서 떠나, 베델의 동쪽에 있는 산간지방으로 옮겨가서, 장막을 쳤다. …… 아브람은 또 길을 떠나서, 줄곧 남쪽으로 가서, 네겝에 이르렀다. 그 땅에 기근이 들었다. 그 기근이 너무 심해서, 아브람은 이집트에서 얼마 동안 몸붙여서 살려고, 그리로 내려갔다. 창세기 12: 8 10

아브람은 이집트를 떠나서, 네겝으로 올라갔다. 창세기 13: 1

그는 네겝에서는 얼마 살지 않고 그곳을 떠나, 이곳저곳으로 떠돌아다니다가, 베델 부근에 이르렀다. 그곳은 베델과 아이 사이에 있는, 예전에 장막을 치고 살던 곳이다. 그곳은, 그가 처음으로 제단을 쌓은 곳이다. 거기에서 아브람은 주의 이름을 부르며, 예배를 드렸다. 창세기 13: 3-4

아브람은 장막을 거두어서, 헤브론의 마므레, 곧 상수리나무들이 있는 곳으로 가서, 거기에서 살았다. 거기에서도 그는 주께 제단을 쌓아서 바쳤다.
창세기 13: 18

이렇게 살펴보면, 하나님이 보여주신 땅에 정착한다던 아브람은 뿌리 없는 자의 유랑하는 모습입니다. 좀체 안정된 삶을 꾸리지 못할 정도이니 안타깝기조차 합니다. 하지만 주목해야 하는 것은, 이렇게 이곳저곳을 전전하는 과정이 아브람에게 세상 보는 안목을 키우는 바탕이 되었습니다. 이런 힘이 있기에 롯과 아브람의 훗날 선택은 달라집니다.

롯은 정말 괜찮은 판단을 한 것 같았지만 소돔과 고모라라는 멸망의 땅을 얻은 자가 되고, 아브람은 그 롯을 구하는 자가 됩니다. 우회로를 가는 듯이 보이나 그것은 목표를 향해 가는 길이었지요. 아브람이 이후 위대한 영혼을 지닌 자가 될 수 있었던 힘은 이렇게 그 과정을 하나하나 착실하게 쌓아갔기 때문입니다. 어딘가에 도착했다가 다시 떠돌고 장막을 세우는 일련의 과정은 소모적이거나 어리석거나 아니면 몰라서 방황하는 것이 아닙니다. 하나님의 인도하심에 따라 정작 뿌리내려야 할 곳이 어디인지 알아보는 힘을 기르는 절차였습니다. 이처럼 우리가 인생을 살면서 헤매고 떠도는 모든 과정이 우리의 영적 성장사가 될 수 있습니다.

살아남기 위한 거짓말

아브람이 네겝이라는 곳에서 지낼 때, 그는 예상치 못한 기근을 만나게 되었습니다. 미리 알았다면 일찌감치 다른 곳으로 갔겠지만, 하나님이 약속하신 땅에 기근이 든다는 것은 생각도 못했을 수 있습니다. 겨우 정착하나 싶을 때 이런 곤경이 닥치면 현실적 어려움에만 그치는 것이 아니라 '정말 여기가 축복의 땅이 맞아?' 하는 깊은 회의에 빠집니다. 그러나 아브람은 '잠시 피하면 돼'라고 생각합니다. 그런 마음도 위기의 순간에는 지혜일 수 있지요.

그런데 기근을 피하기 위해 이집트로 간 아브람의 선택은 더 어려운 일의 시작이었습니다. 이리를 피하려다가 호랑이를 만난 셈이었지요. 아내 사래를 빼앗기고 자신의 목숨도 위태로운 상황이 벌어집니다. 아내의 미모가 이집트에서는 아브람에게 불리한 조건이 되었습니다. 사래가 가나안에서는 예쁘지 않다가 이집트로 가니까 예뻐진 것은 아닙니다. 사래의 조건은 동일합니다.

여기서 사래가 예뻤다는 사실도 흥미롭습니다. 아브람과 사래의 나이 차이가 10살이라고 하니, 아브람이 75세라면 사래는 적어도 65세는 되었을 텐데 말입니다. 기근을 피해 간 처지였으니 이들로서는 자기를 보호할 힘이 없었으며 식량을 구하기 위한 걸음이었지만, 아브람은 아내를 빼앗길 현실에 직면합니다. 일가를 책임져야 하는 아브람은 결국 사래에게 고민을 털어놓고 어려운 부탁을 합니다.

이집트에 가까이 이르렀을 때에, 그는 아내 사래에게 말하였다. "여보, 나는 당신이 얼마나 아리따운 여인인가를 잘 알고 있소. 이집트 사람들이 당신을 보고서, 당신이 나의 아내라는 것을 알면, 나는 죽이고, 당신은 살릴 것이오. 그러니까 당신은 나의 누이라고 하시오. 그렇게 하여야, 내가 당신 덕분에 대접을 잘 받고, 또 당신 덕분에 이 목숨도 부지할 수 있을 거요." 창세기 12: 11-13

아브람은 자신들이 겪게 될 일을 예감하고 사래를 설득합니다. 아내의 미모가 자기 목숨을 위태롭게 할 수 있으니 자신의 누이라고 속여야 모두 살 수 있다는 것입니다. 물론 아브람은 사래가 이집트 왕의 눈에 들어 궁에 들어가리라고는 상상할 수 없었을 것입니다. 그렇지만 아브람이 이런 생각을 했을 때는 적어도 누군가가 사래를 아내로 달라고 하는 경우도 전제했다는 이야기가 됩니다. 그에 더하여 아브람은 사래의 미모가 뛰어나 사람들이 관심을 가지게 될 게 분명하고, 그 누이의 오빠가 된 자신은 그 덕에 대접도 받고 목숨도 부지할 수 있다고 말하고 있습니다. 우리는 아브람의 관심이 어디까지나 자신의 안전에만 있음을 봅니다. 아내에 대한 우려나 문제의식은 찾아보기 어렵고, 사래의 대답은 나타나 있지 않습니다. 아브람의 제안을 받은 사래의 심정은 어떠했을까요?

아브람은 살아남기 위해 거짓말을 합니다. 그렇다면 아브람은 유죄입니까, 무죄입니까? 모든 식구의 생명이 달려 있으니 사래의 희생은 어쩔 수 없을까요? 아브람에게 책임을 물을 수 있습니까?

아내를 빼앗긴 아브람

아브람의 걱정과 예상은 그대로 들어맞습니다. 사래가 이집트 제국의 왕 바로의 아내가 되고 만 것입니다. 그것도 남편 아브람에 의해서 그 과정이 아무렇지도 않게 진행됩니다. 진상을 알게 된 바로가 아브람을 소환하여 사태를 정리합니다.

바로가 아브람을 불러서 꾸짖었다. "어찌하여 너는 나를 이렇게 대하느냐? 저 여인이 너의 아내라고, 왜 일찍 말하지 않았느냐? 어찌하여 너는 저 여인이 네 누이라고 해서 나를 속이고, 내가 저 여인을 아내로 데려오게 하

였느냐? 자, 네 아내가 여기 있다. 데리고 나가거라."창세기 12: 18-19

　아브람은 아내 사래를 바로에게 여동생이라고 속였고, 사래에 반한 바로는 그녀를 아내로 삼았습니다. 나중에 하나님이 이 상황을 뒤집어 사래를 아브람의 품으로 돌려보내시지만 이 사건은 실로 비극적입니다. 훗날 아브람은 히브리 민족의 믿음의 조상이고, 사래는 히브리 민족의 어머니로 여겨지는데, 이런 치욕을 당했다는 것은 아무리 아브람이 살기 위해서라고 하나 두고두고 씻기 어려운 기억입니다.

　창세기의 이 장면을 두고 이스라엘의 역사 속에서 여러 가지 논쟁이 벌어지곤 했습니다. 바로에게 갔지만 동침은 하지 않았다는 주장과 동침했다는 주장이 맞선 것입니다. 그런데 성서의 내용만 보면 바로가 사래를 아내로 데려갔다는 증언은 그녀와의 동침 가능성이 대단히 높다고 할 수 있습니다. 그 수치스러운 역사를 성서는 후대까지 널리 전하고 되풀이해서 읽게 합니다.

　성서는 왜 이 이야기를 기록했을까요? 두고두고 읽고 새기라는 뜻이지요. 이런 사건이 어떤 민족과 족속에게 가능한 것인지를 생각해보면 그 까닭을 알 수 있습니다. 이는 힘이 없어서 궁지에 몰리다가 자기의 가장 소중한 것을 빼앗겨본 경험과 그런 역사를 가진 사람들에게 일어났던 이야기입니다. 짓밟히고 쫓기고 죽음의 위기에 무수히 처하면서 "내가 거짓말하고 싶은 것은 아니었다. 하지만 살아남기 위해서라면 어쩔 수 없었기에 사랑하는 아내도 누이라고 속이지 않으면 안 되었다"라는 처참한 경험이 있는 사람들에게 기억되는 사건의 원형입니다.

　아브람은 예상했던 대로 권력자에게 아내를 빼앗깁니다. 물론 그 대가로 엄청난 재산을 받지만 그것으로 아내의 상처와 아픔을 달래고 감싸기에는 불가능에 가까운 일입니다. 성서는 사래가 애초에 자식을 낳지 못했다고 하는데, 끝까지 임신이 불가능할 수도 있지만 살다가 마음과 몸이 안정될 경우 임신할 수도 있습니다. 그러나 오랜 세월이 흘러도 사래에게 태기를 기대할 수 없었습니다. 그 이집트에서의 일을 생각해보면 당연할지도 모르지요. 그 사건은 사래에게 말할 수 없는 고통과 충격이었을 테니까요. 성서는 아브람의 말에 대한 사래의 그 어떤 발언도 기록하고 있지 않습니다. 성서의 이 빈 공간은 할 말을 잃은 그 충격의 강도를 떠올리게 합니다. 남편과 생이별하고 졸지에 남의 아내가 된 상황을 결코 편안히 받아들일 수는 없었을 겁니다.

사래의 처지는 약소민족이나 종족이 힘이 없어 피하지 못했던 수탈의 역사를 잘 보여줍니다. 그렇게 내 누이, 내 아내를 빼앗겨본 경험이 있는 민족과 그런 사람들만이 사래의 이야기를 가슴 절절히 읽게 됩니다. 자신의 목숨을 부지하겠다고 비겁하게 행동한 자신들의 자화상과 그대로 마주하는 것입니다.

아브람과 사래는 바빌론 문명의 중심에서 벗어나 가나안으로 왔지만, 거기에서도 이집트 제국의 변방에 속하는 자들이 되어 생존의 위기에 몰리자 선택의 여지없는 비극을 경험하게 되었습니다. 이집트 제국은 기근에 시달려서 찾아온 약소민족을 핍박하는 잔혹한 심성을 보여줍니다. 성서는 이 이야기를 후대에 전하면서 힘 없는 백성이 겪는 슬픔과 고난을 잊지 않게 합니다. 하나님이 그 상황을 보고만 있지 않으셨다는 것을 일깨우지요.

> 그러나 주께서는, 아브람의 아내 사래의 일로 바로와 그 집안에 무서운 재
> 앙을 내리셨으므로. 창세기 12: 17

바로는 사태의 진실을 알지 못했기 때문에 이 사건에 책임이 없다고 할 수 있습니다. 하지만 아브람이 사래의 미모가 자신을 위태롭게 할 수 있다고 염려한 것을 보면 목숨을 부지하기 위해 이집트 제국을 찾아온 사람들의 처지가 얼마나 어려웠는가는 충분히 짐작할 수 있습니다. 바로의 정치가 어떤 분위기를 만들고 있었는지를 환기시키는 대목이기도 합니다. 이집트 제국이 굶어죽게 생긴 사람들을 보살피는 자세로 대했다면 아브람은 그런 걱정을 하지 않았을 것입니다.

바로의 궁에서 돌아온 사래를 아브람은 어떻게 맞았을까요? 우리 역사에는 '화냥녀'이라는 말이 있는데, 품행이 방정하지 못하고 함부로 자기의 몸을 파는 여성을 가리키는 말로 쓰이지만 원래는 '환향녀'還鄕女가 변모한 발음이라고 하지요. 과거 몽골족이 지배했던 원나라에 공물로 바쳐졌던 여인들이 고향으로 돌아오는 경우 환향녀라고 불렀다고 합니다. 고향으로 돌아온 여자라는 뜻입니다. 그런데 이 여성들을 고향에서는 제대로 받아주지 않았습니다. 집안의 수치로 여겼고, 마을의 치욕으로 여겨 능멸하고 욕설을 해댔다고 합니다. 이처럼 암울한 역사의 상흔인 환향녀는 가부장적 사회에서 설자리가 없었지요. 일제 식민지 치하에서도 우리의 여인들을 제대로 지켜내지 못하고 위안부나 정신대로 빼앗긴 역사가 있습니다. 사래도 바로에게 새로 시집가겠다고 먼저 얘기한 적이 없지 않나요? 환향녀도 여인들을 공물로 바친 남자들의 세상과 당대의 권력을 지키기 위해서 징발되었고, 정신대나 위안부도 마찬가지 처지가

아니었던가요. 그들이 다시 돌아왔을 때 어떤 현실에 처하게 될 것인가는 매우 중요한데, 성서의 이야기는 그런 의미에서 주목됩니다.

아브람은 돌아온 사래를 아내로 깊이 품습니다. 아브람의 약점에도 불구하고 이것은 그의 훌륭한 점이라고 하겠습니다. 인간은 위선적이고 이중적 측면이 있게 마련이고, 아브람도 예외는 아니었을 것입니다. 자기를 위해 희생당한 사래를, 아브람을 비롯해 현실의 남성들이 다시 받아들일 수 있을까요? 쉽지 않을 겁니다. 하지만 아브람은 사래를 아내로 받아들이고 다시 길을 떠납니다. 부부의 도의로서는 너무나 당연하지만 현실은 이런 경우가 드물기에 성서의 이 장면은 귀합니다. 돌아온 사래는 여전히 침묵하고 있습니다. 하지만 사래의 가슴속에 쌓인 아픔을 들여다볼 수 있다면, 사래의 말이 기록되어 있지 않아도 그 마음을 헤아릴 수 있습니다. 성서는 침묵의 소리까지 듣도록 우리 마음을 일깨우고 있지요.

갈라지면 무너진다

체코에서 2000년에 나왔던 영화로 우리나라에서는 「나의 아름다운 비밀」이라 번역되었지만 원제는 "우리가 갈라지면 함께 무너질 수밖에 없다"라는 뜻의 「Divided We Fall」이란 작품이 있습니다. 얀 흐레벡 감독의 이 영화의 무대는 1943년 독일 나치스에 점령당한 체코의 어느 마을입니다.

주인공은 조셉과 마리라는 부부인데, 조셉은 유대인이 운영하는 보석상에서 일을 하고 있었습니다. 그러다 나치스가 들이닥치지요. 이 보석상 주인의 가족들은 누군가의 중개로 보석을 팔아 안내자를 구해 피난하려다가 속아서 보석만 빼앗기고 몰살당합니다. 그 가운데 아들 하나는 천신만고 끝에 도망을 나와서 조셉의 집을 찾아들게 됩니다. 이 청년은 집주인 조셉의 도움으로 이 집 다락에 아무도 모르게 숨었지만, 조셉은 나치스에 협력하지 않아 감시대상이었으니 자칫 모두가 위험에 빠질 수 있었지요. 게다가 조셉이 나치스에 대한 협력을 거부하기 위해 일을 하지 않고 집에 머물고 있었기 때문에, 시간이 지날수록 이들은 빵과 치즈와 포도주가 떨어져 어려운 처지가 됩니다. 그런데 조셉에게는 나치스 앞잡이가 되어 먹고사는 데에 문제가 없는 친구가 있었습니다. 이 친구는 조셉의 아내 마리에게 눈독을 들여 빵도 가져다주고 포도주와 치즈도 주면서 환심을 사려 합니다. 어느 날은 같이 피크닉을 가서 유혹을 하지만 실패합니다.

이런 와중에 나치스의 압박을 견디다 못한 조셉은 그들에게 거짓말을 합니다. "아내가 임신해서 보살펴줄 수밖에 없습니다"라고 말이지요. 하지만 이 남자는 무정자증 판정을 받은 사람이기에 아이를 낳을 수 없었습니다. 점점 위기가 압박해옵니다. 청년을 숨겨줬던 것이 발각될 수 있고 시간이 지나면서 아내가 임신했다는 거짓말이 드러날 수도 있었습니다. 조셉의 친구는 상황을 아는 듯이 한편으로는 압박을 하면서 다른 한편으로는 지속적으로 아내를 유혹해옵니다. 나치스는 자꾸 협력하라고 요구하고 조셉과 마리는 더 이상 살 길을 찾기 어려운 상황입니다.

이제 어떻게 해야 할까요? 나치스는 조만간 마리가 임신하지 않았다는 사실을 알 것이고, 그러면 조셉은 끌려가게 됩니다. 조셉은 깊은 고뇌 끝에 충격적인 결론을 내립니다. 청년한테 아내와 함께 잠자리를 하여 아이를 갖게 해달라고 부탁하는 것입니다. 아내가 이를 받아들일까요? 이 청년 또한 받아들이겠습니까? 마리는 큰누나와 같은 사람인데다가 청년은 한 번도 여자와 잠자리를 가져본 적이 없었어요. 조셉이 자신들에게 닥칠 상황을 설명하자 세 사람은 함께 눈물을 흘립니다. 조셉은 결국 자신의 아내와 청년을 위한 잠자리, 그러니까 신방을 꾸며주었고, 마침내 아내는 임신을 합니다.

그런데 그 사이에 독일 나치스가 패망하고 연합군이 마을에 진격해 들어옵니다. 나치스에 협력했던 자들은 모두 체포되지요. 한편 마리는 아이를 낳는데 의사를 구할 수가 없었습니다. 조셉은 의사를 찾으러 갔다가 연합군에 체포된 친구를 발견하고 그를 의사로 지목하여 구해냅니다. 그가 결국 아이를 받아내지요. 조셉과 그 친구, 그리고 아내는 그렇게 해서 화해를 합니다. 알고 보니 이 친구도 그간 청년이 숨어있던 것을 알았지만 입을 다물고 있었던 것이었습니다. "Divided we fall", 말하자면 여기에서 서로 갈라지면 모두 무너진다는 걸 몸으로 보여준 것이지요. 조셉, 마리, 친구, 청년 모두가 살아남습니다. 조셉은 아이를 유모차에 태우고, 폐허가 된 도시를 미소 지으며 지나갑니다. 태어나게 된 사연과 과정은 뼈아프고 충격적이지만 이 아이가 모두를 구원해낸 셈입니다.

조셉과 마리는 요셉과 마리아를 떠올리게 하는 이름입니다. 영화는 조셉과 마리, 그리고 청년 모두에게 어려운 선택이었지만, 이 선택은 위기에 처한 생명을 지키기 위한 것이라는 이야기를 하면서 인류의 비극과 생명의 윤리에 대해 묻습니다. 힘이 없고 도저히 이겨낼 방법이 없어서 내몰렸던 사람들이 희생된 이야기, 그 가운데서도 마침내 새로운 살 길을 뚫어내려고 했던 사람들의 현실을 그리고 있습니다.

다시 길을 떠나다

아브람과 사래의 이야기 역시 다르지 않습니다. 아브람에게 그런 선택을 강요한 현실, 사래가 치욕을 당한 상황에 대해 성서는 주목합니다. 기근에 처한 사람들을 지켜주고 돌봐주어야 하는 권력이 도리어 누군가의 귀중한 것을 박탈하려 들거나 그런 두려움을 갖게 한다면 분명 잘못된 일입니다. 성서는 이 점을 이야기하면서 다음과 같은 메시지를 전하고 있는 셈입니다. "후손들이여, 그대들의 어머니와 아버지가 겪은 이 일은 힘없는 백성들이 치른 아픔이다. 그 아픔을 외면하지 마라. 그런 비극을 강요한 현실을 두고보지 않으시는 하나님의 역사를 보라. 그리하면 결코 절망하지 않을 것이다. 상처 받은 채 돌아온 이들을 가슴으로 품어라."

천신만고 끝에 살아나고 빼앗길 뻔했던 아내를 다시 찾은 아브람은 마침내 이집트 땅에서 벗어나 그의 일가를 이끌고 새로운 미래를 향해 떠납니다.

> 아브람은 이집트를 떠나서, 네겝으로 올라갔다. 그는 아내를 데리고서, 모든 소유를 가지고 이집트를 떠났다. 조카 롯도 그와 함께 갔다. 창세기 13: 1

아브람이 이집트를 떠나서 네겝으로 올라갔다는 대목은 새삼 중요한 장면으로 다가옵니다. 그저 길을 떠나고, 그저 네겝으로 올라간 것이 아닙니다. 기근을 피하기 위해 찾아간 곳에서 아브람 가족은 해체될 위기를 이겨냈습니다. 이제 다시 마음을 모아 새로운 여정에 오르는 순간입니다. 지금까지 겪었던 아픔을 서로 깊이 껴안고 격려하며 내일의 꿈을 가지고 같이 가야 합니다.

　세상을 살면서 우리는 때로 큰 충격을 받기도 하고, 예기치 않은 희생을 겪기도 합니다. 위기를 극복하려다가 더 큰 곤경에 빠질 때도 있습니다. 그럴 때 우리는 어떻게 해야 할까요? "너 때문에 그랬잖아. 당신이 책임져" 하며 남을 탓할 수는 없습니다. "어렵지만 우리 한번 같이 잘 감당해봅시다. 모든 것을 하나님의 뜻에 맡기고 다시 일어섭시다" 하는 겁니다. 그러면 하나님이 다시 길을 떠나게 해주실 것입니다. 아무것도 잃지 않고 더 큰 힘을 가지고 새 길을 갈 수 있습니다. 아브람의 가족처럼 이집트를 떠나 다시 네겝으로 올라갈 수 있습니다. 어려운 도전 앞에 좌절하지 않고, 상처에 짓눌리지 않으며 희망을 선택하는 축복이 있습니다. 고난과 기근의 시절은 어느새 웃으며 말할 수 있는 옛일이 될 것입니다. 조카 롯과 아내를 데리고 모든 소유를 가지고 떠나는 아브람은 결국 아무것도 잃지 않았습니다. 아니, 더욱 큰 힘을 가지고 살아가는 축복을 체험하게 되었습니다.

　어떤 곤경에도 다시 길을 가는 의지와 용기가 주어지기를 기원하는 사람은 약해 보여도 결국 가장 강한 자입니다. 암담하게만 보이는 운명을 극복하는 비밀이 여기에 있습니다. 그것을 아는 사람에게 희망은 무너지는 법이 없습니다.

12 5 아브람은, 아내 사래와 조카 롯과 하란에서 모은 재산과 거기에서 얻은 사람들을 거느리고, 가나안 땅으로 가려고 길을 떠나서, 마침내 가나안 땅에 이르렀다. 6 아브람은 그 땅을 지나서, 세겜 땅, 곧 모레의 상수리나무가 있는 곳에 이르렀다. 그때에 그 땅에는, 가나안 사람들이 살고 있었다. 7 주께서 아브람에게 나타나셔서 말씀하셨다. "내가 너의 자손에게 이 땅을 주겠다." 아브람은 거기에서 자기에게 나타나신 주께 제단을 쌓아서 바쳤다. 8 아브람은 또 거기에서 떠나, 베델의 동쪽에 있는 산간지방으로 옮겨 가서, 장막을 쳤다. 서쪽은 베델이고 동쪽은 아이이다. 아브람은 거기에서도 제단을 쌓아서, 주께 바치고, 주의 이름을 부르며 예배를 드렸다. 9 아브람은 또 길을 떠나서, 줄곧 남쪽으로 가서, 네겝에 이르렀다. 10 그 땅에 기근이 들었다. 그 기근이 너무 심해서, 아브람은 이집트에서 얼마 동안 몸붙여서 살려고, 그리로 내려갔다. 11 이집트에 가까이 이르렀을 때에, 그는 아내 사래에게 말하였다. "여보, 나는 당신이 얼마나 아리따운 여인인가를 잘 알고 있소. 12 이집트 사람들이 당신을 보고서, 당신이 나의 아내라는 것을 알면, 나는 죽이고, 당신은 살릴 것이오. 13 그러니까 당신은 나의 누이라고 하시오. 그렇게 하여야, 내가 당신 덕분에 대접을

잘 받고, 또 당신 덕분에 이 목숨도 부지할 수 있을 거요." 14 아브람이 이집트에 이르렀을 때에, 이집트 사람들은 아브람의 아내를 보고, 매우 아리따운 여인임을 알았다. 15 바로의 대신들이 그 여인을 보고 나서, 바로 앞에서 그 여인을 칭찬하였다. 드디어 그 여인은 바로의 궁전으로 불려 들어갔다. 16 바로가 그 여인을 보고서, 아브람을 잘 대접하여주었다. 아브람은 양 떼와 소 떼와 암나귀와 수나귀와 남녀 종과 낙타까지 얻었다. 17 그러나 주께서는, 아브람의 아내 사래의 일로 바로와 그 집안에 무서운 재앙을 내리셨으므로, 18 바로가 아브람을 불러서 꾸짖었다. "어찌하여 너는 나를 이렇게 대하느냐? 저 여인이 너의 아내라고, 왜 일찍 말하지 않았느냐? 19 어찌하여 너는 저 여인이 네 누이라고 해서 나를 속이고, 내가 저 여인을 아내로 데려오게 하였느냐? 자, 네 아내가 여기 있다. 데리고 나가거라." 20 그런 다음에 바로는 그의 신하들에게 명하여, 아브람이 모든 재산을 거두어서 그 아내와 함께 나라 밖으로 나가게 하였다.

13 1 아브람은 이집트를 떠나서, 네겝으로 올라갔다. 그는 아내를 데리고서, 모든 소유를 가지고 이집트를 떠났다. 조카 롯도 그와 함께 갔다.

20 기로에 선 롯의 선택
창세기 13장 1절 – 18절

아브람의 유랑생활

오랜 세월을 함께 지내왔던 큰아버지 아브람과 조카 롯이 그만 서로 분쟁에 휘말립니다. 가난하고 어려워서가 아니라, 가진 것이 많아지면서 관계가 예전 같지 않게 되었지요. 형편이 좀 나아지거나 잘살게 되면 그만큼 우애가 돈독해지기보다는 오히려 서로의 이익을 지키려고 반목하고 싸우려 들기도 합니다. 조상이 남긴 유산 다툼으로 형제자매가 서로에게 돌이킬 수 없는 상처를 주고 원수가 되는 것을 종종 보게 되는데, 아브람과 롯의 일가가 겪게 되는 영토 다툼은 그런 현실을 떠올리게 합니다. 이들은 어떻게 이 문제를 해결할까요? 그 결과는 우리에게 무엇을 일깨워주고 있을까요? 그렇게 되기까지의 과정을 살펴보겠습니다.

아브람은 좀처럼 안정된 삶을 살지 못합니다. 떠돌이 신세를 여전히 면치 못하지요. 기근을 피해 갔던 이집트에서 우여곡절을 겪은 뒤 재산을 마련하고 네겝으로 돌아갔지만 아브람은 롯을 포함해서 그의 일가를 데리고 다시 여기저기를 떠돕니다. 그러다 베델 부근에 자리를 잡습니다.

> 그는 네겝에서는 얼마 살지 않고 그곳을 떠나, 이곳저곳으로 떠돌아다니다가, 베델 부근에 이르렀다. 그곳은 베델과 아이 사이에 있는, 예전에 장막을 치고 살던 곳이다. 창세기 13: 3

하나님이 보여주시는 땅으로 가겠다고 했지만 이토록 오래 유랑할 줄이야 아브람 자신도 미처 알지 못했을 것입니다. 그러나 그는 중도에서 좌절하지 않았습니다. 어디에서 어떤 일을 만나든 책임감 있게 가족들을 이끌고 새 거처로 옮겨가곤 했습니다. 정처 없이 돌아다니는 유목민의 모습입니다만, 요즈음 이 유목민의 삶이 갖는 이동성과 모험심, 용기와 의지가 다시 주목받고 있습니다. 어느 하나에 고착되는 것이 아니라 끊임없이 변화를 모색하고 새로운 도전을 선택하는 자세가 시대의 발전을 가져올 수 있다고 보기 때문입니다.

그렇게 살아가는 것이 결코 쉽지는 않겠지요. 사람들을 이끌고 이동한다는 일은 보통의 지도력이 아니고는 힘듭니다. 그러니 우리는 아브람이 여기저기 유랑하는 자처럼 보여도 그 삶의 과정에서 풍부한 경험을 쌓고 능력 있는 인물로 변모해갔음을 상상해볼 수 있습니다. 결국 어딘가에 정착하게 되리라는 관점에서 보면 아브람이 너무 우회하는 게 아닌가 하는 회의가 들 법합니다. 절차상 거쳐야 하는 과정일지라도 그것이 너무 힘겨우면 불만도 생기고 그 지도력을 의심 받을 수도 있지요. 세월이 흐르고 경험이 쌓이면서 아브람이 믿음을 가지고 시련을 극복해가는 힘이 자라나는 것은 틀림없겠지만, 과연 언제 편히 지낼 수 있을까 하는 바람은 아브람을 포함해 모두의 소망이었을 것입니다. 평생 떠돌이로 살고 싶은 사람은 혹 있다 해도 지극히 드물지 않겠습니까?

아브람의 유랑생활은 사실 이후 펼쳐지는 히브리 백성들의 역사와 닮아 있습니다. 훗날 히브리 백성들은 살고 있던 땅에서 뿌리가 뽑혀 유랑생활을 하고, 포로로 끌려가 광야에서 나그네가 되는 고난의 여정을 거칩니다. 그들은 그 과정을 통과하면서 도대체 하나님이 말씀하신 약속의 땅은 언제 어디에 나타난다는 말인가 하고 힘겨워했습니다. 그러면서 옛날로 돌아가자는 둥, 이러다 모두 죽게 생겼다는 둥, 광야에서 그들의 자유와 믿음이 훈련되어가는 과정을 견뎌내기가 그리 쉬운 일은 아니었습니다. 그러면서 난데없이 소중한 것을 빼앗기기도 했고, 노력하는 중에 다행히도 바라던 것을 성취하기도 했습니다. 때로는 슬펐고 때로는 좌절했고 때로는 희망의 징표를 보면서 결국 굳건해져가는 공동체 전체의 성장사가 성서에 기록되어 있지요.

인생에는 아파봐야만 깨닫는 게 있고, 눈물 없이는 배울 수 없는 것들이 있습니다. 아픔과 눈물, 떠도는 시간들은 모두 소중하고 결과적으로 아름답습니다. 고난 자체가 소중하다는 것이 아니라 고난과 마주하는 방법, 그것을 알아가는 믿음의 지혜가 소중합니다. 아브람에게도 유랑생활은 그런 믿음과 지혜, 능력을 기르는 귀한 시간들이었지요.

사람들은 대체로 직선 코스를 선호합니다. 가능하면 속성과정을 택하고 싶어하지요. 오랜 시간을 통해 훈련하고 성장하는 과정의 가치를 잘 알면서도 현실에서는 단기간에 목표를 이루고 싶은 것이 당연지사입니다. 신앙을 가진 사람들은 자신들이 탄 배에는 풍랑이 일지 않을 거라 믿기도 합니다. 그러나 성서는 마음이 조급해 '직선'과 '속성'을 택하는 자들보다는 오랜 과정과 세월의 비바람 속에서 자라나는 존재를 주목합니다. 위태로운 배에 몸을 싣고 폭풍을 뚫고 나아가는 사람을 주시합니다.

고난의 여정을 겪어내면서 아브람은 '아브람에서 아브라함으로' 성숙해가는 길을 걸어가게 되었던 것입니다. 어떤 존재의 성숙함도 그에 필요한 시간이 반드시 있게 마련이고 거쳐온 과정을 돌아보면 필연적인 의미를 갖지요. 그 과정이 탄탄할 때에 그 결과 역시 무엇으로도 무너뜨릴 수 없는 강한 열매를 얻는 법입니다.

이러한 아브람의 여정을 조카 롯은 제대로 이해하지 못한 듯합니다. 롯은 누구였습니까? 아브람의 형제 하란이 죽기 전 세상에 남긴 아들입니다. 슬하에 자식이 없었던 아브람에게 롯은 아들이나 다를 바가 없었고, 롯에게는 아브람이 아버지와 같은 존재였을 것입니다. 그렇지 않아도 할아버지 데라는 우르를 떠나면서 롯을 데리고 나옵니다. 롯의 유년기는 할아버지와 큰아버지의 사랑을 받고 지낸 시기였습니다. 롯에 대한 아브람의 사랑이 얼마나 각별했을지 충분히 상상이 갑니다. 훗날 롯이 아브람과 결별하고 지내다가 어려운 지경에 처했을 때 그를 구하러 달려가는 아브람은 마치 자식을 지켜내려는 아버지의 결연한 모습이었습니다.

롯의 성장

우르에서 하란으로 갈 때에는 롯의 결정이나 선택은 없었습니다. 롯은 할아버지와 큰아버지의 결정에 그냥 따라갔지요. 이때까지는 롯이 아직 어려서 주체적인 선택을 하기는 어려웠을 것입니다.

데라는, 아들 아브람과, 하란에게서 난 손자 롯과, 아들 아브람의 아내인 며느리 사래를 데리고, 가나안 땅으로 오려고 바빌로니아의 우르를 떠나서, 하란에 이르렀다. 그는 거기에다가 자리를 잡고 살았다. 창세기 11: 31

그렇기에 "데라는……롯을……데리고"라고 되어 있습니다. 롯이 우르를 떠난 주체가 아니라, 할아버지와 큰아버지가 그를 "데리고" 떠나온 것이지요. 그런데 그 다음에는 롯 스스로 선택을 합니다.

아브람은 주께서 말씀하신 대로 길을 떠났다. 롯도 그와 함께 길을 떠났다. 아브람이 하란을 떠날 때에, 나이는 일흔다섯이었다. 창세기 12: 4

롯도 "함께 길을 떠났다"고 되어 있습니다. 하란에서 가나안으로 떠날 즈음에는 롯이 제법 성장했던 모양입니다. 청년인지 장년인지는 모르겠으나 그는 아브람과 함께 길을 떠난 자가 되었습니다. 이제는 아브람이 롯을 데리고 간 것이 아니라 롯이 자기의 선택으로 큰아버지 아브람과 동행하기로 마음먹은 것이라 할 수 있습니다. 이 과정에서 롯이 아브람을 어떻게 생각했는지를 짐작할 수 있습니다. 충분히 믿을 수 있고 따를 만하고 또 옳다고 여긴 것입니다. 아브람과 함께하는 한 롯 자신의 미래는 보장된다고 생각하지 않았을까요?

이때 기억해야 할 것이 하나 있는데, 그것은 하란에 롯의 할아버지 데라가 그대로 머물겠다고 한 사실입니다. 데라는 아들 아브람과 함께 가나안에 가지 않았습니다. 그는 가나안 땅에 가려는 꿈을 제일 먼저 꾸었던 사람이지만 중도에 하란에서 생을 마감하지요. 롯은 아버지를 여의었을 때 할아버지 데라의 손을 잡고 하란으로 왔던 것 아닙니까? 바로 그 할아버지를 뒤로 하고 큰아버지와 함께 새로운 모험을 했으니 롯은 아브람이 받았던 계시와 같은 믿음의 충격을 경험한 것은 아니지만, 아브람의 일상적인 삶에서 겪었던 선택과 판단을 믿고, 그렇다면 자기도 함께 가도 되겠다고 생각했다고 볼 수 있습니다. 큰아버지 아브람이 선택한 길이라면 마음을 의지하면서 같이할 수 있다고 믿은 게 아닐까 합니다.

하란 이후 롯의 성장기는 이전에 할아버지의 손에 이끌려 우르에서 하란으로 왔던 유년기와 결별하는 모습입니다. 자기의 주체적인 선택으로 길을 떠나지요. 기근으로 이집트에 피신 갔다가 나왔을 때에도 롯은 아브람과 함께 합니다.

아브람은 이집트를 떠나서…… 조카 롯도 그와 함께 갔다. 창세기 13: 1

기근을 피해 이집트로 가는 결정도 그는 동의를 했고 거기에서 빠져나올 때에도 아브람과 운명을 함께 합니다. 이집트라는 풍요한 땅에 있다가 기근을 어느 정도 해결한 다음 나오는 과정에서 롯은 다른 선택을 할 수도 있었습니다. "큰아버지께서 먼저 가십시오. 저는 여기에서 어떻게 좀 해보렵니다"라고 할 수도 있었지만, 롯은 그렇게 하지 않습니다. 이 모든 과정은 롯이 큰아버지 아브람과 얼마나 깊고 돈독한 관계였는지, 생사고락을 같이해왔는지 여실히 보여주지요. 두 사람의 인생은 구별되지 않았고 그들 사이에는 그 어떤 경계선도 존재하지 않았습니다. 큰아버지와 조카 사이였지만 그들은 실제로 아버지와 아들 같았습니다. 아브람의 생각이 롯의 생각이었으며, 롯의 판단이 아브람의 판단이었습니다. 언제 어떤 길을 가도 사람들은 아브람과 롯이 함께 가는 것을 볼 수 있었던 거지요.

한편, 어느덧 롯도 자신의 일가를 이룹니다.

아브람과 함께 다니는 롯에게도, 양 떼와 소 떼와 장막이 따로 있었다. ^{창세기 13: 5}

롯은 유년기에 할아버지의 손을 잡고 고향을 떠나, 성장한 다음에는 큰아버지가 선택한 길을 따라다니면서 우여곡절을 겪었습니다. 아브람이 단 한 번의 선택으로 어딘가에 안정되게 정착한 것은 아니었으니, 롯은 무수한 삶의 고비를 큰아버지와 같이 겪어냅니다. 롯은 큰아버지가 어떻게 살아왔는지를 다 지켜보면서 커왔을 겁니다. 큰아버지가 어떤 믿음을 가지고 하란을 떠났는지도 알고, 떠난 이후에 가나안에 와서 어떻게 떠돌이 생활을 했는지도 알고 있으며, 큰어머니 사래가 어떤 비극적 상황에 처해 있다가 돌아왔는지도 체험한 인물이었습니다.

이렇게 큰아버지 아브람과 인생의 쓰고 단맛을 함께 겪었기 때문에 서로 각자의 길을 가리라고는 상상할 수조차 없는 일이 아니었나 싶습니다. 그런데 사람이 성장하고 머리가 커지면 자기 나름대로 독자적인 세계관이 생기게 마련이니, 상황은 달라질 수 있습니다. "롯에게도 양 떼와 소 떼와 장막이 따로 있었다"는 것은 그에게 독자적인 삶과 선택이 있었음을 말합니다. 아무리 큰아버지가 좋고 두 사람의 삶이 구별하기 어려울 정도로 친근하다 해도, 롯은 롯대로 영역이 있었지요.

사랑하는 사이의 분쟁

롯의 독자적인 삶은 적어도 지금까지는 아브람과의 공존이 전제되어 있습니다. 독자적인 세계가 있다 해도 그건 서로 갈등과 충돌이 없었던 단계였습니다. 독립해서 산다고 해도 공존할 수 없는 게 아닙니다. 독자적이면서도 공존의 여지가 있다면, 협력하고 보호하는 사이가 될 수 있습니다. 아니라면 서로 싸움이 생겨날 수 있지요. 공존이란 어느 한편의 성장과 다른 한편의 성장이 조화를 이루는 것입니다. 그러지 못하고 적대적 상황으로 이어진다면 그 성장은 도리어 재앙의 요인이 될 수 있습니다. 어떤 처지에 있든 관계를 아름답게 만들어가는 것이 핵심입니다. 그러나 현실은 이들의 의지나 뜻과는 달리 전개되어갔습니다. 아브람과 롯은 그럴 의사가 추호도 없었다고 해도 그들과 함께하는 사람들 모두가 언제나 같은 뜻이기는 어려웠을 것입니다.

> 그러나 그 땅은, 그들이 함께 머물기에는 좁았다. 그들은, 재산이 너무 많아서, 그 땅에서 함께 머물 수가 없었다. 아브람의 집짐승을 치는 목자들과 롯의 집짐승을 치는 목자들 사이에, 다툼이 일어나곤 하였다. 그때에 그 땅에는, 가나안 사람들과 브리스 사람들도 살고 있었다. 창세기 13: 6-7

살기 어려웠을 때에는 서로 의지하고 격려하면서 지냈지만, 각자 재산이 많아지니 공존의 원칙이 깨져버리는 결과로 이어집니다. 너무 잘살게 되어 오히려 문제가 되었지요. 물론 이런 경우 각기 따로 더 넓고 여유 있는 땅으로 옮겨서 갈등을 예방하는 것이 상책입니다.

그런 평화적 대안을 만들기도 전에 각자의 목자들이 다툼을 벌였습니다. 아브람과 롯의 이해관계가 엇갈리기 시작했고, 이걸 분쟁 없이 관리할 방법이 점점 사라지는 상황이 되었습니다. 자칫 더 큰 싸움으로 번질지도 모르게 되었습니다. 아브람은 아브람대로 롯이 머리가 컸다고 이제까지 키워준 공을 몰라보고 배은망덕하게 행동한다고 여길 수 있고, 롯은 롯대로 자기를 아직도 어린아이 취급하고 독자적인 삶을 인정하지 않은 채 큰아버지 쪽 목자들이 아브람의 권위를 내세워서 위압하려 든다고 오해할 수도 있습니다.

여기에 덧붙여 목자들이 현장에 대한 보고를 하면서 적대적인 감정으로 있는 말 없는 말을 함부로 꾸며낸다면 사건은 걷잡기 어려울 정도로 악화될 수도 있지 않겠습니까? 더구나 이러한 다툼이 일어난 보고를 듣고 아브람이 "누가 잘못한 건가? 진상을 철저히 규명해보자"라고 했으면 문제는 더더욱 복잡해집니다. 아브람과 롯은 두 진영으로 나뉘어 사사건건 미워하고 모함하고 사소한 것까지도 큰일로 만들어서 더는 화해가 불가능한 지경까지 갈 수 있습니다.

롯이 아브람을 그토록 잘 따랐고, 아브람이 롯을 친자식처럼 돌보았다는 사실이 한순간에 무의미해질 뿐 아니라 바로 그런 과거로 해서 서운함과 배신감, 적대감이 더욱 깊어질 수도 있지요. "아니, 이 녀석이 어떻게 나에게 이럴 수가?"와 "큰아버지라고 해서 나에게 이렇게 함부로 해도 되는 건가?"가 대립하는 것입니다.

여기에서 성서가 우리에게 일깨우는 바가 있습니다. 사랑하는 관계에서 분쟁이 생겼을 때 진상을 일일이 밝히면 문제가 해결될 것 같지만, 오히려 더 큰 악을 만들어낼 수 있습니다. 때로는 알고도 모르는 척 넘어가

주는 마음이 있어야 합니다. 진상을 밝히려다 보면 반드시 누군가의 책임을 묻고 비난하게 됩니다. 물론 억울한 일을 당하면 진상을 규명해야 하고, 강자가 약자를 짓누른 결과에 대해 책임을 묻는 일은 마땅히 이루어져야 합니다. 그것은 정의의 문제입니다. 그러나 지배자와 피지배자의 관계도 아니고 그렇다고 서로의 힘이 엄청난 차이가 나는 것도 아니며, 무엇보다 서로의 사랑을 회복하는 일이 중요한 상황이라면 감정적으로 시시비비를 가리는 것은 바람직하지 않을 수 있습니다. 그건 자칫 서로의 관계를 회복할 수 없는 지경으로 몰고갈 수 있다는 점을 기억할 필요가 있습니다.

진상규명을 포기하면서 오해도 생기고 모함도 받고 그로써 어려운 처지에 빠진다 해도 결국에는 하나님이 잘 풀어주시기를 기원하면, 적당한 때에 기대했던 것 이상으로 좋은 결과를 보게 될 것입니다. 그 과정에서 생긴 상처도 치유되고 그렇게 인내했던 것이 더욱 큰 덕이 되어 참된 사랑의 능력이 될 수 있습니다. 서로 아끼던 사람들이 의도하지 않게 휘말린 분쟁은 그것을 해결하는 과정 하나하나가 더 심각한 수렁으로 빠져드는 길목이 되지 않도록 신중해야 합니다.

아브람은 이것을 알았던 거지요. 그걸 모른 채 다툼이 있다는 보고를 받고 분노했다면, "무슨 일이 벌어진 거야? 누가 누구한테 맞았다고? 때린 자가 도대체 누구야?" 하며 흥분할 수 있습니다. 앞뒤 안 가리고 부딪치게 되지요. 그러나 아브람은 전혀 다른 차원에서 이 문제를 바라보고 해결책을 내놓습니다.

아브람이 롯에게 말하였다. "너와 나 사이에, 그리고 너의 목자들과 나의 목자들 사이에, 어떠한 다툼도 있어서는 안 된다. 우리는 한 핏줄이 아니냐! 네가 보는 앞에 땅이 얼마든지 있으니, 따로 떨어져 살자. 네가 왼쪽으로 가면 나는 오른쪽으로 가고, 네가 오른쪽으로 가면 나는 왼쪽으로 가겠다." 창세기 13: 8-9

롯이 소돔을 선택하다

아브람이 한 이야기의 골자는 먼저 자신과 롯 사이, 그들의 목자들 사이에 어떤 분쟁도 있어서는 안 된다는 것이었습니다. 분쟁의 원인을 규명하거나 책임자를 색출하자는 논리를 펴지 않았습니다. 그는 무엇보다도 롯이 자신의 혈육임을 일깨웁니다. 골육상잔의 어리석음에 빠지면 안 된다는 점을 명확히했지요. 그러고는 분쟁의 원인을 규명하는 방식보다는 롯이 독립적인 진로를 택하게 권합니다.

서로 사랑하고 아끼지만 각자 그 삶을 책임져야 할 일가가 있으니, 더 이상 좁은 곳에서 소모적인 갈등을 겪기보다는 각기 따로 사는 것이 모두를 위해 지혜로운 길이라는 뜻을 밝힙니다. 아브람은 서로 분쟁할 필요 없이 롯의 눈앞에 펼쳐진 땅이 넓다는 것을 환기시키고 먼저 롯에게 선택권을 주었습니다. 롯이 좋다고 하는 대로 하자는 뜻입니다.

아브람은 자기가 연장자인데다가 아버지와 같은데도, 자신이 내린 결정대로 롯에게 무조건 따르라고 하지 않습니다. 공평하게 제비뽑기로 결정하자고 한 것도 아닙니다. 롯이 왼쪽으로 가겠다고 하면 아브람은 오른쪽을, 롯이 오른쪽을 택하면 아브람은 왼쪽을 택하겠다고 합니다. 선택의 결과에 대해 더 이상 왈가왈부하지 않으며, 롯의 선택을 존중할 것을 약속합니다. 이 말 속에는 자신에게 닥칠 어떠한 불리함도 받아들이 겠다는 각오가 담긴 것은 물론입니다. 진정한 사랑은 그 사랑으로 인해 겪게 되는 불리한 결과도 감수하고 품어내는 것입니다.

이런 제안 앞에 롯은 어떻게 해야 옳았을까요? "아닙니다. 큰아버지, 이제까지 길러주신 은혜 너무나 큽니다. 저도 떠나고 싶지는 않으나 현실이 이렇다면 어쩔 수 없네요. 하지만 큰아버지께서 먼저 정하십시오. 어느 한쪽을 택하시면 저는 다른 쪽을 택하겠습니다." 이래야 바람직하지 않을까요? 그러나 롯은 그렇게 하지 못했습니다. 아브람의 마음이 혹시라도 바뀔 새라 염려했는지 모르지만, 그는 아브람의 제안을 머뭇거림 없이 받아들입니다.

롯이 멀리 바라보니, 요단 온 들판이, 소알에 이르기까지, 물이 넉넉한 것이 마치 주의 동산과도 같고, 이집트 땅과도 같았다. 아직 주께서 소돔과 고모라를 멸망시키시기 전이었다. 롯은 요단의 온 들판을 가지기로 하고, 동쪽으로 떠났다. 이렇게 해서 두 사람은 따로 떨어져서 살게 되었다. 창세기 13: 10-11

롯은 자신 앞에 놓인 땅을 바라봅니다. 본문에는 당대의 곡창지대 이집트의 풍요에 버금가는 비옥한 들판이 펼쳐져 있었다고 되어 있습니다. 그 땅은 큰아버지 아브람과 다툴 이유가 없는 땅이고, 마음먹기에 따라 자신의 것이 될 대상입니다. 자신의 선택에 큰아버지는 간섭하지 않겠다고 하셨으니 절호의 기회가 찾아온 셈입니다. 그러니 이때 선택을 정말 잘해야 합니다. 롯의 안목이 드러나는 순간입니다.

여기서 우리는 지금까지 보아왔던 롯과는 다른 롯을 목격합니다. 그는 큰아버지와 구별할 수 없는 동일체였고 어디를 가도 함께했던 존재였습니다. 아브람의 판단을 늘 존중하고 그에 따라 살아왔는데, 이제 롯은 자기의 선택에 대해서 확신하는 사람으로 변해 있습니다. 선택의 주도권을 그대로 옮겨쥔 부분도 중요하지만, 그 선택에 대해 롯이 확신하고 있다는 사실이 더 중요하다고 할 수 있습니다. 롯이 들판을 보며 "저건 느낌이 좋아" 했던 겁니다.

롯은 왜 이렇게 됐을까요? 롯은 나름대로 일가를 이루고 재산도 많아졌습니다. 그렇기 때문에 이런 판단을 내렸다고 할 수도 있겠지만, 큰아버지의 제안을 단 한 번도 겸양하지 않고 덥석 잡은 좀더 깊은 이유가 있었던 게 아닐까 싶습니다. 롯이 그동안 어떤 삶을 살아왔습니까? 큰아버지를 따라 지난 세월을 인내했지만, 날이 갈수록 그 믿음이 흔들리지는 않았을까요? 여기 가서 친구 좀 사귈 만하면 또 다른 곳으로 이사하고, 뿌리를 내릴 만하면 또 길을 떠나자고 합니다. 자기 같으면 그렇게 하지 않고도 얼마든지 식구들이 편안하고 안정되게 미래를 개척할 수 있다고 생각할 수 있습니다. 이것은 그저 상상이 아니라, 실제로 롯이 자기의 판단을 확신하고 소돔이라는 땅을 선택하는 데에서도 확인됩니다. 아브람 같으면 그 땅을 선택하지 않았을 것입니다. 아니, 선택해도 그 땅의 문명을 바꾸려는 의지를 관철해나갔겠지요. 중요한 것은 아브람의 안목과 롯의 안목이 달랐다는 점입니다.

아브람의 판단을 신뢰해왔던 롯은 자기의 세계가 생기고 기득권이 만들어지면서 그걸 지켜내기 위해 자기의 안목을 앞세웁니다. 자신의 판단에 자신감을 갖게 되었다는 것이 문제가 아니라 그것을 자신의 이익을 구하는 일에 썼던 것입니다. 더욱이 이 선택을 위해 하나님에게 기도하거나 밤새워 고뇌했다는 이야기가 없습니다. 롯은 그 들판을 보고 그 외양의 화려함에 취합니다. 그러다가 결국 소돔까지 가지요. 소돔으로 상징되는 욕망의 극치에 도달했습니다. 그는 여러 성읍을 돌아다니며 살다가 점점 수렁에 빠져들지요. 이 정도면 괜찮겠지 하다가 악의 근원으로까지 자신의 삶을 몰아가는 과정을 우리는 봅니다.

> 아브람은 가나안 땅에서 살고, 롯은 평지의 여러 성읍을 돌아다니면서 살다가, 소돔 가까이에 이르러서 자리를 잡았다. 소돔 사람들은 악하였으며, 주를 거슬러서, 온갖 죄를 짓고 있었다. 창세기 13: 12-13

소돔이 구체적으로 어떤 죄를 저질렀는지 이 구절에서는 파악할 수 없지만, 적어도 풍요한 땅을 의롭고 선하게 사용하지 않은 것만은 분명합니다. 자신에게 주어진 축복을 어리석게도 재앙으로 돌리고 있는 현장이었습니다. 롯은 들판의 풍요로움은 보았지만 그 내면의 참상은 꿰뚫어보지 못했습니다. 소돔이 그렇게 멸망할 줄은 몰랐겠지요. 그러니까 그곳을 향해 롯은 신나게 달려갑니다. 롯의 눈에는, 소돔이 멸망이 아니라 영구히 번영할 땅으로 보였습니다. 소돔이 갖는 역설적 의미입니다.

하나님이 주신 땅

아브람은 롯과 비교해볼 때 그보다는 가치가 떨어지는 것 같은 나머지 땅을 가집니다. 롯은 영리하고 아브람은 어리석어 보입니다. 롯은 선택의 주도권을 가지고 자기 마음에 드는 땅을 가진 반면, 아브람은 현실적 관점에서 보자면 그보다 못한 땅을 택한 상황입니다. 아브람은 자기 안목이 아니라 하나님의 말씀에 따라 진로를 선택합니다.

> 롯이 아브람을 떠나간 뒤에, 주께서 아브람에게 말씀하셨다. "너 있는 곳에서 눈을 크게 뜨고, 북쪽과 남쪽, 동쪽과 서쪽을 보아라. 네 눈에 보이는 이 모든 땅을, 내가 너와 네 자손에게 아주 주겠다. 내가 너의 자손을, 땅의 먼지처럼, 셀 수 없이 많아지게 하겠다. 누구든지 땅의 먼지를 셀 수 있는 사람이 있다면, 너의 자손을 셀 수 있을 것이다. 내가 이 땅을 너에게 주니, 너는 가서, 길이로도 걸어 보고, 너비로도 걸어 보아라." 창세기 13: 14-17

하나님은 아브람에게 "눈을 크게 뜨고 보라"고 하십니다. 하나님이 보여주시는 것에 대한 가치를 새롭게 인식하라는 뜻이지요. 눈을 크게 뜨면 지금까지 몰랐던 것이 보이게 된다는 얘기입니다. 롯의 안목과는 다른 차원의 능력이 주어집니다. 롯은 당장에 뭔가 될 것 같은 쪽을 선택했지만, 실제로는 잃어버리고 마는 선택이었습니다. 아브람은 얼핏 손해를 보는 쪽 같으나 도리어 소중한 것을 얻습니다. 성서가 줄곧 일깨우는 '잃음과 얻음의 역전'입니다. 먼저 선택했다고 해서 언제나 주도권을 쥐거나 좋은 결과를 가져오지는 않습니다. 먼저 된 자가 나중 될 수 있습니다. 중요한 것은 하나님이 주시는 현명한 지혜입니다. 아브람의 선택은 지금 당장에는 미련하고 어리석어 보이지만 하나님의 눈으로 볼 땐 결국 선하고 유익합니다. 장막을 걷고 헤브론으로 떠나는 아브람의 마음은 다른 사람들의 생각과는 달리 기쁨으로 가득했을 것입니다.

세상은 선택의 주도권을 쥐려고 치열하게 싸웁니다. 먼저 쥔 자가 임자라고 주장합니다. 그러나 더욱 중요한 것은 하나님의 안목으로 선택하는 힘입니다. 외면의 화려함과 풍요함에 취해 생명이 신음하는 길로 결코 가지 말아야 합니다. 현실의 눈으로 볼 때 어쩌면 어리석다고 판정받을지 모르지만 결국 그가 가장 좋은 것을 취한 자입니다. 하나님은 세상에서 지혜롭다 하는 것을 도리어 어리석게 만드시고, 세상이 어리석다고 하는 자들을 택하셔서 도리어 지혜롭다 하고 높이십니다.

사도 바울은 이 진리를 꿰뚫어보았습니다.

그런데 하나님께서는 지혜 있는 자들을 부끄럽게 하시려고 세상의 어리석은 것을 택하셨으며, 강한 자들을 부끄럽게 하시려고 세상의 약한 것을 택하셨습니다. 하나님께서는 세상에서 비천한 것과 멸시받는 것을 택하셨으니, 곧 잘났다고 하는 것들을 없애시려고, 아무것도 아닌 것들을 택하셨습니다.

고린도전서 1: 27-28

이런 지혜의 힘을 가진 사람들은 힘겨운 세상을 살면서도 용기와 의지를 뿜어내지만 그것 때문에 영악해지지 않습니다. 도리어 더욱 너그럽고 선한 자가 되어 어떤 일에도 흔들리지 않고 대범해집니다. 내가 지금 잡았다고 해서 언제나 내 손 안에 있는 것이 아니며, 놓쳤다고 해서 영원히 잃는 것 또한 아님을 알기 때문입니다. 하나님은 주실 것을 반드시 주시고, 가져갈 것은 언제든 가져가십니다. 이런 믿음으로 사는 사람들은 마음의 곤고함이 없고, 어떤 일을 만나도 흔들리지 않습니다. 앞섰다고 오만하지 않으며, 뒤졌다고 낙담하지 않습니다. 하나님이 자기에게 보여주시는 땅이 따로 있음을 확신하기 때문입니다.

　하나님이 주신 땅만이 진정한 자기 것입니다. 그걸 알아보는 눈이 있어야 선택을 제대로 할 수 있습니다. 현실의 탐욕으로 어두워진 눈을 크게 뜨면 지금껏 보고도 미처 몰랐던 자기만의 땅이 보이는 축복이 있을 것입니다. 그럴 때 우리는 그 어디에서도 지혜로운 사람으로 기쁘게 살아갈 수 있습니다.

13

¹ 아브람은 이집트를 떠나서,
네겝으로 올라갔다.
그는 아내를 데리고서, 모든 소유를
가지고 이집트를 떠났다. 조카 롯도 그와
함께 갔다. ² 아브람은 집짐승과 은과
금이 많은 큰 부자가 되었다.
³ 그는 네겝에서는 얼마 살지 않고
그곳을 떠나, 이곳저곳으로 떠돌아
다니다가, 베델 부근에 이르렀다. 그곳은
베델과 아이 사이에 있는, 예전에 장막을
치고 살던 곳이다. ⁴ 그곳은, 그가
처음으로 제단을 쌓은 곳이다. 거기에서
아브람은 주의 이름을 부르며,
예배를 드렸다.
⁵ 아브람과 함께 다니는 롯에게도,
양 떼와 소 떼와 장막이 따로 있었다.
⁶ 그러나 그 땅은, 그들이 함께
머물기에는 좁았다. 그들은, 재산이 너무
많아서, 그 땅에서 함께 머물 수가 없었다.
⁷ 아브람의 집짐승을 치는 목자들과 롯의
집짐승을 치는 목자들 사이에, 다툼이
일어나곤 하였다. 그때에 그 땅에는,
가나안 사람들과 브리스 사람들도
살고 있었다.
⁸ 아브람이 롯에게 말하였다. "너와 나
사이에, 그리고 너의 목자들과 나의
목자들 사이에, 어떠한 다툼도 있어서는
안 된다. 우리는 한 핏줄이 아니냐!
⁹ 네가 보는 앞에 땅이 얼마든지 있으니,
따로 떨어져 살자. 네가 왼쪽으로 가면
나는 오른쪽으로 가고, 네가 오른쪽으로
가면 나는 왼쪽으로 가겠다."

¹⁰ 롯이 멀리 바라보니, 요단 온 들판이,
소알에 이르기까지, 물이 넉넉한 것이
마치 주의 동산과도 같고, 이집트 땅과도
같았다. 아직 주께서 소돔과 고모라를
멸망시키시기 전이었다. ¹¹ 롯은 요단의
온 들판을 가지기로 하고, 동쪽으로
떠났다. 이렇게 해서 두 사람은 따로
떨어져서 살게 되었다.
¹² 아브람은 가나안 땅에서 살고,
롯은 평지의 여러 성읍을 돌아다니면서
살다가, 소돔 가까이에 이르러서
자리를 잡았다.
¹³ 소돔 사람들은 악하였으며, 주를
거슬러서, 온갖 죄를 짓고 있었다.
¹⁴ 롯이 아브람을 떠나간 뒤에, 주께서
아브람에게 말씀하셨다. "너 있는 곳에서
눈을 크게 뜨고, 북쪽과 남쪽, 동쪽과
서쪽을 보아라. ¹⁵ 네 눈에 보이는 이 모든
땅을, 내가 너와 네 자손에게 아주 주겠다.
¹⁶ 내가 너의 자손을, 땅의 먼지처럼,
셀 수 없이 많아지게 하겠다. 누구든지
땅의 먼지를 셀 수 있는 사람이 있다면,
너의 자손을 셀 수 있을 것이다.
¹⁷ 내가 이 땅을 너에게 주니,
너는 가서, 길이로도 걸어 보고,
너비로도 걸어 보아라."
¹⁸ 아브람은 장막을 거두어서, 헤브론의
마므레, 곧 상수리나무들이 있는 곳으로
가서, 거기에서 살았다. 거기에서도
그는 주께 제단을 쌓아서 바쳤다.

21 거듭되는 아브람의 탄원

창세기 14장 – 15장, 18장 16절 – 33절

전쟁에 휩쓸린 롯의 고난

큰아버지 아브람과 길을 달리 간 롯은 자신이 풍요로운 땅을 선택했다고 여겼지만 전쟁의 소용돌이에 휩싸이고 하나님의 심판 위기에 직면합니다. 아브람은 이 두 번의 위기에서 롯을 구하기 위한 행동을 펼치는데, 롯이 아브람을 떠났어도 아브람의 마음은 그렇지 않았던 모양입니다. 우리는 여기에서 아브람이 전략가로서뿐만 아니라 기도하는 존재로서의 면모도 발견하게 됩니다.

롯이 소돔과 고모라가 전운戰運이 감도는 곳이라고 생각했다면 아마 다른 지역으로 갔겠지요. 그렇게 하지 않은 걸 보면 평화롭고 안정된 땅이라고 여겼음을 알 수 있습니다. 그런데 갑자기 전쟁이 일어났습니다. 전쟁은 두 진영으로 나뉘어 벌어졌습니다. 소돔을 비롯해 상대적으로 약세에 있던 세력들이 동맹을 맺고 반란을 일으켜 정세를 바꾸려 했습니다.

시날 왕 아므라벨과, 엘라살 왕 아리옥과, 엘람 왕 그돌라오멜과, 고임 왕 디달의 시대에, 이 왕들이 소돔 왕 베라와, 고모라 왕 비르사와, 아드마 왕 시납과, 스보임 왕 세메벨과, 벨라 왕 곧 소알 왕과 싸웠다. 이 다섯 왕은 군대를 이끌고, 싯딤 벌판, 곧 지금의 '소금 바다'에 모였다. 지난날에, 이 왕들은 십이 년 동안이나 그돌라오멜을 섬기다가, 십삼 년째 되는 해에 반란을 일으켰던 것이다. 창세기 14: 1-4

소돔을 중심으로 한 세력들이 이젠 엘람의 군주 그돌라오멜에 대항해도 될 만한 상황이라고 판단했겠지요. 그러나 그 결과는 참담한 패배로 마무리됩니다.

십사 년째 되는 해에는, 그돌라오멜이 자기와 동맹을 맺은 왕들을 데리고 일어나서,…… 싯딤 벌판은 온통 역청 수렁으로 가득 찼는데, 소돔 왕과 고모라 왕이 달아날 때에, 그들의 군인들 가운데서 일부는 그런 수렁에 빠지고, 나머지는 산간지방으로 달아났다. 창세기 14: 5-10

싯딤 벌판은 양 진영의 격전지였고 소돔과 고모라의 동맹세력은 엘람의 왕 그돌라오멜이 꾸린 동맹세력을 이기지 못했습니다. 소돔과 고모라의 병사들은 수렁에 빠지거나 도망가기에 바빴습니다. 반격작전은 완전히 실패하고 말았습니다. 반란이 진압되면 그 이후의 결과는 패배한 쪽에 가혹하리라는 것은 묻지 않아도 알 수 있습니다. 소돔과 고모라가 물질적으로는 풍요했지만 그것이 승전을 보장하지는 못했고, 그 풍요함이 패전의 결과로 약탈과 유린을 당할 수 있는 근거가 되기도 했습니다.

롯은 이 전쟁에서 어떤 역할도 하지 않았으나 그의 운명은 패전의 영향에서 벗어나지 못했습니다. 롯은 사로잡혔고 그때까지 쌓아온 모든 재산도 하루아침에 빼앗겼습니다. 빈털터리가 되었지요. 큰아버지 아브람에 앞서서 선택의 우선권을 가졌지만 이제 그는 어떤 선택도 주도적으로 할 수 없는 처지였습니다. 그의 목숨과 장래는 자기 손을 이미 떠났습니다.

그래서 쳐들어온 네 왕은 소돔과 고모라에 있는 모든 재물과 먹을거리를 빼앗았다. 아브람의 조카 롯도 소돔에 살고 있었는데, 그들은 롯까지 사로잡아 가고, 그의 재산까지 빼앗았다. 창세기 14: 11-12

전쟁 통에 피난을 했던 한 히브리 사람이 아브람에게 와서 무슨 일이 벌어졌는지를 알립니다. 롯의 고난을 아브람이 알게 되었습니다.

거기에서 도망쳐 나온 사람 하나가 히브리 사람 아브람에게 와서, 이 사실을 알렸다. 창세기 14: 13

전략가 아브람

이 소식을 듣자마자 아브람은 롯을 구하기 위해 반격작전을 펼칩니다. 자기를 떠나 소돔으로 갔던 롯이 당하는 비극을 당연히 여기거나 자기도 어쩌지 못한다고 지레 포기하지 않았습니다. 롯의 목숨을 구하는 일에 한 치의 머뭇거림도 없었습니다. 우리가 지금까지 알고 있던 아브람과는 다른 전략가로서의 면모가 드러나는 순간입니다. 전황이 어떻게 돌아가는지를 듣고 난 다음, 아브람은 자신이 육성해온 사병을 이끌고 엘람을 중심으로 한 동맹군대를 추격해서 승리합니다.

그때에 아브람은 아모리 사람 마므레의 땅, 상수리나무들이 있는 곳에서 살고 있었다. 마므레는 에스골과는 형제 사이이고, 아넬과도 형제 사이이다. 이들은 아브람과 동맹을 맺은 사람들이다. 아브람은 자기 조카가 사로잡혀 갔다는 말을 듣고, 집에서 낳아 훈련시킨 사병 삼백열여덟 명을 데리고 단까지 쫓아갔다. 그날 밤에 그는 자기의 사병들을 몇 패로 나누어서 공격하게 하였다. 그는 적들을 쳐부수고, 다마스쿠스 북쪽 호바까지 뒤쫓았다. 창세기 14: 13-15

전쟁을 치르는 아브람의 모습에서 몇 가지 중요한 점을 발견하게 됩니다. 첫째, 그의 병사는 기껏해야 삼백열여덟 명에 불과했습니다. 한 족장이 관리하는 사병의 수로서는 만만치 않은 숫자일지 모르겠지만 전쟁을 치르기에는 턱없이 부족하지요. 그러나 숫자의 문제가 아니었습니다. 이들은 정예부대였고, 작은 규모의 부대를 이끌고 나가면서 그것도 다시 여러 패로 나누어서 공세를 취했다고 하니, 그 싸움의 양상이 머릿속에 그려집니다. 삼백여 명의 병사들을 한꺼번에 몰아서 진격한 것이 아니라 짜임새 있게 조직하고, 역할을 세분화해서 각자의 능력을 특화하는 방식으로 전쟁을 수행한 것이었습니다.

아브람은 그런 구도를 바탕으로 해서 자기 부대를 조직적으로, 전체적으로 아우르는 전략가의 모습을 입증했습니다. 아브람은 어디에도 뿌리 내리지 못해 유랑하다가 조카에게마저 배반당한 사나이였다거나 믿음의 이상만 가진 인물이어서 현실의 위기에 대처하는 능력이 부족했던 것이 아니었습니다. 그는 믿음에도 투철했고, 현실을 헤쳐나가는 능력도 탁월함을 보여주었습니다. 아니, 믿음이 분명하게 서 있기 때문에 현실에서도 담대하고 확실하게 문제를 풀어나가는 힘을 가질 수 있었습니다. 믿음이란 언제나 현실의 문제와 날카롭게 대치하면서 하나님의 방식을 선택하는 능력입니다. 결국 전세는 역전됩니다.

두 번째로 눈에 띄는 대목은, 주변과의 관계를 돈독하게 하는 모습입니다. 그는 마므레라는 곳에 살고 있었는데, 주변에 사는 에스골과 아넬 사람들은 마므레와 형제 같은 사이이고 아브람은 이들 모두와 친하게 지냈습니다. 그는 이들에게 이방인이어서 자칫 경계의 대상이 될 수도 있었는데, 탁월한 외교력을 발휘해 평소에 관계를 잘 닦아놓았습니다. 이런 바탕이 되어 있지 않았다면 그는 자기 문제도 해결하기 어려웠을 것이고, 조카 롯이 처한 위험도 어떻게 해볼 도리가 없었을지 모릅니다. 그러나 이와는 반대로 롯이 위기에 처했을 때 아브람은 도리어 뛰어난 지도력을 발휘했고, 정세의 주도권을 확고히 다지는 기회를 얻었지요.

전쟁이란 무서운 일이며, 그 어떤 전쟁도 결코 아름답지 않습니다. 무차별한 폭력이 자행되고 억울한 희생자가 생겨나며 전쟁에서 승리한 자는 포악한 권력자로 군림합니다. 그런데 아브람이 수행한 전쟁은 누군가를 침략하기 위한 것이 아니라 끌려간 사람들을 구출하는 작전이었습니다. 힘이 있다고 남을 공격하는 것은 죄악이지만 자기를 지키는 정당방위 수준의 힘은 필요합니다.

오늘날과 달리, 고대사회에서 전쟁은 다반사로 일어났으니 생존 기반을 만들거나 그것을 지켜내기 위한 전쟁이 끊이지 않았습니다. 그 과정을 통해 노예 노동력을 확보하고 재산과 영토를 자기 것으로 삼았던 것입니다. 그렇다고 전쟁이 정당화되는 것은 아니지요. 더더욱 정당화될 수 없는 전쟁이 수없이 벌어졌기에 아브람은 자기 생명은 물론, 자기의 일가와 또 자기가 애써 이루어온 성취를 지켜내는 준비를 해왔습니다. 정당방위 차원이지요.

승리 앞에 겸손한 자

구출작전이 성공한 다음에 어떻게 하는가도 매우 중요합니다. 승자가 되면 그 승리에 취해 과도한 욕심을 부릴 수 있기 때문입니다. 애초에는 롯을 구출하기 위한 명분이었지만 일단 승리하고 나서는 새로운 약탈과 정복, 지배가 시작될 수도 있습니다.

상대보다 훨씬 적은 수의 부대를 가지고 동맹을 기반으로 한 대군을 물리치고 승자로 우뚝 서게 되었다면 대체로 어떤 일들이 벌어질까요? 상대의 재산을 전리품으로 삼고 무고한 사람들을 노예로 만든다거나 누구도 넘볼 수 없는 권력자로 자신을 세우려 들 것입니다. 인간이란 승리와 패배를 경험하고 나서 어떤 모습이 되는가가 참으로 중요합니다. 승리했다고 교만해지는 사람은 그것이 승리를 잃어버리는 시작이 된다는 것을 모릅니다. 교만은 자기 편 속에서 새로운 적을 만듭니다. 패배했다고 그대로 무너지는 사람은 승리의 기회가 와도 그것을 알아보지 못합니다. 승패는 먼저 마음의 힘에 달려 있기 때문입니다. 아브람은 전쟁의 승리로 전리품을 취하거나 더 강한 권력을 추구하지 않았습니다. 그는 원상회복에 만족했습니다. 겸손한 아브람입니다.

그는 모든 재물을 되찾고, 그의 조카 롯과 롯의 재산도 되찾았으며, 부녀자들과 다른 사람들까지 되찾았다. 창세기 14: 16

이렇게 한다는 것은 사실 쉽지 않지요. 사람들의 환호 속에서 승자는 들뜰 수 있습니다. 세상의 모든 시선이 자기에게 집중되면 제 자신이 잘났다는 헛된 자신감에 사로잡혀 어깨에 힘이 들어가며 남들을 우습게 알기 시작합니다. 승리의 순간에 교만의 유혹을 이겨내기란 참 어렵습니다. 원상회복을 이루었다고 해도 이 기회에 한몫 챙기고 싶은 게 사람이기 때문입니다. 소돔 왕은 패장입니다. 그는 전쟁에서 이기고 온 아브람에게 말합니다.

소돔 왕이 아브람에게 말하였다. "사람들은 나에게 돌려주시고, 물건은 그대가 가지시오." 창세기 14: 21

되찾아온 재물은 승리의 전리품으로 가지라는 건 전쟁의 결과를 마무리짓는 과정에서 누구나 당연하게 여길 제안이었습니다. 소돔 왕은 재산은 줄 테니 사람들만큼은 돌려달라고 아브람에게 간청했습니다. 이에 대해 아브람은 전쟁에 든 비용과 이 전쟁에 동맹으로 참여해서 잠시 경제활동이 중지된 아넬, 에스골, 마므레 사람들의 몫으로 돌아갈 것만 보상할 수 있도록 하고, 그것도 일방적으로 어떻게 하겠다는 게 아니라 그렇게 하게 해달라고 부탁합니다. 아브람은 일체 욕심을 부리지 않습니다. 실오라기 하나, 신발 끈 하나도 자기 것으로 삼지 않겠다고 말합니다.

아브람이 소돔 왕에게 말하였다. "하늘과 땅을 지으신 가장 높으신 주 하나님께, 나의 손을 들어서 맹세합니다. 그대의 것은 실오라기 하나나, 신발 끈 하나라도 가지지 않겠습니다. 그러므로 그대는, 그대 덕분에 아브람이 부자가 되었다고는 절대로 말할 수 없을 것입니다. 나는 아무것도 가지지 않겠습니다. 다만, 젊은이들이 먹은 것과, 나와 함께 싸우러 나간 사람들, 곧 아넬과 에스골과 마므레에게로 돌아갈 몫만은 따로 내놓아서, 그들이 저마다 제 몫을 가질 수 있게 하시기 바랍니다." 창세기 14: 22-24

아브람은 자신이 사병을 동원해서 작전에 들어간 것이 누군가의 목숨이나 재산을 빼앗기 위해서가 아니라, 잡혀간 사람들을 구하기 위해서라는 점을 끝까지 분명히했습니다. 만약에 이러한 원칙을 지키지 못했다면 아브람은 전리품을 취하고 사람들을 노예로 삼으며 땅을 차지하면서 점점 더 거대한 국가로 크고 싶어했을 수 있습니다.

하나님께서는 이러한 생각을 경계하십니다. 그렇지 않아도 히브리인들은 그런 욕망을 채우는 방식은 주변 강대국들이 한결같이 밟아나간 길이고, 그로 인해 얼마나 많은 사람들이 고통 받고 비극에 처했는지 뼈저리게 알고 있었습니다. 그렇다고 해서 이들이 자기들도 언젠가는 강대해져서 군림하자는 마음을 먹었던 것은 아닙니다.

아브람의 결정에 대해 만일 그의 측근들도 모두 그랬다면 별 문제가 없겠지만 한편 불만이 있을 수도 있지 않겠습니까? "아니, 말이나 됩니까? 우리도 얼마나 많은 희생을 치렀는데 그냥 가자고요? 내친 김에 더 밀고 나갑시다"라고 반발할 수도 있습니다. 아브람의 태도는 이런 가능성까지 염두에 둔다면 더욱 빛납니다.

이런 아브람 앞에 등장한 인물이 있습니다. 저 유명한 멜기세덱이라는 사람입니다. 그는 좀 특별한 존재라고 할 수 있는데, 왕으로서의 위치만이 아니라 대제사장으로서의 면모도 가지고 있다고 성서는 전합니다. 멜기세덱은 빵과 포도주로 성찬을 베풀고 아브람을 축복합니다. 멜기세덱은 그에게 매우 중요한 이야기를 합니다.

> "아브람은 들으시오. 그대는, 원수들을 그대의 손에 넘겨주신 가장 높으신 하나님을 찬양하시오." 아브람은 가지고 있는 모든 것에서 열의 하나를 멜기세덱에게 주었다. 창세기 14: 20

멜기세덱이 대제사장이니까 이런 이야기를 한다고 여길지 모르지만 현실은 대체로 그렇지 못합니다. 아브람은 소돔의 동맹부대도 이기지 못한 강자를 물리친 승자입니다. 어느 누구도 그 앞에서 함부로 입을 열 수가 없었지요. 승전 이전과 이후의 아브람은 위상이 완전히 다르니, 아무리 대제사장이라도 먼저 "승리를 감축드립니다. 정말 훌륭하십니다"라고 얘기할 만합니다. 그러나 멜기세덱은 아브람에게 "들으시오"라고 하고, 이 승리가 어디서 왔는지를 일깨웁니다. 성서는 권력자에 대해 하나님의 말씀을 대언하는 존재가 어떻게 해야 하는지 분명히하고 있습니다.

멜기세덱의 얘기를 듣고 그대로 받아들인 아브람의 모습도 훌륭합니다. 사람이란 아무리 하나님에게 그 공을 돌린다 하더라도, 잘했다거나 하는 칭찬을 들으면 모두 자기의 공인 양 의기양양해지게 마련입니다. 그런데 아브람은 자신의 승리에 대한 언급이 전혀 없고, 도리어 그 말을 한 멜기세덱에게 자신이 가지고 있는 모든 것의 10분의 1을 줍니다.

'십일조'의 유래가 되는 사건인데, 이 일로 해서 십일조에 대한 논쟁이 오래 전부터 있어왔습니다. 십일조를 반드시 드려야 한다는 것은 옛날 이야기일 뿐 지금은 타당하지 않다는 주장에서부터 십일조의 정신을 새롭게 해석해야 한다는 주장에 이르기까지 다양합니다. 그런데 아브람이 멜기세덱에게 재산의 10분의 1을 준 대목만 보면, 이것을 오늘날 우리가 알고 있는 십일조의 근거라고 하기에는 무리가 있습니다. 멜기세덱이 하나님을 찬양하라고 했지만, 멜기세덱에게 10분의 1을 준 것이 곧 하나님을 찬양하는 행위라고 해석하기는 어렵기 때문입니다. 단지 그의 일깨움에 대해 감사한 결과라고 보는 편이 타당합니다.

십일조는 이후 제도화되어가는데 몇 가지만 간략히 정리해보자면, 첫째 하나님께 드리는 감사의 제물로서, 둘째 훗날 제사장직을 수행하는 레위계급의 생활을 보장하는 물적 토대이며, 셋째 히브리 신앙공동체를 유지해나가기 위한 공동의 자산이라는 성격을 가지고 있습니다. 그리고 무엇보다도 가난한 사람들, 과부, 고아, 유랑자들을 위해서 남겨두는 구제의 능력으로서의 십일조입니다. 이후 예수님께서 이 십일조의 제도적 가치를 인정하시면서도 그 본래의 정신을 잃어버린 것에 대해 질타하시는 대목은 깊이 새길 내용입니다.

"율법학자들과 바리새파 사람들아, 위선자들아, 너희에게 화가 있다! 너희는 박하와 회향과 근채의 십일조는 드리면서, 정의와 자비와 신의와 같은 율법의 더 중요한 요소들은 버렸다. 그런 것들도 반드시 했어야 하지만, 이것들도 소홀히 하지 말았어야 했다." 마태복음 23: 23

70

정의와 하나되지 못하는 십일조는 자칫 종교적인 착취와 억압이 될 수 있고, 종교 지도자들의 위선을 합리화하는 결과를 가져올 수도 있습니다. 십일조가 그렇게 변질되어가는 것은 성서의 정신에서 벗어나는 것입니다.

의인 하나가 전체를 살리다

전쟁의 승리자가 되어 롯도 구하고 주변 관계도 돈독히 다진 아브람이지만 그에게는 남모를 고뇌가 하나 있었습니다. 자기가 이루어놓은 업적을 그대로 이어나갈 후손이 없다는 것이지요. 현실의 승리가 그의 내면 깊은 아픔까지 치유해주지는 못했습니다. 인간이란 이렇게 누구에게도 털어놓기 어려운 사정이 있게 마련입니다.

그때 아브람에게 주어진 하나님의 약속은, 그가 하란에서 길을 떠날 때의 내용을 다시 일깨우는 것이었습니다. 첫째는 아브람을 계승할 자손이 태어나며, 둘째 그렇게 일구어져가는 공동체가 한때는 어려운 지경에 처할 수 있지만 결국 바로 서게 된다는 것입니다. 그러니까 초조해하며 다른 생각을 하지 말라는 것이지요.

아브람이 처한 현실을 보면 그런 약속에 대해 확신을 갖기가 쉽지 않습니다. 그래서 아브람은 하나님에게 징표를 요구합니다. 창세기 15장 본문 8절 이하 제사를 드리는 장면은 이 징표가 입증되는 현장을 기록한 것입니다. 아브람이 기껏 제사를 위해 모든 준비를 잘했는데, 난데없이 나타난 솔개는 믿음이 때로 흔들리거나 방해받는 순간을 상징합니다. 그는 이 솔개들을 내쫓지만 과연 하나님의 응답을 받을 수 있을까 하는 회의가 마음을 어둡게 지배합니다.

솔개들이 희생제물의 위에 내려왔으나, 아브람이 쫓아버렸다. 해가 질 무렵에, 아브람이 깊이 잠든 가운데, 깊은 어둠과 공포가 그를 짓눌렀다. 창세기 15: 11-12

우리가 여기서 보게 되는 아브람은 지독하리만큼 고독한 자입니다. 누구도 그의 권위와 힘을 가볍게 볼 수 없는 때에 그는 도리어 남들이 알지 못하는 공포에 휩싸였습니다. 그런 두려움에 빠진 아브람이었으니, 나타나리라고 기대하고 있는 하나님의 징표에 모든 것을 겁니다.

해가 지고, 어둠이 짙게 깔리니, 연기 나는 화덕과 타오르는 횃불이 갑자기 나타나서, 쪼개 놓은 희생제물 사이로 지나갔다. 창세기 15: 17

어둠과 공포가 그의 영혼을 짓누르던 시각, 아브람은 화덕과 횃불이 갑자기 나타나 희생제물 사이를 지나가는 것을 목격합니다. 마침내 '불'을 본 것입니다. 그 어떤 경우에도 무너지지 않도록 마음을 뜨겁게 일으켜 세워주실 하나님의 손길을 그의 영혼이 체험하게 되었지요. 어두운 가운데 길을 찾는 '암중모색'의 아브람이 눈을 번쩍 뜹니다. 그렇게 떠진 눈으로 사방을 바라보니 하나님의 음성이 그의 귓전을 울립니다.

바로 그날, 주께서 아브람과 언약을 세우시고 말씀하셨다. "내가 이 땅을, 이집트 강에서 큰 강 유프라테스에 이르기까지를 너의 자손에게 준다." 창세기 15: 18

'이집트 강에서 큰 강 유프라테스'는 당대의 중근동 지역에 살고 있는 사람들이 인식하고 있었던 세계 전체를 뜻합니다. 아브람은 온갖 곳을 다니며 천신만고 끝에 승전한 결과로 주변이 그를 달리 보게 된 지점에 이르기까지 고투했습니다. 그가 그렇게 이룩한 성취의 미래를 장담할 수 없을 때에 온 세상이 가슴으로 안겨온 것입니다. 일개 유랑자 신분에서 족장의 위치까지 오른 그는 마므레 땅의 한 이방인 일파가 아니라, 거대한 역사의 씨앗이 됨을 약속받은 기쁨을 누리게 되지요. 그것은 정복자의 꿈도 아니고, 강대한 제국의 야망을 가진 자의 목표도 아니었습니다.

이 계시의 핵심은 아브람처럼 하나님의 뜻에 따라 사는 정신의 계승자들이 세계를 이끌어갈 거라는 점입니다. 그러니 그가 이젠 홀로 고독해하거나 두려워할 필요가 없다는 거지요. 성서는 지금은 비록 소수에 불과하나 하나님 나라의 꿈을 뜨겁게 간직한 그들이 세계의 진로를 감당하는 초석임을 되풀이해서 일깨워주고 있습니다. 한 사람이 만 생명의 보루이며, 열 사람이 인류 전체를 생명으로 인도할 수 있다는 것입니다. 그것을 우리는 소돔과 고모라에 대한 심판을 유예시키고자 애쓰는 아브람과 그에 답하시는 하나님 사이의 대화에서 확인합니다. 아브람은 소돔과 고모라에서 벌어지는 불의를 응징하시려는 하나님에게 대단히 적극적으로 문제를 제기합니다. 악인과 의인을 함께 멸망케 하시려는 게 옳은가라고 따지고 듭니다. 그러면서 하나님이 애초에 세우신 기준조차 허물어버립니다.

"주께서 의인을 기어이 악인과 함께 쓸어버리시렵니까? 그 성 안에 의인이 쉰 명이 있으면, 어떻게 하시겠습니까?……주께서 하실 일이 아닌 줄 압니다. 세상을 심판하시는 분께서는 공정하게 판단하셔야 하지 않겠습니까?" 주께서 대답하셨다. "소돔 성에서 내가 의인 쉰 명만을 찾을 수 있으면, 그들을 보아서라도 그 성 전체를 용서하겠다." 아브라함이 다시 아뢰었다. "티끌이나 재밖에 안 되는 주제에, 제가 주께 감히 아룁니다. 의인이 쉰 명에서 다섯이 모자란다고 하면, 어떻게 하시겠습니까? 다섯이 모자란다고, 성 전체를 다 멸하시겠습니까?"…… "주님! 노하지 마시고, 제가 한 번만 더 말씀드리게 허락하여주시기 바랍니다. 거기에서 열 명만 찾으시면, 어떻게 하시겠습니까?" 주께서 대답하셨다. "열 명을 보아서라도, 내가 그 성을 멸하지 않겠다." 창세기 18: 23-32

아브람은 쉰 명에서 시작해 결국 열 명의 의인이라는 최소 기준을 감히 하나님으로부터 이끌어내는 데 성공합니다. 사랑이 없으면 할 수 없는 일이지요. 사랑은 용기를 낳게 마련입니다. 그는 지금 조카 롯만이 아니라 소돔과 고모라의 사람들을 살려내기 위해 하나님과 치열하게 맞붙고 있습니다. 그런 아브람을 하나님은 탓하지 않으셨고, 결국 손을 들어주셨습니다. 그러나 이것은 하나님의 패배를 의미하는 게 아니라, 생명을 구하기 위해서라면 그 어떤 구실과 조건, 계기도 받아들여주시는 하나님의 마음을 보여주지요. 하나님의 시선은 언제나 분명합니다. 한 사람이 열 사람을, 열 사람이 백 사람을 구할 수 있다는 것입니다. 한 사람이 뭇 생명의 보루이며, 나 하나가 전체를 위한 생명의 능력이 됩니다.

소수라고 해서 멸시하거나 우습게 볼 수 있습니다. 그러나 "세상이 왜 이 모양이야"라고 남들을 지탄하기 전에 자신이 그 문제의 해답이 되어가면 됩니다. 희망은 나 자신으로부터 시작될 수 있습니다. 예수님의 말씀대로 하나님 나라는 특별한 어디가 아니라 바로 우리 안에 있고, 거기에서 태어나는 기쁨의 나라입니다.

아브람은 소수의 병력으로 롯과 많은 사람들을 구해냈습니다. 힘은 외적인 병력의 수보다 믿음과 의지에 있습니다. 열 명의 의인이라도 있었다면 멸망의 운명에서 소돔과 고모라는 살아날 기회를 얻었을 것입니다. 한 사람의 선택이 무수한 생명을 구하며 소수가 전체를 일으켜 세울 수 있습니다. 생명의 기운은 작은 씨앗에서 시작됩니다. 그 씨앗은 하나님의 섭리 안에서 결코 미약하지 않습니다. 겨자씨가 자라면 큰 나무가 되어 공중에 헤매는 새들의 보금자리가 되고, 또 생명을 담은 겨자씨만한 믿음이라도 있으면 큰 산을 옮길 수 있습니다. 그런 생명의 능력이 있는 사람은 홀로라도 결코 혼자가 아니며, 하나님의 능력이 이미 함께하는 큰 존재입니다.

14

¹ 시날 왕 아므라벨과, 엘라살 왕 아리옥과, 엘람 왕 그돌라오멜과, 고임 왕 디달의 시대에, ² 이 왕들이 소돔 왕 베라와, 고모라 왕 비르사와, 아드마 왕 시납과, 스보임 왕 세메벨과, 벨라 왕 곧 소알 왕과 싸웠다. ³ 이 다섯 왕은 군대를 이끌고, 싯딤 벌판, 곧 지금의 '소금 바다'에 모였다. ⁴ 지난날에, 이 왕들은 십이 년 동안이나 그돌라오멜을 섬기다가, 십삼 년째 되는 해에 반란을 일으켰던 것이다. ⁵ 십사 년째 되는 해에는, 그돌라오멜이 자기와 동맹을 맺은 왕들을 데리고 일어나서, 아스드롯가르나임에서는 르바 사람을 치고, 함에서는 수스 사람을 치고, 사웨 기랴다임에서는 엠 사람을 치고, ⁶ 세일 산간지방에서는 호리 사람을 쳐서, 광야 부근 엘바란까지 이르렀다. ⁷ 그러고는, 쳐들어온 왕들은 방향을 바꿔서, 엔미스밧 곧 가데스로 가서, 아말렉 족의 온 들판과 하사손다말에 사는 아모리 족까지 쳤다. ⁸ 그래서 소돔 왕과 고모라 왕과 아드마 왕과 스보임 왕과 벨라 왕 곧 소알 왕이 싯딤 벌판으로 출전하여, 쳐들어온 왕들과 맞서서 싸웠다. ⁹ 이 다섯 왕은, 엘람 왕 그돌라오멜과 고임 왕 디달과 시날 왕 아므라벨과 엘라살 왕 아리옥, 이 네 왕을 맞서서 싸웠다. ¹⁰ 싯딤 벌판은 온통 역청 수렁으로 가득 찼는데, 소돔 왕과 고모라 왕이 달아날 때에, 그들의 군인들 가운데서 일부는 그런 수렁에 빠지고, 나머지는 산간지방으로 달아났다. ¹¹ 그래서 쳐들어온 네 왕은 소돔과 고모라에 있는 모든 재물과 먹을거리를 빼앗았다. ¹² 아브람의 조카 롯도 소돔에 살고 있었는데, 그들은 롯까지 사로잡아 가고, 그의 재산까지 빼앗았다. ¹³ 거기에서 도망쳐 나온 사람 하나가 히브리 사람 아브람에게 와서, 이 사실을 알렸다. 그때에 아브람은 아모리 사람 마므레의 땅, 상수리나무들이 있는 곳에서 살고 있었다. 마므레는 에스골과는 형제 사이이고, 아넬과도 형제 사이이다. 이들은 아브람과 동맹을 맺은 사람들이다. ¹⁴ 아브람은 자기 조카가 사로잡혀갔다는 말을 듣고, 집에서 낳아 훈련시킨 사병 삼백 열여덟 명을 데리고 단까지 쫓아갔다. ¹⁵ 그날 밤에 그는 자기의 사병들을 몇 패로 나누어서 공격하게 하였다. 그는 적들을 쳐부수고, 다마스쿠스 북쪽 호바까지 뒤쫓았다. ¹⁶ 그는 모든 재물을 되찾고, 그의 조카 롯과 롯의 재산도 되찾았으며, 부녀자들과 다른 사람들까지 되찾았다. ¹⁷ 아브람이 그돌라오멜과 그와 동맹을 맺은 왕들을 쳐부수고 돌아온 뒤에, 소돔 왕이 아브람을 맞아서, 사웨 벌판 곧 왕의 벌판으로 나왔다. ¹⁸ 그때에 살렘 왕 멜기세덱은 빵과 포도주를 가지고 나왔다. 그는 가장 높으신

하나님의 제사장이다.
19 그는 아브람에게 복을 빌어주었다.
"천지의 주재, 가장 높으신 하나님,
아브람에게 복을 내려주십시오.
20 아브람은 들으시오. 그대는, 원수들을
그대의 손에 넘겨주신 가장 높으신
하나님을 찬양하시오." 아브람은 가지고
있는 모든 것에서 열의 하나를
멜기세덱에게 주었다.
21 소돔 왕이 아브람에게 말하였다.
"사람들은 나에게 돌려주시고, 물건은
그대가 가지시오." 22 아브람이 소돔
왕에게 말하였다. "하늘과 땅을 지으신
가장 높으신 주 하나님께, 나의 손을
들어서 맹세합니다. 23 그대의 것은
실오라기 하나나, 신발 끈 하나라도
가지지 않겠습니다. 그러므로 그대는,
그대 덕분에 아브람이 부자가 되었다고는
절대로 말할 수 없을 것입니다.
24 나는 아무것도 가지지 않겠습니다.
다만, 젊은이들이 먹은 것과, 나와 함께
싸우러 나간 사람들, 곧 아넬과 에스골과
마므레에게로 돌아갈 몫만은 따로
내놓아서, 그들이 저마다 제 몫을
가질 수 있게 하시기 바랍니다."

15 1 이런 일들이 일어난 뒤에,
주께서 환상 가운데 아브람에게
말씀하셨다. "아브람아, 두려워하지
말아라. 나는 너의 방패다. 네가 받을
보상이 매우 크다." 2 아브람이 여쭈었다.

"주 나의 하나님, 주께서는 저에게 무엇을
주시렵니까? 저에게는 자식이 아직
없습니다. 저의 재산을 상속받을
자식이라고는 다마스쿠스 녀석
엘리에셀뿐입니다. 3 주께서 저에게
자식을 주지 않으셨으니, 이제, 저의 집에
있는 이 종이 저의 상속자가 될 것입니다."
아브람이 이렇게 말씀드리니, 4 주께서
그에게 말씀하셨다. "그 아이는 너의
상속자가 아니다. 너의 몸에서 태어날
아들이 너의 상속자가 될 것이다."
5 주께서 아브람을 데리고 바깥으로
나가서 말씀하셨다. "하늘을 쳐다보아라,
네가 셀 수 있거든, 저 별들을 세어보아라."
그러고는, 주께서 아브람에게 말씀하셨다.
"너의 자손이 저 별처럼 많아질 것이다."
6 아브람이 주를 믿으니, 주께서는
아브람의 그런 믿음을 의로 여기셨다.
7 하나님이 아브람에게 말씀하셨다.
"나는 주님이다. 너에게 이 땅을 주어서
너의 소유가 되게 하려고, 너를
바빌로니아의 우르에서 이끌어내었다."
8 아브람이 여쭈었다. "주 나의 하나님,
우리가 그 땅을 차지하게 될 것을 제가
어떻게 알 수 있습니까?" 9 주께서
말씀하셨다. "나에게 삼 년 된 암송아지
한 마리와 삼 년 된 암염소 한 마리와 삼 년
된 숫양 한 마리와 산비둘기 한 마리와
집비둘기 한 마리씩을 가지고 오너라."
10 아브람이 이 모든 희생제물을 주께
가지고 가서, 몸통 가운데를 쪼개어,
서로 마주 보게 차려놓았다.

그러나 비둘기는 반으로 쪼개지 않았다. 11 솔개들이 희생제물의 위에 내려왔으나, 아브람이 쫓아버렸다. 12 해가 질 무렵에, 아브람이 깊이 잠든 가운데, 깊은 어둠과 공포가 그를 짓눌렀다. 13 주께서 아브람에게 말씀하셨다. "너는 똑똑히 알고 있거라. 너의 자손이 다른 나라에서 나그네살이를 하다가, 마침내 종이 되어서, 사백 년 동안 괴로움을 받을 것이다. 14 그러나 너의 자손을 종살이하게 한 그 나라를, 내가 반드시 벌할 것이며, 그 다음에, 너의 자손이 재물을 많이 가지고 나올 것이다. 15 그러나 너는 오래오래 살다가, 고이 잠들어 묻힐 것이다. 16 너의 자손은, 사 대째가 되어서야 이 땅으로 돌아올 것이다. 아모리 사람들의 죄가 아직 벌을 받을 만큼 이르지는 않았기 때문이다."

17 해가 지고, 어둠이 짙게 깔리니, 연기 나는 화덕과 타오르는 횃불이 갑자기 나타나서, 쪼개놓은 희생제물 사이로 지나갔다.

18 바로 그날, 주께서 아브람과 언약을 세우시고 말씀하셨다. "내가 이 땅을, 이집트 강에서 큰 강 유프라테스에 이르기까지를 너의 자손에게 준다. 19 이 땅은 겐 사람과 그니스 사람과 갓몬 사람과 20 헷 사람과 브리스 사람과 르바 사람과 21 아모리 사람과 가나안 사람과 기르가스 사람과 여부스 사람의 땅을 다 포함한다."

18

16 그 사람들이 떠나려고 일어서서, 소돔이 내려다보이는 데로 갔다. 아브라함은 그들을 바래다주려고, 함께 얼마쯤 걸었다. 17 그때에 주께서 말씀하셨다. "내가 앞으로 하려고 하는 일을, 어찌 아브라함에게 숨기랴? 18 아브라함은 반드시 크고 강한 나라를 이룰 것이며, 땅 위에 있는 나라마다, 그로 말미암아 복을 받게 될 것이다. 19 내가 아브라함을 선택한 것은, 그가 자식들과 자손을 잘 가르쳐서, 나에게 순종하게 하고, 옳고 바른 일을 하도록 가르치라는 뜻에서 한 것이다. 그의 자손이 아브라함에게 배운 대로 하면, 나는 아브라함에게 약속한 대로 다 이루어주겠다."

20 주께서 또 말씀하셨다. "소돔과 고모라에서 들려오는 저 울부짖는 소리가 너무 크다. 그 안에서 사람들이 엄청난 죄를 저지르고 있다. 21 이제 내가 내려가서, 거기에서 벌어지는 모든 악한 일이 정말 나에게까지 들려 온 울부짖음과 같은 것인지를 알아보겠다."

22 그 사람들은 거기에서 떠나서 소돔으로 갔으나, 아브라함은 주 앞에 그대로 서 있었다. 23 아브라함이 주께 가까이 가서 아뢰었다. "주께서 의인을 기어이 악인과 함께 쓸어버리시렵니까? 24 그 성 안에 의인이 쉰 명이 있으면, 어떻게 하시겠습니까? 그래도 주께서는 그 성을 기어이 쓸어버리시렵니까?

의인 쉰 명을 보시고서도, 그 성을 용서하지 않으시렵니까? 25 그처럼 의인을 악인과 함께 죽게 하시는 것은, 주께서 하실 일이 아닙니다. 의인을 악인과 똑같이 보시는 것도, 주께서 하실 일이 아닌 줄 압니다. 세상을 심판하시는 분께서는 공정하게 판단하셔야 하지 않겠습니까?" 26 주께서 대답하셨다. "소돔 성에서 내가 의인 쉰 명만을 찾을 수 있으면, 그들을 보아서라도 그 성 전체를 용서하겠다."

27 아브라함이 다시 아뢰었다. "티끌이나 재밖에 안 되는 주제에, 제가 주께 감히 아뢰옵니다. 28 의인이 쉰 명에서 다섯이 모자란다고 하면, 어떻게 하시겠습니까? 다섯이 모자란다고, 성 전체를 다 멸하시겠습니까?" 주께서 대답하셨다. "내가 거기에서 마흔다섯 명만 찾아도, 그 성을 멸하지 않겠다."

29 아브라함이 다시 한 번 주께 아뢰었다. "거기에서 마흔 명만 찾으시면, 어떻게 하시겠습니까?" 주께서 대답하셨다. "그 마흔 명을 보아서, 내가 그 성을 멸하지 않겠다." 30 아브라함이 또 아뢰었다. "주님! 노하지 마시고, 제가 말씀드리는 것을 허락하여주시기 바랍니다. 거기에서 서른 명만 찾으시면, 어떻게 하시겠습니까?" 주께서 대답하셨다. "거기에서 서른 명만 찾아도, 내가 그 성을 멸하지 않겠다."

31 아브라함이 다시 아뢰었다. "감히 주께 아뢰옵니다. 거기에서 스무 명만 찾으시면, 어떻게 하시겠습니까?" 주께서 대답하셨다. "스무 명을 보아서라도, 내가 그 성을 멸하지 않겠다." 32 아브라함이 또 아뢰었다. "주님! 노하지 마시고, 제가 한 번만 더 말씀드리게 허락하여주시기 바랍니다. 거기에서 열 명만 찾으시면, 어떻게 하시겠습니까?" 주께서 대답하셨다. "열 명을 보아서라도, 내가 그 성을 멸하지 않겠다." 33 주께서는 아브라함과 말씀을 마치신 뒤에 곧 가시고, 아브라함도 자기가 사는 곳으로 돌아갔다.

22 빈들의 하갈

창세기 16장, 21장 1절-21절

비극의 시작

원하던 일이 드디어 이루어졌는데 그것이 비극의 씨앗이 되는 경우가 있습니다. 그러나 그 비극이 하나님의 계획과 섭리 안에서는 새로운 희망의 출현으로 이어지기도 합니다. 아브람의 첫 아들로 태어난 이스마엘, 그 이스마엘의 어머니인 하갈의 기구한 인생을 통해 우리는 그 절절한 과정을 목격하고 하나님의 진정한 뜻을 읽게 됩니다.

아브람은 롯을 구하기 위한 전쟁에서 승리는 했으나 그 뒤를 이을 후사가 없는 사실에 몹시 힘겨워했던 모양입니다. 하나님이 이를 모르실 리 없으셨겠지요. 하나님은 그의 자손이 하늘의 별처럼 많아질 거라 예고하셨지만 아브람이 처한 현실을 보면 그럴 기미는 조금도 보이지 않았습니다. 사래는 나이가 점점 많아져만 갔고 불임상태가 바뀌리라고 기대하기에는 아무런 특별한 징조가 나타나지도 않았습니다.

아이를 갖는 일에 계속 실패한 사래가 결국 독한 마음을 먹고 아브람에게 제안을 하나 합니다. 그 제안이란, 아브람에게 '씨받이 아내'를 들여 자식을 낳자는 것이었습니다. 순전히 후손을 잇기 위한 선택이었지요. 사래의 입장에서야 아브람의 대가 끊기는 책임이 자신에게 있음을 의식하고 이러한 결정을 내렸겠지만, 그렇게 할 수밖에 없었던 그 마음이 오죽했겠습니까? 씨받이 아내로 사래에게 지목된 여인은 다름 아닌 그녀의 여종 하갈이었습니다. 아브람은 사래의 제안에 순순히 응합니다.

> 아브람의 아내 사래는 아이를 낳지 못하였다. 그에게는 하갈이라고 하는 이집트 사람 여종이 있었다. 사래가 아브람에게 말하였다. "주께서 나에게 아이를 가지지 못하게 하시니, 당신은 나의 여종과 동침하십시오. 하갈의 몸을 빌려서, 집안의 대를 이어갈 수 있기를 바랍니다." 아브람은 사래의 말을 따랐다. 창세기 16: 1–2

여기에서 우리는 사래가 자신의 불임상태에 대해 "주께서 나에게 아이를 가지지 못하게 하시니"라고 토로하는 대목을 보게 됩니다. 이 말을 쏟아내는 사래는 만감이 교차하는 것을 느낍니다. 하나님을 향한 야속한 마음도 드러나고, 어떻게 해볼 도리가 없는 자신의 불행한 처지를 숨기지 못하는 한 여인의 아픔도 담겨 있습니다. 이어지는 "당신은 나의 여종과 동침하십시오"라는 말에 이르면 여자로서 감당하기 어려운 비통한 심사가 헤아려집니다. 아무리 상황이 이렇다 해도 남편에게 다른 여인을 들여서 자식을 보겠다고 결심하는 것은 보통 일이 아닙니다. 고대사회의 풍습을 상상해보면 이럴 경우 대체로 남편이 아내에게 그렇게 하겠다고 일방적인 통고를 한다든가 아니면 아예 그런 과정도 생략하고 일이 진행됩니다. 대를 잇지 못하고 있다는 죄책감에 놓여 있는 부인으로서는 말한마디 못한 채 모든 것을 받아들일 수밖에 없습니다.

그런데 그런 상황이 뒤바뀌는 장면이 펼쳐집니다. 자신의 여종과 동침을 권하는 사래는 이 결정이 단지 집안의 대를 잇는 일임을 분명하게 밝힙니다. 그것은 실제로 그렇거니와, 이 일에 하갈에 대한 사랑이나 애틋함 또는 다른 감정이 개입될 틈이 없게 하려는 의지도 읽을 수 있습니다. 필요한 것은 사래가 "하갈의 몸을 빌려서"라고 했듯이 오직 '하갈의 몸'뿐이었습니다. 하갈은 인격과 감정이 있는 존엄한 인간으로 대접받지 못하고 있습니다. 하갈은 일단 아브람의 부인이 됩니다.

> 아브람의 아내 사래가 자기의 여종 이집트 사람 하갈을 데려다가, 자기 남편 아브람에게 아내로 준 때는, 아브람이 가나안 땅에서 살아온 지 십 년이 지난 뒤이다. 창세기 16: 3

일부다처제가 예외적인 일이 아니었던 고대사회에서 또 하나의 부인을 들인다는 것이 문제가 될 리 없었겠지만, 여기에서 주목되는 것은 하갈이 단지 씨받이 여인으로 잠시 몸만 내놓는 것이 아니라 "남편 아브람에게 아내"가 되었다는 사실입니다. 아브람이 가나안에 도착했던 시기가 일흔다섯이었고 그로부터 십 년이 지났다니 이제 그의 나이 여든다섯이었습니다. 나중에 일어나는 사건이지만, 아브람이 '아브라함'으로 이름이 바뀌고 사래가 '사라'가 되어 이삭을 낳는 때가 하갈을 아내로 맞이한 지 15년 뒤가 되니, 그렇게 보자면 하나님이 약속하신 바가 있다 해도 언제 사래가 아이를 낳을지 가늠할 수 없었습니다. 그러니 아브람이 사래의 제안을 받아들인 것은 한편으로는 그의 믿음이 약한 탓이라고 비난할 수도 있지만, 다른 한편으로는 문제 삼기 어렵다고 여겨질지도 모르겠습니다. 더군다나 이제 하갈은 아브람의 또 다른 아내입니다. 사래와 아브람, 아브람과 하갈, 사래와 하갈, 이렇게 세 축의 관계가 변모하게 되었습니다.

씨받이 여인 하갈의 아픔

한편, 하갈의 입장에서 생각해보면 사래의 요구에 응하는 것은 여종이라는 신분 때문에 어쩔 수 없다고 해도 여든이 넘은 노인의 아내가 된다는 결정이 쉬웠을까 싶습니다. 무슨 대단한 사랑이 있는 관계도 아닙니다. 오직 자신의 몸이 필요하다며 일방적으로 요구당한 상황입니다. 또 달리 보자면, 여종이 아닌 아브람의 아내가 되면서 신분이 달라지고 모든 것이 잘돼서 아들을 낳을 경우 더더욱 그녀의 형편이 나아질 텐데, 뭐가 거리낄 게 있을까라는 생각도 할 수 있습니다. 그러나 그 어느 경우든, 하갈의 독자적이고 주체적인 선택이 아닌데다가 이제 하갈은 사래와 미묘한 관계에 놓일 수밖에 없습니다.

사래가 이미 있는데 아브람의 또 다른 아내라는 지위, 그리고 아들만 낳으면 아브람의 총애를 독차지할 수도 있다는 상황, 그것은 기본적으로 사래와 경쟁관계가 되는 현실을 의미합니다. 따라서 사래의 입장에서도 자기 몸종인 하갈을 씨받이 아내로 택했을 때에 가장 경계했던 것은 어떤 경우라도 하갈이 아들을 낳았다고 우쭐대고 자신의 주인인 사래를 배신할 가능성이 없어야 한다는 점이었을 것입니다. 하지만 막상 하갈이 임신을 하자 사태는 예상을 넘어버립니다.

> 아브람이 하갈과 동침하니, 하갈이 임신하였다. 하갈은, 자기가 임신한 것을 알고서, 자기의 여주인을 깔보았다. 창세기 16: 4

하갈이 임신을 하게 되었다면 그것은 사래도 원했으므로 서로 기뻐할 일입니다. 그러나 여종으로 지내왔던 하갈로서는 마음이 변한 모양입니다. 주인과 여종의 관계가 역전된 것입니다. 이렇게 되자 사래는 가만 있지 못합니다. 사래는 하갈을 직접 상대하지 않고 남편 아브람에게 문제를 제기하고 책임지라고 요구하지요. 아브람은 이러한 사래에게 알아서 하라고 대꾸합니다. 자기 아내가 되어 아이를 임신한 하갈에 대해 최소한의 방어를 하거나 두 사람의 관계를 호전시키려는 노력과 의지가 전혀 보이지 않습니다.

과거를 돌이켜 깊이 따져보자면, 아브람은 사래에게 고개를 들지 못할 처지였겠지요. 자기가 위험에 빠질까 두려워 사래를 누이라고 속이고 이집트의 최고 권력자 바로에게 아내로 들였던 책임이 있으니 이해할 만도 합니다. 하지만 하갈에게는 무책임하고 몰인정한 남편이자 아직 태어나지 않은 아이에게는 무정한 아버지가 된 셈입니다.

사래와 아브람 사이에서 어떤 대화가 오고 갔는지 조금 더 보지요.

> 사래가 아브람에게 말하였다. "내가 받는 이 고통은, 당신이 책임을 지셔야 합니다. 나의 종을 당신 품에 안겨주었더니, 그 종이, 자기가 임신한 것을

알고서, 나를 멸시합니다. 주께서 당신과 나 사이를 판단하여주시면 좋겠습니다." 아브람이 사래에게 말하였다. "여보, 당신의 종이니, 당신 마음대로 할 수 있지 않소? 당신이 좋을 대로 그에게 하기 바라오." 사래가 하갈을 학대하니, 하갈이 사래 앞에서 도망하였다. 창세기 16: 5-6

사래는 아브람에게 자기의 고통에 대해 당신이 책임지고 이 일을 해결하라고 눈에 힘을 줍니다. 아브람은 사래가 하갈의 몸을 빌려 대를 잇자고 했을 때에 아무런 고민이나 머뭇거림 없이 그 제의를 받아들였지요. 그때도 자신의 독자적인 발언이나 생각을 표현하지 않았는데 이번에도 자기 책임을 사래에게 미룹니다. 생명은 그대로의 존재가치가 있는 법이고, 그 생명을 낳는 모체는 존귀합니다. 더군다나 몸을 빌린다는 발상 자체도 문제가 있지요. 그런데 아브람은 이 분쟁에 전혀 끼어들지 않으려고 발뺌합니다. 하갈도 분명 자신의 아내인데 "당신의 종이니"라고 말하면서 사래가 좋을 대로 알아서 처분하도록 합니다. 아브람이 아무래도 비겁하게 보입니다. 곤란한 상황을 정면으로 마주하지 않고 슬쩍 옆으로 비켜나지요.

아브람은 이로써 사래와 하갈이 직접 충돌하는 것을 방관하는 자가 되지요. 중간 조정자의 역할을 맡거나 문제가 된 태도에 대해 하갈을 타이르거나 또는 여주인의 권세로 하갈을 너무 심하게 대하지는 말라고 사래에게 당부하는 언급도 전혀 없습니다. 이렇게 되니 정작 불쌍하고 오갈 데 없는 사람은 하갈과 그 뱃속의 아이였습니다. 이들을 지켜줄 사람은 이 세상에 아무도 없습니다. 결국 사래의 학대에 견디다 못한 하갈은 집에서 도망을 가게 되었습니다.

남자들이 여성들을 억압하는 것도 문제지만, 여성 사이에 권력관계가 만들어져서 그로 인해 희생되는 존재가 있는 것 또한 문제입니다. 하갈이 자신이 임신한 사실로 오만해져서 이러한 현실을 자초했다고 해도, 그것이 그녀를 여종의 신분으로 다시 격하시켜 함부로 취급해도 괜찮다는 말은 아닐 터인데, 하갈은 아브람과 사래 모두에게 버림받은 셈입니다. 그녀가 뱃속에 아이를 가진 여자라는 점도 전혀 고려되지 못하고 있고, 아브람은 사래에게 "당신이 좋을 대로 하기 바라오" 하면서 하갈을 지켜주지 않았습니다.

　　하갈은 서럽기 짝이 없는 처지가 되었습니다. 여종으로 살다가 씨받이 여인으로 주인 남자의 아내가 되고 아이까지 가져 이제 신세가 나아지려나 했는데 쫓겨나게 되었습니다. 집을 나온 그녀는 마땅히 갈 곳이 없습니다. 사막의 어느 샘 곁에서 천사가 나타나 하갈에게 어디서 와서 어디로 가느냐고 묻자 하갈은 "나의 여주인 사래에게서 도망하여 나오는 길입니다"라고 대답합니다. 어디서 왔는지는 밝히고 있지만 어디로 가고 있는지는 말하지 못하고 있습니다. 천사는 그녀가 임신한 몸임을 상기시키고 다시 집에 돌아가라고 합니다. 뱃속의 아이가 아들이고, 그 아들이 하나님의 축복을 받을 것임을 확인시켜줍니다.

> "너의 여주인에게로 돌아가서, 그에게 복종하면서 살아라." …… "내가 너에게 많은 자손을 주겠다. 자손이 셀 수도 없을 만큼 불어나게 하겠다." …… "너는 임신한 몸이다. 아들을 낳게 될 터이니, 그의 이름을 이스마엘이라고 하여라. 네가 고통 가운데서 부르짖는 소리를 주께서 들으셨기 때문이다." 창세기 16 : 9-11

누구도 그녀와 뱃속의 아이를 지켜줄 이가 없는 상황에서 하나님은 하갈의 아픔을 아시고 장래의 일을 미리 일깨워주십니다. 아직 태어나지 않은 아이를 지켜내기 위해서라도 일단 돌아가 사래에게 머리를 숙이고 몸을 보존하라는 이야기입니다. 이런 결정은 하갈에게 굴욕적일 수도 있고, 또 어떤 학대를 받게 될지 모르는 두려움일 수도 있습니다. 그러나 하갈이 사래의 마음을 상하게 한 것이 문제의 원인이니까, 그것만 잘 처리하면 하갈도 아이도 모두 살아남을 수 있고, 여기에는 하나님의 보호하심이 있음을 잊지 말라는 것입니다. 지금 하갈이 임신한 몸이니 그것부터 살피는 일이 생명을 위한 올바른 선택이지요. 하갈은 천사의 말을 따릅니다. 자기가 겪는 아픔을 넘어서는 모성애의 가치를 인식한 대목이 아닐까요.

장차 태어나게 될 아이의 이름은 하나님께서 '고통의 소리를 들으셨다'는 뜻으로 '이스마엘'이 되고, 그녀가 도주하다 천사를 만났던 곳은 '나의 고통을 하나님은 보고 계시는구나'라는 의미를 가진 '브엘라해로이'라고 이름을 짓습니다. 집을 떠나올 때는 '세상에 도대체 나의 이 아픈 사연을 알아주는 사람은 어디에도 없구나' 하는 비통한 마음이었을 텐데, 이제는 "하나님이 내 마음을 알고 계시는구나. 정신을 가다듬고 기운을 차려서 돌아가자" 하면서 집으로 갑니다. 혹시 사래가 그녀를 고깝게 보는 현실이 여전하다 해도 하갈은 이미 이런 상황을 이겨낼 수 있는 영혼의 힘을 가지게 되었지요.

하갈과 이스마엘의 추방

우여곡절 끝에 이스마엘이 태어났습니다. 이스마엘은 그 태어남 자체가 기구하지 않습니까? 어머니는 여종 출신이고, 자신은 서출이 되었습니다. 이 모든 사태의 출발점이 된 큰어머니 사래는 하갈과 갈등하면서 언제나 차가운 눈으로 자기를 주시하고 있었을 겁니다. 그래도 이삭이 태어나기 전까지는 아브람의 유일한 자식이라는 위치가 하갈과 이스마엘을 지켜주는 힘이었겠지요. 그런데 문제가 생겼습니다. 사래가 전혀 예상치 않게 이삭을 낳은 겁니다.

사라가 임신하였고, 하나님이 아브라함에게 약속하신 바로 그때가 되니, 사라와 늙은 아브라한 사이에서 아들이 태어났다. 아브라함은 사라가 낳아 준 아들에게 이삭이라는 이름을 지어주었다. 창세기 21: 2-3

이삭을 낳기 전 하나님은 아직 자식이 없었던 아브람에게 자손이 있을 거라 예고하시고, 이제 그를 '아브람'이 아니라 '아브라함'으로 부르겠다고 하십니다. 아브람이 단순히 개인적 차원의 아버지라면, 아브라함은 많은 무리의 아버지 또는 거대한 역사의 시조로 격상된 존재입니다.

아브람의 나이 아흔아홉이 되었을 때에, 주께서 그에게 나타나셔서 말씀하셨다. "나는 전능한 하나님이다. 나에게 순종하며, 흠 없이 살아라. 나와 너 사이에 내가 몸소 언약을 세워서, 너를 크게 번성하게 하겠다." 아브람이 얼굴을 땅에 대고 엎드려 있는데, 하나님이 그에게 말씀하셨다. "나는 너와 언약을 세우고 약속한다. 너는 여러 민족의 조상이 될 것이다. 내가 너를 여러 민족의 아버지로 만들었으니, 이제부터는 너의 이름이, 아브람이 아니라, 아브라함이다." 창세기 17: 1-5

아브람의 아내 사래 역시 그 이름이 사라로 바뀌어 아브라함처럼 뭇 민족의 첫 어머니 시모始母가 될 것이 예언됩니다.

하나님이 아브라함에게 또 말씀하셨다. "너의 아내 사래를 이제 사래라고 하지 말고, 사라라고 하여라. 내가 그에게 복을 주어, 너에게 아들을 낳아 주 게 하겠다. 내가 너의 아내에게 복을 주어서, 여러 민족의 어머니가 되게 하 고, 백성들을 다스리는 왕들이 그에게서 나오게 하겠다." 창세기 17: 15-16

이런 상황에서 태어나는 아이가 바로 이삭이었습니다. 이삭의 등장은 이스마엘에게 큰 위기가 됩니다. 이스마엘은 아브라함의 맏아들이라는 위치가 무너진 것입니다. 애초에는 갈등이 크지 않았지만, 결국 우려했던 일이 벌어집니다. 이삭이 젖을 떼는 때가 되자 잔치가 벌어졌는데 이복 형 이스마엘이 이삭을 놀리고 있던 장면이 사라에게 문제가 되었습니다.

그런데 사라가 보니, 이집트 여인 하갈과 아브라함 사이에서 태어난 아들 이 이삭을 놀리고 있었다. 창세기 21: 9

이스마엘이 이삭을 조롱하거나 능멸했는지 우리는 알 수가 없습니다. 사라가 '보기에' 그렇다는 것입니다. 한마디로 딱 걸렸지요. 이전에는 사라에게 이스마엘을 임신하고 있던 하갈이 문제가 되었는데 이번에는 이스마엘 자체가 문제로 인식된 것이었습니다.

사라는 매서운 결심을 합니다. 하갈과 이스마엘을 추방해버리겠다는 겁니다. 이번에는 하갈을 학대했을 때와는 그 태도와 선택의 내용이 사뭇 다릅니다. 과거에는 하갈과 사라 자신의 문제였다면, 지금은 앞으로 있을지도 모를 이스마엘과 이삭의 대결을 의식합니다. 하갈과의 갈등이 있었을 때에는 남편에게 책임을 묻고 선택을 요구했지만, 이번에는 자기 결정을 아브라함에게 일방적으로 통고하고 수행하도록 요구합니다. 이스마엘을 아브라함의 계보에서 배제시키는 선택을 하는 겁니다.

사라가 아브라함에게 말하였다. "저 여종과 그 아들을 내보내십시오. 저 여종의 아들은 나의 아들 이삭과 유산을 나누어 가질 수 없습니다." 창세기 21 : 10

하갈이라는 이름도, 이스마엘이라는 이름도 이제 사라졌습니다. 두 모자는 이름 없는 존재가 되었습니다. 하갈은 아브라함의 아내가 아니라 '저 여종'으로 지칭되고, 이스마엘은 아브라함의 아들이 아니라 '저 여종의 아들'이라 불리지요. 이름이 없다는 말은 발언권이 없음을 뜻합니다. 무시해도 되는 이들입니다.

지금 사라는 무슨 말을 하고 있습니까? "저 여자는 당신의 또 다른 부인도 아니고 저 애는 나나 당신의 애도 아닙니다. 당신의 부인은 여기 있고 당신의 애도 여기 있어요. 저 두 사람은 이곳에서 더는 살 권리가 없습니다. 당신의 유산 상속자는 더더욱 될 수 없습니다. 쫓아버리십시오" 하는 이야기가 되지요. 사라에게는, 자기가 기획한 결과로 얻은 아들 이스마엘도 자기가 직접 낳은 아들이 생기자 눈엣가시가 되었습니다. 문제의 발단이 어린 이삭을 이스마엘이 놀렸다는 데 있다면 거기에만 초점을 맞춰 이야기하고 그렇게 하지 않도록 주의를 주면 되는데 사라는 극단적인 결론으로 치닫습니다.

이런 경우에 아브라함은 어떻게 해야 할까요? 아브라함은 하갈이 문제가 되었을 때 두 여인이 직접 맞부딪치게 하고 자기는 빠졌습니다. 그런 아브라함이 이번에는 깊이 고민합니다. 하갈이 임신했을 때에는 아직 아이의 얼굴을 보지 못했으니까 "당신 마음대로 하시오" 하고 간단히 얘기했는지 모르지만, 지난 15년의 세월 동안 애가 자라나는 걸 보아왔습니다. 이스마엘은 자기 손에서 자란 아들 아닙니까?

> 그러나 아브라함은, 그 아들도 자기 아들이므로, 이 일로 마음이 몹시 괴로웠다. 창세기 21: 11

아브라함은 '이스마엘, 저 아이도 내 아들인데' 하면서 고뇌합니다. 하지만 이것도 역시 한계가 있는 자세입니다. 그에게 이스마엘의 어머니이자 자신의 아내인 하갈은 안중에도 없습니다. 당장에 아이의 장래가 걸린 문제이기에 그걸 놓고 괴로워하지만 아브라함이 하갈에 대해 처음부터 지금까지 보이는 태도는 논란거리가 될 만합니다. 그러던 중에 하나님이 아브라함에게 "걱정하지 마라. 이 문제를 해결하는 방법이 있다. 사라 말대로 떠나보내라. 그러면 내가 축복을 하고 다 지켜줄 테니까. 그 아이도 아브라함, 너의 씨앗 아니냐?"라고 하십니다. 이 말씀에 힘입었는지 아브라함은 다음날 일찍 일어나 두 사람을 집에서 내보냅니다.

여기서 우리는 인색하기 짝이 없는 아브라함을 봅니다. 그의 난감한 처지를 이해하자면 하나님의 약속을 믿어서였겠지만, 며칠을 두고 생각하며 하갈과 이스마엘에게 마음의 준비를 할 여유를 주거나 차근차근 상황을 설명하면서 애틋하게 작별을 준비하는 것도 아니었습니다.

빈들에서 헤매다

다음날 아침에 일찍, 아브라함은 먹을거리 얼마와 물 한 가죽부대를 가져다가, 하갈에게 주었다. 그는 먹을거리와 마실 물을 하갈의 어깨에 메워주고서, 그를 아이와 함께 내보냈다. 하갈은, 길을 나서서, 브엘세바 빈들에서 정처 없이 헤매고 다녔다. 창세기 21: 14

박절한 아버지이자 남편 아브라함이었습니다. 여종 출신 여인이 어린 아들을 데리고 갈 곳이 없는 것을 분명히 알면서도 아브라함은 기껏해야 먹을거리 조금과 물 한 가죽부대만 하갈에게 주었습니다. 하갈의 어깨에 메어줄 만한 양이었으니 얼마나 되었겠습니까? 그래도 자기 아들의 어머니이고 한때는 자기 아내였는데 곁에서 지켜줄 하인 하나 딸려 보내지 않았고, 나귀에 음식과 필요한 물품을 충분히 실어보낸 것도 아닙니다. 이런 상태로는 얼마 못 가서 문제가 생길 수 있지요. 참으로 야멸찬 추방입니다. 아브라함이 사라의 눈치를 보느라고 그랬다고 할 수도 있고, 그 자신이 생각해봐도 그대로 두었다가는 장래에 이스마엘과 이삭이 서로 골육상잔의 다툼을 벌일 수 있었겠지만, 아무리 그래도 마지막 떠나는 길에 너무했다는 느낌이 듭니다.

하갈과 이스마엘은 얼마나 절통했을까요? 하갈은 한때 사라와의 갈등으로 집을 나오기는 했지만, 하나님의 말씀을 듣고 다시 집으로 들어갔습니다. 그리고 아이를 낳아 지난 십여 년 동안 잘 지내왔는데 이건 마른 하늘에 날벼락입니다. 이삭이 태어났더라도 아들 이스마엘의 몫은 아버지 아브라함이 생각해주리라 기대할 수 있었겠지요. 그런데 그 모든 것을 뒤로한 채 정처 없이 떠나가는 나그네 신세가 되었습니다. 가진 것이라고는 겨우 어깨에 멘 물 한 가죽부대와 약간의 양식밖에 없습니다.

하갈은 아이의 손을 붙잡고 넋이 나간 사람처럼 빈들을 헤맵니다. 마실 물과 먹을 음식은 언제 떨어질지 모르고 잠잘 곳과 기거할 자리도 모르니, 모자의 운명은 언제라도 위기에 처할 수 있습니다. 결국 더는 살아갈 가망성이 보이지 않는 지경의 순간이 오고야 말았습니다.

> 가죽부대에 담아 온 물이 다 떨어지니, 하갈은 아이를 덤불 아래에 뉘어 놓고서 "아이가 죽어가는 꼴을 차마 볼 수가 없구나!" 하면서, 화살 한 바탕 거리만큼 떨어져서, 주저앉았다. 그 여인은 아이 쪽을 바라보고 앉아서, 소리를 내어 울었다. 창세기 21: 15-16

예상했던 대로 가죽부대의 물은 떨어지고, 죽음의 시간만을 기다리는 상황입니다. 고대 중근동 지역은 오늘날과 마찬가지로 열사의 태양이 내리쬐는 들판입니다. 허허벌판에서 먹고 마실 것조차 더는 없습니다. 그나마 물이라도 있으면 얼마간은 버틸 수 있겠지만 그렇지 않으니 모든 것이 끝났다고 생각할 만합니다. 남은 최후의 선택은 기진맥진한 아이를 덤불 아래 누이고 그냥 죽어가게 내버려두는 것이었습니다.

자식이 숨을 거두어가는 모습을 그대로 지켜볼 어머니는 어디에도 없습니다. 하갈은 아이를 덤불 아래 뉘어놓고, '화살 한 바탕', 그러니까 활을 쏘면 날아가다 땅에 떨어지는 만큼의 거리로 갔습니다. 아이에게서 그만한 정도로 떨어져 있는 것입니다. 그렇다고 아예 보이지 않는 곳으로 갈 수도 없지요. 너무 멀면 아이가 점처럼 작게 보이고, 그렇다고 가까이 있으면 아이의 우는 소리에 가슴이 천 갈래 만 갈래 찢어지지 않겠습니까. 창세기 본문에 하갈이 덤불 아래 있는 아이를 보았다고 되어 있지 않고 "아이 쪽을 바라보고"라고 적혀 있는 것도 이 상황과 함께 어머니의 비통한 심정을 말해줍니다.

하갈은 그저 울부짖을 뿐입니다. 그 마음속에 "하나님은 도대체 어디에 계십니까? 저한테 약속하지 않으셨습니까? 이런 꼴을 보라고 저를 사라에게 돌려보내셨습니까? 차라리 그때 목숨을 끊었던 편이 나았던 것 아닌가요?" 원망과 슬픔의 눈물이 강을 이루었겠지요. 그때 하나님이 하갈에게 오셨습니다. 그런데 하나님이 먼저 들으신 소리는 하갈의 통곡소리가 아니라 아이의 울음 소리였습니다. 참으로 중요한 대목입니다.

하나님이, 그 아이가 우는 소리를 들으셨다. 하늘에서 하나님의 천사가 하갈을 부르며 말하였다. "하갈아, 어찌 된 일이냐? 무서워하지 말아라. 아이가 저기에 누워서 우는 저 소리를 하나님이 들으셨다. 아이를 안아 일으키고, 달래어라. 내가 저 아이에게서 큰 민족이 나오게 하겠다." 창세기 21: 17-18

하갈이 겪는 고통의 원인은 자신의 고난이 아니라 아이의 현실 때문입니다. 하나님은 그 아이의 우는 소리를 듣고 하갈에게 나타나셨습니다.

그러고는 이는 무서워할 일이 결코 아니라며 아이를 안아 일으키고 달래라고 하십니다. 그 아이는 죽을 아이가 아니라 그로부터 큰 민족이 나오는 씨앗이라고 말씀하시지요. 아브라함 못지않은 축복입니다. 이스마엘을 여기에서 죽게 내버려두시지 않겠다는 것 아닙니까?

우리는 누군가 깊은 슬픔에 빠져 있거나 절망의 나락에서 헤어나오지 못할 때, "내가 위로한다고 해서 과연 위로가 될까?" 하고 회의적인 마음을 먹을 수 있습니다. 그러나 그렇지 않습니다. 그 한 번의 위로와 관심이 큰 힘을 줄 수 있습니다. 슬퍼하고 낙심에 빠진 사람에게 손을 내밀고 마음을 나누면 그 영혼은 점차 안정되어갑니다. 따뜻한 눈길 한 번, 정성어린 말 한 마디가 큰 힘이 되어 사람을 일으킵니다. 그렇기에 하나님은 하갈에게 이젠 어쩔 수 없구나 하고 마음을 접지 말고 가서 아이를 일으켜 달래라고 합니다. 아이가 '어머니도 나를 버렸네'라고 여기고 마지막 숨을 쉴 때 어머니가 아이의 몸을 일으킨다면 그 순간부터 기운을 차릴 수 있을 것입니다.

그러자 잠시 뒤 기적처럼 일어난 일은 먹을 물이 없어 목이 타는 두 모자에게 더할 나위 없는 생명의 기력이 됩니다.

하나님이 하갈의 눈을 밝히시니, 하갈이 샘을 발견하고, 가서, 가죽부대에 물을 담아다가 아이에게 먹였다. 창세기 21 : 19

생각지도 못한 큰 충격을 받으면 눈앞이 캄캄해집니다. 아무것도 제대로 보이지 않지요. 그런데 하나님이 함께 하시니 미처 보이지 않았던 눈이 뜨입니다. 하갈은 그때 자기 앞에 있는 샘을 발견합니다. 때로 우린 자기 어깨에 멘 가죽부대의 물이 떨어지는 경험을 합니다. 가지고 있는 것은 그게 전부라는 상황 말입니다. 그래서 그것이 떨어지고 나면 모든 게 끝이라고 여깁니다. 그러나 가죽부대의 물이 없어졌다고 해서 세상의 모든 물이 사라지는 것은 아닙니다. 정신을 차리고, 공포와 절망으로 감았던 눈을 뜨면 하나님이 보여주시는 샘물을 발견하게 됩니다.

가죽부대로는 세상의 샘물을 다 담을 수 없습니다. 자신의 어깨가 감당할 만한 정도의 물만 채울 수 있지요. 자기 인생에 주어진 가죽부대의 물이 다 없어졌더라도 주저앉을 일이 아닙니다. 세상의 물은 가죽부대를 채우고도 남습니다. 하나님의 샘은 마르지 않습니다. 그 샘물을 퍼서 가죽부대에 담아 죽어가던 아이에게 마시게 하고 일으켜 세운 하갈은 그 아이가 광야에서 자라나는 것을 보게 됩니다. 그런데 하갈과 이스마엘이 들판에서 살아남은 이야기가 전부는 아닙니다. 더욱 놀라운 감동이 기다리고 있습니다.

화살 한 바탕의 희망

그 아이가 자라는 동안에, 하나님이 그 아이와 늘 함께 계시면서 돌보셨다. 그는 광야에 살면서, 활을 쏘는 사람이 되었다. 창세기 21: 20

들판은 하갈과 이스마엘에게 죽음의 자리였습니다. 그러나 이스마엘은 여기에서 자랍니다. 하나님이 늘 돌보아주셨고, 그는 '들의 사람'으로 커갔습니다. 아버지 없는 그에게 하나님이 아버지가 되어주십니다.

광야에서 성장한 이스마엘은 어떤 사람이 되었습니까? '활 쏘는 사람'

입니다. 이스마엘이 열다섯 살 때 쏜 화살과, 스무 살 때 쏜 화살, 그리고 서른이 되었을 때 쏜 화살의 한 바탕 거리는 당연히 같지 않습니다. 그 거리는 수치가 미리 정해져 있는 것이 아니기 때문입니다. 소년, 청년, 그리고 장년의 이스마엘이 활시위를 당겼을 때 그 화살 한 바탕의 거리는 점점 더 멀리 갔을 겁니다.

한때 하갈은 이스마엘이 죽어가는 줄 알고 멀찍이 떨어져 절규했던 때가 있었습니다. 그때의 '화살 한 바탕'은 절망의 지점이었지요. 아이는 겨우 보일까 말까 하고 우는 소리 또한 들릴 듯 말 듯했습니다. 아이로부터 멀어질수록 하갈의 가슴은 찢어질 듯했을 겁니다. 화살 한 바탕만큼의 거리로 옮겨가는 발걸음은 죽음의 고통 자체였겠지요. 그러나 아이가 정신을 차려서 기운을 내고, 어느새 자라 힘차게 활시위를 당깁니다. 그 화살 한 바탕의 거리가 길어지면 길어질수록 그것은 이스마엘의 기량이 커감을 의미합니다. 화살은 이스마엘이 자라는 만큼 멀리 날아갑니다. 이제 하갈은 아들이 자랑스럽고, 그 화살 한 바탕의 거리는 '희망의 능력'이 됩니다. 이스마엘이 하늘을 향해서 꿈의 시위를 힘껏 당기는 셈이지요. 위대한 민족의 시작을 알리고 있습니다.

죽음의 들판이라고 여긴 곳이 도리어 새롭게 살아나는 들판이 되었고, 화살 한 바탕의 거리가 비통함의 현실이 아니라 하나님의 축복 안에서 이스마엘의 장래를 바라보게 하는 사건으로 변했지요. 그곳에서 쏘아댄 화살이 그때까지는 불가능하다고 여겼던 과녁을 맞히는 겁니다. 하갈과 이스마엘은 기구한 운명에서 삶을 시작했고, 죽을 고비를 넘기지만 "아, 축복은 아브라함의 집에만 있는 것은 아니구나. 하나님이 계신 곳은 그 어디나 축복의 현장이구나" 하는 사실을 깨닫습니다.

우리의 인생이 때로 갈 곳을 몰라 막막할 때 이 장면을 떠올린다면 희망이 생길 것입니다. 낙담하지 않고 하나님과 함께 들판에 서서 하늘 높이 활시위를 당기는 꿈을 꾸어보는 거지요. 그러면 하늘을 시원하게 가르며 날아가는 화살이 목표에 명중하는 사건을 체험하게 될 것입니다. 이렇게 해서 죽음의 땅인 줄로 알았던 곳이 생명의 터가 됩니다. 통곡의 현장이 축복의 자리로 바뀝니다. 모든 것이 메말랐나 했는데, 사실은 샘물이 펑펑 솟는 땅이었습니다. 저주스러웠던 현실이 자신을 새롭게 키우는 현장이 됩니다. 팔에 사라진 줄 알았던 힘이 생기고 활시위를 당기는 마음이 감격에 찹니다.

부디, 막막한 들판에서 방황하며 무너지고 마는 자가 아니라 그런 때에 도리어 기적으로 임하시는 하나님의 축복을 믿고 희망의 과녁을 향해 힘차게 활시위를 당기는 멋진 사람들이 되시기를 바랍니다.

16

¹ 아브람의 아내 사래는 아이를 낳지 못하였다. 그에게는 하갈이라고 하는 이집트 사람 여종이 있었다. ² 사래가 아브람에게 말하였다. "주께서 나에게 아이를 가지지 못하게 하시니, 당신은 나의 여종과 동침하십시오. 하갈의 몸을 빌려서, 집안의 대를 이어갈 수 있기를 바랍니다." 아브람은 사래의 말을 따랐다. ³ 아브람의 아내 사래가 자기의 여종 이집트 사람 하갈을 데려다가, 자기 남편 아브람에게 아내로 준 때는, 아브람이 가나안 땅에서 살아온 지 십 년이 지난 뒤이다. ⁴ 아브람이 하갈과 동침하니, 하갈이 임신하였다. 하갈은, 자기가 임신한 것을 알고서, 자기의 여주인을 깔보았다. ⁵ 사래가 아브람에게 말하였다. "내가 받는 이 고통은, 당신이 책임을 지셔야 합니다. 나의 종을 당신 품에 안겨 주었더니, 그 종이, 자기가 임신한 것을 알고서, 나를 멸시합니다. 주께서 당신과 나 사이를 판단하여주시면 좋겠습니다." ⁶ 아브람이 사래에게 말하였다. "여보, 당신의 종이니, 당신 마음대로 할 수 있지 않소? 당신이 좋을 대로 그에게 하기 바라오." 사래가 하갈을 학대하니, 하갈이 사래 앞에서 도망하였다. ⁷ 주의 천사가 사막에 있는 샘 곁에서 하갈을 만났다. 그 샘은 술로 가는 길옆에 있다. ⁸ 천사가 물었다. "사래의 종 하갈아, 네가 어디서 와서, 어디로 가는 길이냐?" 하갈이 대답하였다. "나의 여주인 사래에게서 도망하여 나오는 길입니다."

⁹ 주의 천사가 그에게 말하였다. "너의 여주인에게로 돌아가서, 그에게 복종하면서 살아라." ¹⁰ 주의 천사가 그에게 또 일렀다. "내가 너에게 많은 자손을 주겠다. 자손이 셀 수도 없을 만큼 불어나게 하겠다." ¹¹ 주의 천사가 그에게 또 일렀다. "너는 임신한 몸이다. 아들을 낳게 될 터이니, 그의 이름을 이스마엘이라고 하여라. 네가 고통 가운데서 부르짖는 소리를 주께서 들으셨기 때문이다. ¹² 너의 아들은 들나귀처럼 될 것이다. 그는 모든 사람과 싸울 것이고, 모든 사람 또한 그와 싸울 것이다. 그는 자기의 모든 친척을 떠나서 살아가게 될 것이다." ¹³ 하갈은 "내가 여기에서 나를 보시는 하나님을 뵙고도, 이렇게 살아서, 겪은 일을 말할 수 있다니!" 하면서, 자기에게 말씀하신 주를 "보시는 하나님"이라고 이름 지어서 불렀다. ¹⁴ 그래서 그 샘 이름도 브엘라해로이라고 지어서 부르게 되었다. 그 샘은 지금도 가데스와 베렛 사이에 그대로 있다. ¹⁵ 하갈과 아브람 사이에서 아들이 태어나니, 아브람은, 하갈이 낳은 그 아들의 이름을 이스마엘이라고 지었다. ¹⁶ 하갈과 아브람 사이에 이스마엘이 태어날 때에, 아브람의 나이는 여든 여섯이었다.

21 ¹ 주께서는 말씀하신 대로 사라를 돌보셨다. 사라에게 약속하신 것을 주께서 그대로 이루시니, ² 사라가 임신하였고, 하나님이 아브라함에게 약속하신 바로 그때가 되니, 사라와 늙은 아브라함 사이에서 아들이 태어났다. ³ 아브라함은 사라가 낳아 준 아들에게 이삭이라는 이름을 지어 주었다. ⁴ 이삭이 태어난 지 여드레 만에, 아브라함은, 하나님이 분부하신 대로, 그 아기에게 할례를 베풀었다.

⁵ 아브라함이 아들 이삭을 보았을 때에, 그의 나이는 백 살이었다. ⁶ 사라가 혼자서 말하였다. "하나님이 나에게 웃음을 주셨구나. 나와 같은 늙은이가 아들을 낳았다고 하면, 듣는 사람마다 나처럼 웃지 않을 수 없겠지." ⁷ 그는 말을 계속하였다. "사라가 자식들에게 젖을 물리게 될 것이라고, 누가 아브라함에게 말할 엄두를 내었으랴? 그러나 내가 지금, 늙은 아브라함에게 아들을 낳아주지 않았는가!" ⁸ 아기가 자라서, 젖을 떼게 되었다. 이삭이 젖을 떼는 날에, 아브라함이 큰 잔치를 벌였다. ⁹ 그런데 사라가 보니, 이집트 여인 하갈과 아브라함 사이에서 태어난 아들이 이삭을 놀리고 있었다. ¹⁰ 사라가 아브라함에게 말하였다. "저 여종과 그 아들을 내보내십시오. 저 여종의 아들은 나의 아들 이삭과 유산을 나누어 가질 수 없습니다." ¹¹ 그러나 아브라함은, 그 아들도 자기 아들이므로, 이 일로 마음이 몹시 괴로웠다.

¹² 하나님이 그에게 말씀하셨다. "그 아들과 그 어머니인 여종의 일로 너무 걱정하지 말아라. 이삭에게서 태어나는 사람이 너의 씨가 될 것이니, 사라가 너에게 말한 대로 다 들어주어라. ¹³ 그러나 여종에게서 난 아들도 너의 씨니, 그 아들은 그 아들대로, 내가 한 민족이 되게 하겠다."

¹⁴ 다음날 아침에 일찍, 아브라함은 먹을거리 얼마와 물 한 가죽부대를 가져다가, 하갈에게 주었다. 그는 먹을거리와 마실 물을 하갈의 어깨에 메워주고서, 그를 아이와 함께 내보냈다. 하갈은, 길을 나서서, 브엘세바 빈들에서 정처 없이 헤매고 다녔다.

¹⁵ 가죽부대에 담아온 물이 다 떨어지니, 하갈은 아이를 덤불 아래에 뉘어놓고서 ¹⁶ "아이가 죽어가는 꼴을 차마 볼 수가 없구나!" 하면서, 화살 한 바탕 거리만큼 떨어져서, 주저앉았다. 그 여인은 이이 쪽을 바라보고 앉아서, 소리를 내어 울었다. ¹⁷ 하나님이, 그 아이가 우는 소리를 들으셨다. 하늘에서 하나님의 천사가 하갈을 부르며 말하였다. "하갈아, 어찌 된 일이냐? 무서워하지 말아라. 아이가 저기에 누워서 우는 저 소리를 하나님이 들으셨다.

¹⁸ 아이를 안아 일으키고, 달래어라. 내가 저 아이에게서 큰 민족이 나오게 하겠다." ¹⁹ 하나님이 하갈의 눈을 밝히시니, 하갈이 샘을 발견하고, 가서, 가죽부대에 물을

담아다가 아이에게 먹였다. ²⁰ 그 아이가
자라는 동안에, 하나님이 그 아이와 늘
함께 계시면서 돌보셨다. 그는 광야에
살면서, 활을 쏘는 사람이 되었다.
²¹ 그가 바란 광야에서 살 때에, 그의
어머니가 그에게 이집트 땅에 사는
여인을 데려가서, 아내로 삼게 하였다.

23 할례, 생명력의 일깨움

창세기 17장, 18장 1절-15절, 21장 1절-7절

약속을 상기시키는 하나님

인간의 성性은 생명의 기력을 압축적으로 보여줍니다. 나이가 들면서 그 기능이 쇠약해지는 것은 당연합니다. 그런데 이러한 한계를 극복하는 사건이 벌어졌습니다. 나이가 1백 살이 된 아브라함에게 아들 이삭이 태어난 것입니다. 더 놀라운 일은, 지금까지 아이를 낳을 수 없었던 사라가 아흔 살의 나이에 자식을 본 것입니다. 한편 여기에 더하여 우리는 할례割禮의식의 등장을 처음 보게 됩니다. 이 모든 기이한 사건과 의식이 담고 있는 의미는 과연 무엇일까요?

우선 주목할 것은, 하나님이 아브라함에게 유사한 내용을 담은 약속을 여러 차례 말씀하셨다는 점입니다. 앞으로 큰 민족이 그에게서 태어나며, 웅대한 역사가 펼쳐질 것이라는 등의 약속 말이지요. 지금은 그가 이곳저곳을 떠도는 나그네이지만 장차 위대한 정신의 사표로 남으리라는

예언이기도 합니다. 약속을 상기시키는 것은 그를 끊임없이 붙들어주시는 하나님 사랑의 표현입니다. 한번 약속으로 평생을 지키라는 것이 아니라, 필요한 때에 새로운 위로와 격려를 주지요. 약속을 거듭해서 듣는 이는 새로울 것도 없는 이야기의 되풀이라면서 우습게 볼 것이 아닙니다. 그런 과정이 쌓이면서 확신이 생기고 그것을 통해 얻은 기쁨이 새로운 능력이 됨을 알아야 합니다. 사랑한다는 말을 수없이 반복해서 들어도 지루하지 않고 기분이 좋아지는 까닭이 여기에 있습니다. 하나님의 사랑을 표현하시는 말씀의 반복은 그래서 힘이 됩니다.

성서를 보면 하나님이 "내가 너를 기억한다"라는 표현이 자주 등장하는 것을 알 수 있는데, 그건 하나님이 그 사람을 한참 동안 잊고 있다가 마침내 생각났다는 뜻이 아닙니다. "너를 늘 기억하고 너의 소망이 무엇인지 잘 알고 있으니 앞날을 염려하지 말라"는 것입니다.

인간이란 때로 어려움에 부딪칠 때, 혹시 하나님이 너무 바쁘셔서 나를 잊으신 게 아닐까 불안해하기도 합니다. 그런데 사실은 하나님이 우리를 기억하고 계시다는 것을 우리가 모르는 경우가 더 많지 않을까요? "내가 너를 기억한다"라고 일깨우시는 것은 하나님 당신의 기억력을 확인시키려는 것이 아니라 우리의 마음에 평안과 확신을 주시는 말씀입니다.

너무 오래된 약속은, 세월이 흐르는 동안 그 내용이 희미해지기도 하고 또 과연 이루어지기는 할까 하는 의혹도 들 것입니다. 흔들리는 마음을 하나님은 다시 보듬으십니다. 하나님과의 관계가 돈독해지지요. 막연한 예언 같은 약속은 시간이 지나면서 자칫 믿기 어려운 허구적 희망처럼 여겨질 수 있습니다. 당장 뭔가가 눈에 보이는 것도 아니고 현실마저 그런 약속이 이루어질 조짐조차 보이지 않는다면, 기대는 점차 실망으로 변할 수 있습니다. 그럴 때마다 하나님은 "조금도 동요하지 마라, 내 약속은 반드시 이루어진다"라고 하시면서 인간의 마음을 붙잡아주시지요.

우르를 떠났을 당시 아브람의 나이가 75세였는데, 그때에도 하나님은 그를 시조로 하는 민족의 번성을 약속하셨고, 그가 모두에게 축복이 될 존재임을 예언해주셨습니다. 하지만 그로부터 이십여 년이 지난 지금, 아브람의 나이 백 살이 되어가는데 아들 이스마엘 외에 따로 후사도 없고, 사래는 구십이 가까운 노구가 되었습니다. 이런 상황에 무슨 기대를 할 수 있겠습니까? 그런데 하나님은 아브람에게 다시 약속을 확인시켜주십니다.

아브람의 나이 아흔아홉이 되었을 때에, 주께서 그에게 나타나셔서 말씀하셨다. "나는 전능한 하나님이다. 너에게 순종하며, 흠 없이 살아라. 나와 너 사이에 내가 몸소 언약을 세워서, 너를 크게 번성하게 하겠다." 아브람이 얼굴을 땅에 대고 엎드려 있는데, 하나님이 그에게 말씀하셨다. "나는 너와 언약을 세우고 약속한다. 너는 여러 민족의 조상이 될 것이다." 창세기 17: 1-4

위대한 영혼의 선조

약속의 내용도 진화해갑니다. 하나님의 언약이 반복되고 있다는 점도 중요하지만 약속의 내용이 깊어지고 풍부해지는 것을 주시할 필요가 있습니다. 아들의 탄생이 예고되면서 아브람과 사래가 각각 아브라함과 사라로 이름이 바뀝니다.

"내가 너를 여러 민족의 아버지로 만들었으니, 이제부터는 너의 이름이, 아브람이 아니라, 아브라함이다." 창세기 17: 5

하나님이 아브라함에게 또 말씀하셨다. "너의 아내 사래를 이제 사래라고 하지 말고, 사라라고 하여라. 내가 그에게 복을 주어, 너에게 아들을 낳아 주게 하겠다. 내가 너의 아내에게 복을 주어서, 여러 민족의 어머니가 되게 하고, 백성들을 다스리는 왕들이 그에게서 나오게 하겠다." 창세기 17: 15-16

이로써 아브라함은 뭇 민족의 시조, 존귀한 아버지로서 모든 인류 족속의 출발점이라는 뜻을 가집니다. 사래 역시 사라가 되어 여러 민족의 시조모가 되지요. 애초에는 혼자서 얼마 되지 않는 식구들로 시작해, 아는 사람이라고는 전혀 없는 타지로 유랑했던 아브라함이지 않습니까? 그런 그가 무슨 근거로 이런 약속의 주인공이 될 수 있었을까요? 하나님은 이렇게 미미한 출발처럼 보이는 역사 안에서 장대한 결말을 내다보게 하십니다. 성서는 하나님과 함께 하면, 작고 초라한 출발도 크나큰 성취가 있음을 일깨웁니다.

하란을 떠나올 때 아브라함이 받았던 예언은 그가 거대한 역사의 출발, 큰 민족의 뿌리라는 것이었는데, 이번에는 단순히 거기에 그치지 않고 아브라함의 존재에 품격과 위대함을 더해주셨습니다. 육신의 조상으로 끝나지 않고 위대한 영혼의 선조가 된다는 것이지요. 이름이 아브람에서 아브라함으로 바뀌는 것은 단지 이름의 발성만 바뀌는 것이 아니라 하나님의 뜻을 그 내면에 충실하게 갖춘 영혼을 의미합니다. 아브라함은 그런 영혼의 혈통을 이어나가는 시발점이 될 수 있었습니다. 훗날 세례요한은 자신들이 아브라함의 적통 후손이라고 내세우는 자들을 향해 이렇게 일갈합니다.

"그리고 너희는 속으로 주제넘게 '아브라함이 우리 조상이다' 하고 말할 생각을 하지 말아라. 내가 너희에게 말한다. 하나님께서는 이 돌들로도 아브라함의 자손을 만드실 수 있다." 마태복음 3: 9

중요한 것은 그 마음과 영혼에 하나님의 뜻을 담고 있는가의 여부에 있습니다. '위대한 영혼을 가진 존재'가 되는 그것이 아브라함과 정신사적 혈통으로 이어지는 의미입니다. 아브라함은 단지 히브리 민족의 육신적 조상일 뿐만 아니라, 고난의 현실 속에서도 하나님의 약속을 굳게 믿고 하나님 나라의 꿈을 포기하지 않는 모든 인간의 상징이지요. 그로 말미암아 모든 민족이 축복받도록 하시겠다고 한 이유도 그가 인류의 정신사적 좌표이기 때문입니다. 그런 존재는 피부색깔이나 출신지역이나 또는 말과 문화가 달라도 인류의 사표가 될 수 있습니다. 시대 전체가 방황할 때 그 중심을 잡아주는 '영혼의 아버지'가 되지요. 위기의 때에 무슨 생각을 해야 하는지, 절박한 현실을 마주하면 어떤 자세가 필요한지, 희망이 사라지고 있을 때에는 어떤 기도를 드려야 하는지 그 기준을 세워주는 존재가 있다면 제대로 살아나갈 수 있습니다. 하나님은 지금 아브라함이 그런 존재로 우뚝 서게 됨을 예고해주신 것입니다.

아브라함은 아무런 전망도 현실적으로 할 수 없을 때에 하나님의 약속 하나만을 믿고 먼 길을 떠나왔고, 대다수의 사람들이 제국의 문명 중심으로 들어갈 때에 새로운 꿈을 가지고 변방으로 가서 하나님 나라를 이루어나가는 생명공동체의 출발점이 되었지요. 당장에 어떠한 결실도 없이 긴 세월 유랑자로 지내오면서도 그 믿음은 흔들리지 않았습니다. 대를 이을 아들이 없다는 사실로 좌절하지 않았습니다. 때때로 인간적 모순과 약점을 드러내긴 했으나 파멸의 길로 들어서지 않았으며, 사랑하는 이의 생명을 구하기 위해서는 하나님과도 맞서 필사의 투쟁으로 탄원을 드리는 용기를 가졌습니다. 노아의 때를 거친 인류의 역사에서 이런 영혼의 깊이를 가진 인간형이 장차 역사를 주도해야 하는 것은 너무나 마땅한 일입니다.

위대한 영혼이 역사를 계승해나가는 기준이라는 점을 강조하신 이후 하나님은 할례의식에 대해 거론하십니다. 오늘날에는 포경수술이 이 할례와 같은 역할을 하고 있으나 그것은 어디까지나 의학적인 견지에서 그렇고, 성서는 이를 하나님과 인간 사이의 언약이라고까지 합니다. 아브라함의 식구나 혈통적 일가에만 한하지 않고 그의 집안에 속한 모든 사람들을 대상으로 하고 있습니다.

하나님이 또 아브라함에게 말씀하셨다. "너는 나와 세운 언약을 잘 지켜야 하고, 네 뒤에 오는 네 자손도 대대로 이 언약을 잘 지켜야 한다. 너희 가운데서, 남자는 모두 할례를 받아야 한다. 이것은 너와 네 뒤에 오는 너의 자손과 세우는 나의 언약, 곧 너희가 모두 지켜야 할 언약이다. 너희는 양피를 베어서, 할례를 받게 하여라. 이것이 나와 너희 사이에 세우는 언약의 표이다. 대대로 너희 가운데서, 남자는 모두 난 지 여드레 만에 할례를 받아야 한다. 너희의 집에서 태어난 종들과 너희가 외국인에게 돈을 주고서 사온 종도, 비록 너희의 자손은 아니라 해도, 마찬가지로 할례를 받아야 한다. 집에서 태어난 종과 외국인에게 돈을 주고서 사온 종도, 할례를 받아야 한다. 그렇게 하여야만, 나의 언약이 너희 몸에 영원한 언약으로 새겨질 것이다. 할례를 받지 않은 남자, 곧 양피를 베지 않은 남자는 나의 언약을 깨뜨린 자이니, 그는 나의 백성에게서 끊어진다." 창세기 17: 9-14

포경수술이라는 측면에서만 보면 그것은 남성의 생식능력을 강화하기 위한 것이라고 여길 수도 있지만 그러기에는 아브라함의 나이가 아흔아홉이나 됩니다. 뿐만 아니라 아브라함의 집에 속한 모든 남자들도 이 의식을 치르도록 되어 있는데, 왜 하필 하나님은 언약에 대한 육체적 징표를 남성의 생식기에 하셨을까요?

생명력을 일깨우는 할례의식

남자의 생물학적 기력은 성기에 집약되어 있다고 할 수 있어서, 그 힘이 어떤가에 따라 그 사람의 생명력의 척도가 되기도 합니다. 이른바 흔히 알고 있는 정력이라는 힘이지요. 그런데 어찌해서 이런 종류의 이야기를 성서가 하나님의 말씀으로 기록하고 있는지 의아합니다. 이 말씀을 제대로 이해하려면, 고대사회의 남근숭배 의식을 염두에 둘 필요가 있습니다. 남자의 성기 모양을 닮은 바위나 나무를 깎아 만든 형상을 숭배한다거나 여성들이 자식을 낳기 위해 그런 형상을 만지면서 소원을 빌었던 일과 관련된 종교의식입니다. 이것은 세계 도처에 존재했던 민간신앙의 형태였습니다. 생명의 번성을 기원하는 마음이 남근숭배의 문화를 만들어냈던 것이니 이는 인간의 본능적 갈망이 낳은 결과라고 할 수 있겠지요.

남자들이 성적 능력에 자신이 있으면 대단한 존재로 여기는 경향도 이러한 본능과 관련이 있습니다. 그런데 이 힘을 포악하게 쓰는 경우도 많았습니다. 성범죄와 같은 사건들은 남성의 여성들에 대한 성적 유린과 폭력입니다. 전쟁이 일어나 집단 강간이 일어나곤 하는 일들도 모두 남성의 성적 능력이 폭력적으로 변한 결과입니다. 성이 생명의 능력이 아니라 죽음의 무기가 되는 것입니다. 물론 남성의 생식력이 건강하게 유지되어 태어나는 자손들이 모두 건강하다면 좋은 일입니다. 손상된 생식력으로 병약한 자손이 태어나는 것을 바랄 사람은 없습니다. 그렇지만 남성의 생명력이 올바로 쓰이지 않으면 많은 죄와 폭력이 생겨납니다.

남근숭배의식을 무비판적으로 받아들이면 정력 추구로만 이어집니다. 오늘날 적지 않은 남자들이 정력제라고 하면 앞뒤 안 가리는 사회풍조도 남성 성기 자체의 능력에 집착하고 그 기력의 원천을 단순히 육체적 차원에서만 이해한 결과입니다. 이런 의식이 지배하는 사회는 성의 문란화를 가져오며, 윤리의식의 둔감과 부패로 이어질 것입니다.

할례는 이 힘의 실제적인 주관자가 하나님이라는 사실을 환기시킵니다. 생명의 기력, 그 원천에 하나님이 존재하시는 것이지, 바위니 나무니 정력제니 남근 자체는 아닙니다. 할례란 바로 이런 의미를 몸에 새겨 평생 기억하라는 뜻입니다. 이런 의식을 갖는다면 남성들의 성과 관련한 윤리적 문제에 대한 생각이 분명해질 것입니다. 하나님이 그 힘의 사용에 개입하고 계시니까 말이지요. 인간이 정력이 강하다고 해서 오만해지거나 또는 약하다고 해서 열등감을 가질 이유가 없다는 것입니다. 남근숭배에 따른 남존여비男尊女卑나 가부장적 질서가 가져온 무수한 폭력 역시 이로써 근절될 수 있는 근거가 생겨납니다.

고대로부터 오늘에 이르기까지 성에 대한 논란에서 여성들은 거의 언제나 일방적인 책임을 져야 했고 희생당하는 경우가 대부분이었습니다. 그런데 성서는 성에 대한 책임을 우선 남성들에게 묻습니다. 할례를 통해 남성의 성기가 가진 힘이 하나님과의 언약에 관련된 징표가 되는 것은 이런 차원의 의미도 있습니다.

할례의식은 이후 사상적으로 깊어져서, '몸의 할례'보다 '마음과 영혼의 할례'가 더 중요하다는 쪽으로 정리됩니다. 나중에는 아예 내용은 사라지고 형식만 제도화되어서 할례를 하지 않은 사람은 하나님께 속하지 않은 자라는 움직임까지 생기지요. 그렇지만 정작 중요한 것은 생명의 주관자이자 기력의 원천은 하나님이심을 늘 깨우치는 자세입니다. 그래야 할례가 하나님과 인간 사이의 언약으로서 성립됩니다. 그런 까닭에 사도 바울은 몸의 할례만을 기준으로 삼는 방식과 결별합니다. 사실 그것은 훗날 정리되어갔다기보다는 애초에 할례에 담겨 있는 정신적 의미의 핵심을 발견한 결과라고 하겠습니다.

그리스도 예수 안에서는, 할례를 받거나 안 받는 것이 문제가 되는 것이 아닙니다. 가장 중요한 것은, 사랑으로 역사하는 믿음입니다. 갈라디아서 5: 6

할례를 받거나 안 받는 것이 중요한 것이 아니라, 새롭게 창조되는 것이 중요합니다. 갈라디아서 6: 15

생명의 기력이 하나님에게서 온다는 사실을 알면, 하나님이 주신 그 생명의 요구대로 살아야 마땅하겠지요. 그것은 사랑과 믿음으로 새로운 존재의 가치를 창조하는 삶을 말합니다. 이런 사람은 자신의 생명이 가진 힘을 어떻게 써야 하는지 알고, 육체적으로 쇠하였다고 생각한 순간에도 하나님이 주시면 그 힘은 소생한다고 믿습니다.

할례는 이런 하나님의 존재를 잊지 말라는 언약의 표식입니다. 아브라함과 사라는 바로 그것을 경험했습니다. 인간의 세월로 보면 그 기력이 끝난 마당에 어디 그런 일이 일어날까 하는데, 하나님은 "그게 무슨 말이냐. 내가 그 힘의 주관자인데" 하신 거지요. 아브라함이 사라와 동침하고 그 결과 아이가 생기는데 그 사건의 중심에는 하나님의 생명이 작용하고 있음을 분명히하셨습니다.

그러므로 사라는 "나는 기력이 다 쇠진하였고, 나의 남편도 늙었는데, 어찌 나에게 그런 즐거운 일이 있으랴!" 하고, 속으로 웃으면서 중얼거렸다. 그때에 주께서 아브라함에게 말씀하셨다. "어찌하여 사라가 웃으면서 '이 늙은 나이에 내가 어찌 아들을 낳으랴?' 하느냐? 나 주가 할 수 없는 일이 있느냐? 다음 해 이맘때에, 내가 다시 너를 찾아오겠다. 그때에 사라에게 아들이 있을 것이다." 창세기 18: 12−14

아브라함에 대한 하나님의 약속을 다시 정리해보자면, 첫째 아브라함은 이제 존귀하고 품격 있는 영혼의 소유자로서 뭇 민족의 출발점이 된다는 것입니다. 둘째는 할례를 통해 하나님과 몸의 언약을 세운 것입니다. 이 두 가지를 합쳐서 읽으면, 그냥 육신의 자손이 번창하게 되는 것이 아니라 위대하고 존귀하며 품격 있는 영혼을 가진 생명체들이 하나님의 기력을 얻어 번성하는 세상이 온다는 축복입니다. 무조건 자식을 많이 낳으라는 게 아니라, 그 정신의 격이 다른 존재들이 하나님의 생명을 가득 담고 태어나는 역사가 펼쳐진다는 예언입니다. 생각이 깊고 마음이 넓으며 사랑이 많고 뜻이 높은 존재가 아브라함의 뒤를 이어나간다는 말입니다. 그것은 우리에게도 주어지기를 간절히 소망하는 것이 아닌가요?

노년의 아브라함에게 주신 하나님의 약속은 그런 의미에서 모든 인간에게 희망입니다. 하나님의 뜻 안에서 늦은 때란 없습니다. 육신은 늙어도 그 마음과 영혼에 생명의 힘이 넘치면 그는 여전히 청년입니다.

> 늙어서도 여전히 열매를 맺으며, 진액이 넘치고, 항상 푸르를 것이다. 시편 92: 14

사도 바울도 같은 고백을 합니다.

> 그러므로 우리는 낙심하지 않습니다. 우리의 겉사람은 낡아가나 우리의 속사람은 나날이 새로워갑니다. 고린도후서 4: 16

"내가 이제 나이가 많아 기력도 떨어지고 인생도 저물어가니 어쩌겠는가?"라고 생각하지 말라는 것입니다. 기력의 원천이신 하나님에게 의지하는 인생이라면 끝까지 푸른 마음과 강건한 생명력을 가지고 세상의 할 일 다 마치고 하나님 곁으로 돌아갈 수 있다는 축복의 말씀이 여기에 있습니다. 아브라함에게 '이삭의 탄생'은 이 축복의 증거입니다. 더는 기다리기에 지쳤다고 생각할 때 하나님은 "그렇지 않아"라고 하시지요.

하나님의 약속이 이루어지는 시점은, 인간에게는 언제일까 싶고 또는 너무 늦지 않는가 하는 때일 수 있지만 하나님의 계획 안에서는 가장 적절한 순간입니다. 따라서 기다림을 통과하면서 쌓인 힘겨움을 단번에 뛰어넘는 기쁨이 생겨나고, 모든 조건들이 합해서 선을 이루는 놀라움이 있습니다. 그 이전도 그 이후도 아닌 바로 '그때'에 축복의 순간을 주시는 까닭은 깊이 성찰해보면 그 당사자는 알고 있습니다. 그로써 그는 깨우치는 만큼 생각이 깊어지고 믿음이 굳건해집니다. 사람이 기대할 수 있는 희망이 온통 끊겨도 그것을 돌파하는 하나님의 역사를 생생하게 경험하기 때문입니다.

이삭의 탄생 예언을 듣고 사라가 웃다

그렇다면 이러한 희망을 내다보게 할 예언은 어떻게 이루어지나요? 그 예언의 성취는 사람과의 만남이 중간에 다리를 놓기도 합니다. 자신도 모르는 사이에 하나님이 보내신 사자使者를 마주하기도 합니다. 어느 날 아브라함은 마므레 상수리나무 곁에 한눈에도 범상치 않은 사람 셋이 서 있는 것을 보고 달려가 그들을 초대합니다. 결국 이들에게서 이삭의 탄생에 대한 예언을 듣게 됩니다만, 아브라함은 이들을 "서서 시중든다"고 표현되어 있을 정도로 극진히 모셨습니다.

주께서 마므레의 상수리나무 곁에서 아브라함에게 나타나셨다. 한창 더운 대낮에, 아브라함은 자기의 장막 어귀에 앉아 있었다. 아브라함이 고개를 들고 보니, 웬 사람 셋이 자기의 맞은쪽에 서 있었다. 그는 그들을 보자, 장막 어귀에서 달려 나가서, 그들을 맞이하며, 땅에 엎드려서 절을 하였다. 아브라함이 말하였다. "손님들께서 저를 좋게 보시면, 이 종의 곁을 그냥 지나가지 마시기 바랍니다……" 그들이 나무 아래에서 먹는 동안에, 아브라함은 서서, 시중을 들었다. 창세기 18: 1-8

아브라함은 이들이 범상치 않음을 알아보았습니다. 상대를 알아본다는 것은 영적인 안목이 있음을 의미하겠지요. 만남은 인생을 변화시킵니다. 잘못된 만남은 상처를 주지만, 진실한 만남은 인생의 변화를 가져오며 방향을 제시합니다.

우연한 만남이라고 여겨지는 경우에도 하나님의 섭리를 발견하는 사람이 있고, 그렇지 못한 사람이 있습니다. 하나님 안에서는 우연이란 없습니다. 모든 일이 필연이며, 그 필연에는 반드시 의미가 있습니다. 그런 점에서 아브라함은 이 만남이 주는 축복을 놓치지 않습니다. 그는 이를 그저 어쩌다 생긴 우연이라고 보지 않았고 그 만남을 이루는 데 지체하지 않았습니다. "저 사람은 나눌 게 있는 사람이야. 그에게 나는 행복의 말을 들을 수 있고, 마음이 고결해지는 법을 배울 수도 있어" 하는 생각이 든다면 그 만남은 적극적이게 됩니다. 아브라함은 지금 그렇게 하고 있습니다. 그들은 마침내 아브라함에게 이삭의 탄생을 예언합니다.

그 말을 듣고 있던 사라가 웃습니다. 좋아서가 아니라 말도 안 된다고 비웃지요. 그러자 하나님이 약속은 반드시 이루어진다고 단호히 말씀하십니다. 이에 사라가 놀라 황급히 자신이 웃은 사실을 부인합니다.

사라는 두려워서 거짓말을 하였다. "저는 웃지 않았습니다." 그러나 주께서 말씀하셨다. "아니다. 너는 웃었다." 창세기 18: 15

하나님께서 사라의 부인否認을 그대로 넘기지 않으시고 "너는 웃었다" 하셨습니다. 꾸짖기 위해서가 아니라 이 사건을 기억케 하시기 위함입니다. 사라의 이 웃음의 성격은 훗날 달라집니다. 아이를 낳고 난 다음 사라는 웃습니다. 기뻐서 웃은 것입니다.

> 사라가 혼자서 말하였다. "하나님이 나에게 웃음을 주셨구나. 나와 같은 늙은이가 아들을 낳았다고 하면, 듣는 사람마다 나처럼 웃지 않을 수 없겠지." 창세기 21: 6

기쁨에 겨워 아무리 참으려 해도 터지는 웃음입니다. 사라는 "나처럼 웃지 않을 수 없겠지" 하면서 다른 사람들도 자신의 기쁨에 함께 하리라고 여깁니다. 그 웃음은 하나님의 축복에 대한 찬탄입니다. 웃지 말라고 해도 자꾸만 웃음이 나옵니다. 웃음의 뿌리와 근거가 달라지는 거지요. '이삭'은 웃음이라는 뜻을 가진 말인데, 하나님의 약속 안에서 기다린 결과 사라는 마침내 감격하며 웃게 되었습니다. 이런 웃음, 누구나 바라고 부러워하는 웃음 아닌가요?

애초에 사라는 이삭의 탄생 예언을 듣고 자신의 조건을 먼저 떠올렸습니다. 당연합니다. 그러나 하나님은 그런 조건을 뛰어넘는 사건의 창조자이십니다.

이삭, 희망의 징표

조건을 파악하는 일이 앞서는 사람은 계산에 빠릅니다. 그러나 현실은 언제나 변하게 마련이라. 그런 이들은 기회주의적인 사람이 되거나 바람 부는 대로 마음이 흔들리는 삶을 살게 됩니다. 이런 인생을 극복하기 위한 중요한 전제 하나는, 하나님이 우리를 돌보아주고 계신다는 사실을 아는 것입니다. 이런 통찰의 힘이 있으면 어떠한 상황에서도 낙담하지 않지만, 그 힘을 잃어버릴 때에는 아무리 좋은 조건이 주어져도 안 되는 쪽으로만 생각하게 되지요. 이리저리 조건을 따져보면서 걱정만 잔뜩 하고 생각만 복잡한 채 스스로를 피곤하게 합니다.

사라의 불임은 단지 육체적인 것만을 의미하지 않습니다. '희망의 불임' 상태를 상징합니다. 여기서 모든 조건을 살펴봐도 희망을 찾을 수 없는 현실 앞에 선 인간의 모습을 보게 됩니다. 보이는 조건에만 주목하는 사람들은 만일 그 조건이 불리해지면 이내 주저앉고 웃음을 잃습니다. 웃더라도 조소嘲笑일 뿐입니다. 하나님의 약속은 이런 낙담한 상황을 역전시키는 감격이 있습니다. 우리를 참 기쁨으로 웃게 하십니다.

이삭이 누구입니까? 그는 아브라함과 사라의 육체적 조건만 보면 태어날 수 없는 생명이었으며, 기대할 수 없는 미래였습니다. 그러나 아브라함과 한 하나님의 약속의 중심에는 사랑이 있습니다. 사랑한다는 것은 사랑하는 상대에게 웃음을 주는 일이며, 이삭은 그 징표입니다. 하나님이 인간에게 주시는 희망의 능력이 여기에 나타난 것입니다. 이 능력은 도저히 극복할 수 없다고 여긴 현실을 돌파해나가는 영혼의 힘입니다. 사랑은 이 힘을 이루는 근본입니다. 이 힘이 그득하면 무너져내리던 육신도 다시 회복시켜나갈 수 있습니다. 하나님의 사랑을 믿고 길게 호흡하는 마음으로 결코 주저앉지 않겠다고 다짐하면, 어느새 우리는 기쁘게 웃고 있을 것입니다.

17

¹ 아브람의 나이 아흔아홉이 되었을 때에, 주께서 그에게 나타나셔서 말씀하셨다. "나는 전능한 하나님이다. 나에게 순종하며, 흠 없이 살아라.

² 나와 너 사이에 내가 몸소 언약을 세워서, 너를 크게 번성하게 하겠다."

3 아브람이 얼굴을 땅에 대고 엎드려 있는데, 하나님이 그에게 말씀하셨다.

4 "나는 너와 언약을 세우고 약속한다. 너는 여러 민족의 조상이 될 것이다.

5 내가 너를 여러 민족의 아버지로 만들었으니, 이제부터는 너의 이름이, 아브람이 아니라, 아브라함이다. ⁶ 내가 너를 크게 번성하게 하겠다. 너에게서 여러 민족이 나오고, 너에게서 왕들도 나올 것이다. 7 내가 너와 세우는 언약은, 나와 너 사이에 맺는 것일 뿐 아니라, 너의 뒤에 오는 너의 자손과도 대대로 세우는 영원한 언약이다. 이 언약을 따라서, 나는, 너의 하나님이 될 뿐만 아니라, 뒤에 오는 너의 자손의 하나님도 될 것이다.

8 네가 지금 나그네로 사는 이 가나안 땅을, 너와 네 뒤에 오는 자손에게 영원한 소유로 모두 주고, 나는 그들의 하나님이 될 것이다."

9 하나님이 또 아브라함에게 말씀하셨다. "너는 나와 세운 언약을 잘 지켜야 하고, 네 뒤에 오는 네 자손도 대대로 이 언약을 잘 지켜야 한다. ¹⁰ 너희 가운데서, 남자는 모두 할례를 받아야 한다. 이것은 너와 네 뒤에 오는 너의 자손과 세우는 나의 언약, 곧 너희가 모두 지켜야 할 언약이다.

¹¹ 너희는 양피를 베어서, 할례를 받게 하여라. 이것이 나와 너희 사이에 세우는 언약의 표이다. ¹² 대대로 너희 가운데서, 남자는 모두 난 지 여드레 만에 할례를 받아야 한다. 너희의 집에서 태어난 종들과 너희가 외국인에게 돈을 주고서 사온 종도, 비록 너희의 자손은 아니라 해도, 마찬가지로 할례를 받아야 한다. ¹³ 집에서 태어난 종과 외국인에게 돈을 주고서 사온 종도, 할례를 받아야 한다. 그렇게 하여야만, 나의 언약이 너희 몸에 영원한 언약으로 새겨질 것이다.

¹⁴ 할례를 받지 않은 남자, 곧 양피를 베지 않은 남자는 나의 언약을 깨뜨린 자이니, 그는 나의 백성에게서 끊어진다."

¹⁵ 하나님이 아브라함에게 또 말씀하셨다. "너의 아내 사래를 이제 사래라고 하지 말고, 사라라고 하여라. ¹⁶ 내가 그에게 복을 주어, 너에게 아들을 낳아주게 하겠다. 내가 너의 아내에게 복을 주어서, 여러 민족의 어머니가 되게 하고, 백성들을 다스리는 왕들이 그에게서 나오게 하겠다."

¹⁷ 아브라함은 얼굴을 땅에 대고 엎드려, 웃으면서 혼잣말을 하였다. "나이 백 살 된 남자가 아들을 낳는다고? 또 아흔 살이나 되는 사라가 아이를 낳을 수 있을까?"

¹⁸ 아브라함은 하나님께 아뢰었다. "이스마엘이나 하나님께서 주시는 복을 받으면서 살기를 바랍니다." ¹⁹ 하나님이

말씀하셨다. "아니다. 너의 아내 사라가 너에게 아들을 낳아 줄 것이다. 아이를 낳거든, 이름을 이삭이라고 하여라. 내가 그와 언약을 세울 것이니, 그 언약은, 그의 뒤에 오는 자손에게도, 영원한 언약이 될 것이다. ²⁰ 내가 너의 말을 들었으니, 내가 반드시 이스마엘에게 복을 주어서, 그가 자식을 많이 낳게 하고, 그 자손이 크게 불어나게 할 것이다. 그에게서 열두 명의 영도자가 나오게 하고, 그가 큰 나라를 이루게 하겠다. ²¹ 그러나 나는 내년 이맘때에, 사라가 너에게 낳아 줄 아들 이삭과 언약을 세우겠다." ²² 하나님은 아브라함에게 말씀을 다 하시고, 그를 떠나서 올라가셨다.

²³ 바로 그날에 아브라함은, 자기 아들 이스마엘과, 집에서 태어난 모든 종과, 돈을 주고 사온 모든 종, 곧 자기 집안의 모든 남자와 함께, 하나님이 말씀하신 대로, 양피를 베어서 할례를 받았다. ²⁴ 아브라함이 양피를 베어서 할례를 받은 것은, 그의 나이 아흔아홉 살 때이고, ²⁵ 그의 아들 이스마엘이 양피를 베어서 할례를 받은 것은, 이스마엘의 나이 열세 살 때이다. ²⁶ 아브라함과 그의 아들 이스마엘은 같은 날, 할례를 받았다. ²⁷ 집에서 태어난 종과, 외국인에게서 돈을 주고 사온 종과, 아브라함 집안의 모든 남자가 아브라함과 함께 할례를 받았다.

18

¹ 주께서 마므레의 상수리나무 곁에서 아브라함에게 나타나셨다. 한창 더운 대낮에, 아브라함은 자기의 장막 어귀에 앉아 있었다. ² 아브라함이 고개를 들고 보니, 웬 사람 셋이 자기의 맞은쪽에 서 있었다. 그는 그들을 보자, 장막 어귀에서 달려나가서, 그들을 맞이하며, 땅에 엎드려서 절을 하였다. ³ 아브라함이 말하였다. "손님들께서 저를 좋게 보시면, 이 종의 곁을 그냥 지나가지 마시기 바랍니다. ⁴ 물을 좀 가져오라고 하셔서, 발을 씻으시고, 이 나무 아래에서 쉬시기 바랍니다. ⁵ 손님들께서 잡수실 것을, 제가 조금 가져오겠습니다. 이렇게 이 종에게로 오셨으니, 좀 잡수시고, 기분이 상쾌해진 다음에, 길을 떠나시기 바랍니다." 그들이 대답하였다. "좋습니다. 정 그렇게 하라고 하시면, 사양하지 않겠습니다."

⁶ 아브라함이 장막 안으로 뛰어 들어가서, 사라에게 말하였다. "빨리 고운 밀가루 세 스아를 가지고 와서, 반죽을 하여 빵을 좀 구우시오." ⁷ 아브라함이 집짐승 떼가 있는 데로 달려가서, 기름진 좋은 송아지 한 마리를 끌어다가, 하인에게 주니, 하인이 재빨리 그것을 잡아서 요리하였다. ⁸ 아브라함이 엉긴 젖과 우유와 하인이 만든 송아지 요리를 나그네들 앞에 차려놓았다. 그들이 나무 아래에서 먹는 동안에, 아브라함은 서서, 시중을 들었다. ⁹ 그들이 아브라함에게 물었다.

"댁의 부인 사라는 어디에 있습니까?" 아브라함이 대답하였다. "장막 안에 있습니다." 10 그때에 주께서 말씀하셨다. "다음 해 이맘때에, 내가 반드시 너를 다시 찾아오겠다. 그때에 너의 아내 사라에게 아들이 있을 것이다." 사라는, 아브라함이 등지고 서 있는 장막 어귀에서 이 말을 들었다. 11 아브라함과 사라는 이미 나이가 많은 노인들이고, 사라는 월경마저 그쳐서, 아이를 낳을 나이가 지난 사람이다.

12 그러므로 사라는 "나는 기력이 다 쇠진하였고, 나의 남편도 늙었는데, 어찌 나에게 그런 즐거운 일이 있으랴!" 하고, 속으로 웃으면서 중얼거렸다. 13 그때에 주께서 아브라함에게 말씀하셨다. "어찌하여 사라가 웃으면서 '이 늙은 나이에 내가 어찌 아들을 낳으랴?' 하느냐? 14 나 주가 할 수 없는 일이 있느냐? 다음 해 이맘때에, 내가 다시 너를 찾아오겠다. 그때에 사라에게 아들이 있을 것이다." 15 사라는 두려워서 거짓말을 하였다. "저는 웃지 않았습니다." 그러나 주께서 말씀하셨다. "아니다. 너는 웃었다."

21

1 주께서는 말씀하신 대로 사라를 돌보셨다. 사라에게 약속하신 것을 주께서 그대로 이루시니, 2 사라가 임신하였고, 하나님이 아브라함에게 약속하신 바로 그때가 되니, 사라와 늙은 아브라함 사이에서 아들이 태어났다. 3 아브라함은 사라가 낳아준 아들에게 이삭이라는 이름을 지어주었다.

4 이삭이 태어난 지 여드레 만에, 아브라함은, 하나님이 분부하신 대로, 그 아기에게 할례를 베풀었다.

5 아브라함이 아들 이삭을 보았을 때에, 그의 나이는 백 살이었다. 6 사라가 혼자서 말하였다. "하나님이 나에게 웃음을 주셨구나. 나와 같은 늙은이가 아들을 낳았다고 하면, 듣는 사람마다 나처럼 웃지 않을 수 없겠지." 7 그는 말을 계속하였다. "사라가 자식들에게 젖을 물리게 될 것이라고, 누가 아브라함에게 말할 엄두를 내었으랴? 그러나 내가 지금, 늙은 아브라함에게 아들을 낳아주지 않았는가!"

24 롯과 그의 딸들

창세기 19장

롯을 찾아온 사람들

아브라함에 비해 좋은 곳을 스스로 선택했다고 여긴 롯은 끝내 비극적인 운명을 맞습니다. 롯의 인생 전반부는 그런대로 괜찮았지만 후반부는 안타깝게도 참담했습니다. 그가 살아온 자세의 결과입니다. 소돔과 고모라의 패망은 롯의 파멸과 통합니다. 롯이 이 무서운 재앙에서 그래도 살아남았다는 것은 그에게 새로운 기회가 주어졌음을 의미하는데, 그는 이 기회마저 제대로 깨닫지 못하고 낭비합니다. 그 결과, 그는 공포에 질려두 딸을 데리고 산으로 들어가 숨어 살게 되고, 딸들은 아버지와 근친상간으로 자식을 낳는 엄청난 사건을 저지릅니다. 아브라함의 가계가 오랜세월의 기다림 속에서 축복된 생명을 경험하는 것과 극단적인 대조를 이룹니다. 롯과 그의 딸들의 운명이 어찌 이리 되고 말았을까요? 그 자초지종에는 다음과 같은 일들이 있었습니다.

아브라함을 찾아왔던 세 사람은 '축복의 전령자'였는데, 이들은 아브라함과 헤어지고 나서 소돔과 고모라를 향해 떠납니다. 그런데 소돔과 고모라로 가는 일행은 중도에 두 사람이 되는 것을 창세기 본문은 우리에게 일러줍니다. 애초에는 분명 세 사람이었으니 한 사람은 어디론가 사라진 것처럼 여겨지는데, 사실은 아브라함과 이야기를 나눈 하나님이 그 한 사람이었습니다.

> 그 사람들은 거기에서 떠나서 소돔으로 갔으나, 아브라함은 주 앞에 그대로 서 있었다. 창세기 18: 22

롯도 소돔으로 온 두 천사를 맞이하여 극진히 대접합니다. 하나님이 직접 나서지 않으시고 대신 자신의 일꾼들만 보내신 격입니다. 롯이 만난 사람들은 '재앙의 경고자'였고 재앙에서 롯의 가족들을 구하는 하나님의 사절단이었습니다. 나쁜 소식과 좋은 소식을 동시에 가져온 셈입니다. 그런데 이들이 롯의 집에 머물자 아주 좋지 못한 상황이 벌어집니다. 롯의 집에 들어온 이 두 사람을 소돔 사람들이 자기들에게 내놓으라고 요구한 것입니다.

> 그들이 잠자리에 들기 전에, 소돔 성 각 마을에서, 젊은이 노인 할 것 없이, 모든 남자가 몰려와서, 그 집을 둘러쌌다. 그들은 롯에게 소리쳤다. "오늘 밤에 너의 집에 온 그 남자들이 어디에 있느냐? 그들을 우리에게로 데리고 나오너라. 우리가 그 남자들과 상관 좀 해야 하겠다." 창세기 19: 4-5

소돔 남자들이 두 손님을 데리고 나오라고 소리치는 모습은 소돔의 난잡한 현실을 보여줍니다. 그 요구 내용을 구체적으로 알지는 못해도 소돔이 본질적으로 자기 욕망을 채우기 위해 무슨 짓이라도 감행하는 사람들의 집단이라는 것은 짐작할 수 있습니다.

한 사회가 발전하고 진화하느냐, 아니면 퇴행하고 부패하느냐를 판단하는 중요한 기준은 욕망을 어떻게 대하느냐에 있습니다. 욕망을 채우기 위해 무슨 일이든 거리낌없이 자행하는가, 아니면 사랑이나 생명을 더 귀히 여기는가를 봐야 합니다. 권력과 재력을 가진 자들의 욕망이 그 사회를 지배하면 약자들은 희생됩니다. 그런 약자들조차 이 욕망에 빠지면 강자들의 욕망은 제동이 불가능합니다. 탐욕이 만연한 사회와 시대는 언제나 소돔과 고모라가 되고 말지요. 너나 할 것 없이 욕망 충족에 머뭇거림이 없고 인간을 수단으로 여기는 사태가 벌어집니다.

소돔 사람들에게 롯은 원주민이 아니라 이방인이었습니다. 그랬기에 소돔에서 롯의 사회적 위치는 취약할 수밖에 없었지요. 그런 롯이 그들의 행실에 대해, 이건 악하다며 타이르고 나서자 소돔 사람들은 "이방인 주제에 뭘 안다고 나서냐"며 당장 어떻게 할 것처럼 발끈합니다.

롯은 그 남자들을 만나려고 바깥으로 나가서는, 뒤로 문을 걸어 잠그고, 그들을 타일렀다. "여보게, 제발 이러지들 말게. 이건 악한 짓일세……그러자 소돔의 남자들이 롯에게 비켜서라고 소리를 지르고 나서 "이놈이, 저도 나그네살이를 하는 주제에, 우리에게 재판관 행세를 하려고 하는구나. 어디, 그들보다 네가 먼저 혼 좀 나 보아라" 하면서, 롯에게 달려들어 밀치고, 대문을 부수려고 하였다. 창세기 19: 6-9

딸들을 희생시키려는 아버지

롯의 말은 통하지도 않고 두 손님과 함께 험악한 꼴을 당하게 생겼습니다. '나그네'란 여기에서 소돔 출신이 아닌 이방인이라는 뜻도 되고, 누구에게도 제대로 보호받을 수 없는 위치의 존재를 뜻하기도 합니다. 롯은 상대를 제압할 힘도 없고 다른 사람들이 인정할 만한 권위를 갖춘 발언권도 없었습니다. 롯은 자기 집에 들인 두 손님을 지켜내기 위해 소돔 남자들을 설득해보지만 결국 여의치 않자 기이한 제안을 하나 합니다.

> "이것 보게, 나에게 남자를 알지 못하는 두 딸이 있네. 그 아이들을 자네들에게 줄 터이니, 그 아이들을 자네들 좋을 대로 하게. 그러나 이 남자들은 나의 집에 보호받으러 온 손님들이니까, 그들에게는 아무 일도 저지르지 말게."
> 창세기 19: 8

도대체 이게 무슨 말입니까? 처녀인 두 딸을 대신 내줄 테니까 마음껏 어떻게 하라는 것 아닙니까? 아무리 귀한 손님이라고 해도 딸을 희생시키는 아버지가 세상 어디에 있습니까. 그렇게 희생당할 딸들은 뭐가 됩니까. 그런 아버지를 딸들은 또 뭐라고 생각하겠습니까. 딸들에게는 약혼자들이 있었습니다. 나중에 보면 롯이 그 약혼 상대인 사윗감들에게도 재앙을 피하라고 이야기하는 장면이 나오는데, 약혼 상대가 있는 딸들을 소돔 남자들에게 마음대로 하라며 내주려 했다니 기가 막힐 일입니다. 그 사윗감들은 또 뭐가 됩니까?

롯은 근본적으로, 이들 소돔 남자들의 행위가 악하다고 말은 했지만 그 악행을 멈추게 하지는 않았습니다. 물론 힘에 부치니 그럴 수도 있겠지만 결국 그는 악행의 대상만 바꿔보려 했습니다. 그 악이 계속 진행되도록 딸들을 희생양으로 만드는 선택을 했지요. 그동안 소돔의 삶의 방식이 몸속 깊이 배었는지, 롯의 생각 속에는 자신의 행동에 대한 윤리적 판단이나 고민이 보이지 않습니다. 롯은 이 문제를 근본적으로 풀어나가기보다는 악과 손잡고 있습니다. 잘못된 해결책을 제시한 건데, 그마저도 소돔 사람들은 받아들이지 않고 말도 안 된다며 거칠게 덤벼듭니다.

롯은 두 딸들을 내주는 대가로 두 손님을 지켜내겠다고 했지만 그런 일이 벌어지기 전에 다행스럽게도 주의 천사들이 롯을 집 안으로 끌어들이고 문을 닫아 걸어 그의 가족을 지켜주었습니다. 거기에다가 난동을 피웠던 소돔 사람들의 눈을 어둡게 해서 길을 찾지 못하게 만듭니다.

그 집 대문 앞에 모여든 남자들을, 젊은이 노인 할 것 없이 모두를 쳐서, 그 눈을 어둡게 하여, 대문을 찾지 못하게 하였다. 창세기 19:11

눈이 보이지 않으면 어떻게 할 도리가 없습니다. 그러고 나서야 이 두 천사는 자신들이 소돔을 방문한 목적을 밝힙니다.

그 두 사람이 롯에게 말하였다. "그대의 식구가 여기에 더 있습니까? 사위들이나, 아들들이나, 딸들이나, 그대에게 딸린 가족들이 이 성 안에 더 있습니까? 그들을 다 성 바깥으로 데리고 나가십시오. 우리는 지금 이곳을 멸하려고 합니다. 이 성 안에 있는 사람들을 규탄하는 크나큰 울부짖음이 주 앞에 이르렀으므로, 주께서 소돔을 멸하시려고 우리를 보내셨습니다." 창세기 19: 12-13

재앙의 경고 그리고 탈출

달리 말하자면, "앞으로 이곳은 미래가 없습니다. 모든 것이 끝난 곳에 더는 머물러 있지 마십시오. 데리고 나갈 수 있는 사람들은 데리고 나가십시오" 하면서 롯에게 기회를 주고 있습니다. 이 경고를 받아들이느냐는 이제 롯에게 달려 있습니다. 이런 이야기를 듣고 롯이 "무슨 말도 안 되는 소리를 하고 있소"라고 하지는 않아요. 만일 롯이 두 천사를 내놓으라는 소돔 남자들의 악다구니를 경험하지 못했다면 그 자신마저 주의 천사가 내리는 경고를 가볍게 들었을지 모릅니다. 롯 스스로도 소돔 사람들에게 이건 악한 일이니 그만두라고 했으니 말입니다.

따라서 이 사람들이 "소돔은 이제 장래가 없는 곳이다"라고 얘기했을 때, 그건 너무나 절감하는 자신의 문제가 되었습니다. 그곳에 아무리 정이 들었고 소중한 것을 다 두고 나오더라도, 더는 더불어 살 동네가 아님이 판명된 마당에 그대로 있다가는 다 죽게 생겼으니까 말이지요. 롯은 두 천사의 권고대로 자기 집을 공격했던 소돔 남자들이 눈이 멀어 헤매고 있는 차에 나가서 사윗감들을 설득합니다.

롯이 나가서, 자기 딸들과 약혼한 사윗감들에게 이 사실을 알렸다. 롯이 그들에게 말하였다. "서두르게. 이 성을 빠져 나가야 하네. 주께서 이 성을 곧 멸하실 걸세." 그러나 그의 사윗감들은, 그가 농담을 한다고 생각하였다.
창세기 19: 14

설득은 실패했습니다. 사위들은 웬 난데없이 소돔의 파멸인가 했겠지

126

요. 이들은 장인이 될 롯의 말을 농담으로 받아들였습니다. 자기 집을 둘러싸고 난리를 피웠던 사람들이나 사윗감들에 대한 설득이 모두 무위로 돌아갔습니다. 딸들의 장래를 위해서라도 사윗감들을 재난에서 구해내야 하는데, 그들은 귀담아 듣지 않았습니다. "서둘러 빠져나가세, 하나님이 이 성을 멸하신다고 하네"라고 했는데, 그 설득력의 정도가 약했는지도 모릅니다. 좀더 강하고 분명하게 말했어야 하는 게 아니냐는 것입니다. 그 정도로는 사태의 심각성을 인식하지 못할 수 있습니다. 롯이 "빨리 나가세, 아니면 우리 모두 죽네. 자기도 예외가 아니네" 하고 다급하고 분명하게 이들을 잡아끌어야 했겠지요.

더 중요한 것은 평소 롯이 사윗감들에게 어떤 모습으로 비쳤는가 하는 것입니다. 롯이 보통 때에도 아주 의롭고 정직하게 산 사람이라면, "저분이 저렇게 얘기하실 때는 뭔가 이유가 있어"라고 반응할 법도 합니다. 사윗감들이 구제불능의 영혼을 가진 자들이었기에 말귀를 알아듣지 못할 수도 있지만, 평소 롯의 삶 자체가 그들을 설득하지 못한 책임도 일부 있지 않았나 하는 겁니다.

이제 남은 것은 부인과 두 딸들밖에 없습니다. 상황은 급박해졌고 더는 머뭇거릴 형편이 아니었습니다. 비상사태가 왔습니다.

동틀 무렵에, 천사들이 롯을 재촉하여 말하였다. "서두르시오. 여기에 있는 부인과 두 딸을 데리고, 여기를 떠나시오. 꾸물거리고 있다가는, 이 성이 벌을 받을 때에, 함께 죽고 말 것이오." 그런데도 롯이 꾸물거리자, 그 두 사람은 롯과 그의 아내와 두 딸의 손을 잡아끌어서, 성 바깥으로 안전하게 대피시켰다. 주께서 롯의 가족에게 자비를 베푸신 것이다. 창세기 19: 15-16

일각이라도 더 지체하면 롯과 그 가족들의 운명도 보장하지 못하는 위기가 닥쳐올 형국입니다. 사윗감에게도 소돔을 빠져나가자고 설득했던 롯이 막상 자기 식구들을 데리고 나가게 되자 그 자신조차도 순간 주저했습니다. 멸망의 자리가 예고되어 있는데 기득권에 대한 아쉬움이 발동했겠지요. 갑자기 빈 몸으로 나가려니 억울했던 모양인지도 모르겠습니다. 하지만 무너질 것을 붙잡고 있는 것은 함께 죽는 길 외에는 없습니다.

결단하지 못하는 롯을 두 천사가 잡아끌어 대피시킵니다. 이 과정에서 천사는 롯에게 경고를 하나 더 합니다. 소돔과 고모라에서 탈출하는 정도가 아니라, 재앙이 내리는 모든 지역에서 신속히 벗어나라는 것이었습니다. 이를테면 유탄에 맞아 엉뚱하게 목숨을 잃지 말라는 얘기지요. 또한 소돔을 빠져 나온 이후에도 미련이 남아 뒤를 돌아보는 일이 없어야 한다고 했습니다. 빠져나왔다고 해서 곧 생존이 보장되지는 않는다는 말이지요. 아무런 미련 없이 신속하게 행동하라고 합니다.

> 그 두 사람이 롯의 가족을 성 바깥으로 이끌어내자마자, 그 가운데 한 사람이 롯의 가족에게 말하였다. "어서 피하여 목숨을 건지시오. 뒤를 돌아보거나, 들에 머무르거나 하지 말고, 저 산으로 도피하시오. 그렇게 하지 않으면, 죽고 말 것이오." 창세기 19: 17

잡을 때가 있으면 놓을 때가 있고, 나설 때가 있다면 물러설 때가 있습니다. 일어설 때가 있고 앉을 때가 있으며, 만날 때가 있고 헤어질 때가 있습니다. 이 명확한 때의 분별력을 갖지 못하면 바른 선택을 하지 못합니다. 알아도 그것이 몸에서 나오는 의지와 결단이 되어야 합니다. 그런데 롯은 천사의 말을 듣고 소돔을 빠져나올 수 있는 기회를 얻지만 그 말을 몸으로 실천하는 데에는 한계가 있었습니다. 그것은 소돔에서 살았던 습관이 뼛속 깊이 박혀 있던 결과였을 것입니다. 그래서 꾸물거렸겠지요. 롯의 아내는 더했습니다. 그녀는 천사들의 경고를 주의 깊게 받아들이지 않고 재앙의 현장으로 눈을 돌리고 말았습니다. 미련을 두지 말라는 경고를 무시했습니다. 그 결과 롯의 아내는 어떻게 되었을까요?

> 롯의 아내는 뒤를 돌아보았으므로, 소금기둥이 되었다. 창세기 19: 26

사해死海는 말 그대로 죽음의 바다라는 뜻입니다. 그곳은 소금바다입니다. 바다에 본래 소금이 있게 마련이지만 소금 자체로 바다가 되다시피하면 그곳은 생물이 살아갈 수 없습니다. 소금기둥은 죽음의 징표입니다. 예고대로 재앙이 닥친 순간에도 소돔과 쉽게 결별하지 못한 롯의 아내는 생명이 죽어버린 흔적으로 남게 되고 만 것입니다. 살려면 소돔을 뒤로 하고 앞만 보고 달려야 하는데, 그녀의 마음은 거꾸로 가고 있었지요. 역주행의 비극입니다.

한 시대도 이미 멸망해버린 역사로 돌아가겠다고 하면 이렇게 생명이 질식하는 사태가 벌어지게 마련입니다. 돌이킬 수 없이 끝난 역사를 무덤에서 꺼내 다시 움직이게 하겠다면 그 시대는 죽음의 악취를 맡게 되는 법이지요.

한편 이런 일이 벌어지기 전에 피신에 나선 롯은 천사들이 산으로 도피하라는 말에 대해 하소연을 합니다. 천사들이 가리키는 산까지 가기에는 너무 멀어 힘이 부친다며 좀더 가까운 곳으로 가도 살아남게 해달라고 합니다. 이 장면은 '작다'는 뜻을 가진 '소알'이라는 이름이 생겨난 기원을 보여줍니다.

> 이때에 롯이 그들에게 말하였다. "다른 길을 말씀해주시기 바랍니다……
> 제가 저 산까지 도피해 가다가는 이 재난을 피하지 못하고, 죽게 될까 두렵
> 습니다. 보십시오, 저기 작은 성이 하나 있습니다. 저 성이면 가까워서 피할
> 만합니다…… 그 사람이 롯에게 말하였다. "좋소. 내가 그 청을 들어주겠소.
> 저 성은 멸하지 않겠소. 당신네가 거기에 이르기까지는, 내가 아무 일도 하
> 지 않을 터이니, 빨리 그리로 가시오." 롯이 그 성을 '작다'고 하였으므로,
> 사람들은 그 성의 이름을 소알이라고 하였다. 창세기 19: 18-22

소돔이라는 거대한 도시에서 살았던 롯은 이제 그보다 작은 '소알'이
라는 곳에 몸을 피했습니다. 그 바람에 소알은 뜻하지 않게 재앙을 면하
게 된 셈입니다. 재앙의 영향력도 애초보다 작아졌습니다. 하지만 롯은
그곳조차도 여전히 안전하게 여기지 못했습니다. 한 번 두려움에 빠지니
헤어나오지 못하고 공포에 시달리게 되었던 것입니다. 충격이 컸겠지요.
그래서 롯은 두 딸을 데리고 부근에 있는 산으로 들어가 굴속에서 생활
합니다. 문명의 풍요로움을 누렸던 그가 야생의 삶을 견뎌야 했습니다.
과거에 비하면 비참한 지경이었지요. 한때 잘나가던 롯의 모습은 온 데
간 데 없습니다. 재앙의 폭풍이 몰아치는 것을 목격하고 나니 모든 것이
무섭고 영혼은 피폐해져 숨어 지내는 자가 되었지요. 세상에 나갈 의지
와 용기를 잃고 말았습니다. 도주할 때에는 소알까지라도 가면 목숨을
구할 수 있겠다고 믿었지만, 일단 그곳에 도착하자 언제 소알도 멸망할

지 모른다는 생각에 사로잡혀 도망갈 궁리만 하게 된 거지요. 인생의 고
비와 마주하는 용기를 내지 않으면 계속 도망가게 됩니다. 그렇게 해서
당도하는 곳은 결국 어두운 굴속입니다.

　　롯은 소알에 사는 것이 두려워서, 두 딸을 데리고 소알을 떠나, 산으로 들
　어가서, 숨어서 살았다. 롯은 두 딸들과 함께 같은 굴에서 살았다. 창세기 19: 30

굴속에서 일어난 비극

　재앙에서 벗어나 기적적으로 생존하기는 했지만 소알을 떠나 굴속에
까지 들어가 살게 된 것은 그 정신적 상흔이 깊게 남은 결과입니다. 여기
에서 굴은 '최후의 은신처'라는 의미를 갖지만 사실 그런 뜻에만 그치지
않습니다. 굴은 새로운 미래를 건설하는 훈련의 현장이기도 합니다. 훗
날 다윗은 사울에게 쫓겨 아둘람 굴에 은거할 때, 좌절을 딛고 새로운 희
망의 근거지를 만들어냈습니다. 인간이 두려움에 빠져 굴속에 들어갔다
하더라도 그곳은 자기를 성찰하고 하나님을 만나는 대단히 중요한 현장
이 될 수 있습니다. 새로운 인연과 만나서 전에는 미처 생각하지 못했던
엄청난 힘을 발휘할 수도 있습니다. 결국 다윗은 그곳으로 몰려들었던
무수한 약자들의 편에 서서 새로운 나라의 기초를 세우게 됩니다.

　　다윗은 거기에서 떠나, 아둘람 굴속으로 몸을 피하였다. 그러자 형들과 온
　집안이 그 소식을 듣고, 그 곳으로 내려가, 그에게 이르렀다. 그들뿐만이 아
　니라, 압제를 받는 사람들과 빚에 시달리는 사람들과 원통하고 억울한 일을

당한 사람들도, 모두 다윗의 주변으로 몰려들었다. 이렇게 해서 다윗은 그들의 우두머리가 되었는데, 사백여 명이나 되는 사람들이 그를 따랐다. ^{사무엘상} 22: 1-2

목숨을 지키기 위해 도주했던 피신처가 새로운 출발의 근거지가 되었습니다. 몰리고 밀리고 더는 갈 곳이 없었던 사람들이 굴속에 모여서 마음을 나누고 새로운 미래를 꿈꾸었습니다. 그곳이 바로 '아둘람 굴'이었습니다. 그곳은 애초엔 인생의 막장이라고 여겼지만, 사실은 하나님의 역사에 응답해서 일어나는 뜨거운 마음이 탄생하는 자리가 되었습니다.

누가 자기 인생이 굴속에 처박히기를 바라겠습니까? 우리는 때로 그렇게 굴속으로 피난하기도 하고, 자기 내면의 굴속으로 기어들어가기도 합니다. 두려워 세상과 담을 쌓고 지내거나 마음의 문을 닫아걸기도 합니다. 너무나 큰 충격을 이기지 못해 굴 밖으로 나오고 싶은 생각이 사라질 수도 있지요. 시달리고 핍박받고 억울한 일을 겪으면서 굴속으로 찾아온 사람들은 절망의 끝에 서 있습니다. 세상과 마주할 의지와 용기를 잃은 사람들입니다. 그런데 다윗은 여기에서 새롭게 마음을 세워 하나님 나라의 꿈을 꿉니다. 그게 하나님의 뜻 가운데 우리가 깨우쳐야 할 '굴속의 의미'가 되어야 하지요.

롯 역시 그렇게 밀려나고 몰려 최후의 은신처로 택한 굴속에서 처음에야 어쩔 수 없었을지 모르나 점차 새로운 내일을 꿈꾸고 이루어나가는 힘을 길렀다면 다시 인생을 의미있게 꾸릴 수 있었습니다. 비록 모든 것을 잃고 캄캄한 굴속에서 간신히 연명하는 처지가 되었지만 그러는 가운데 힘을 회복하고 세상을 향해 힘차게 나아갈 수 있어야 비로소 굴속에서 견딘 고난이 의미가 있습니다. 그런데 벌어진 일은 참으로 엉뚱했습니다. 내일을 기약할 수 없는 상황이 되자 롯의 딸들은 마음과 영혼의 힘을 길러 미래를 향하려 하기보다는, 아버지의 몸을 대를 잇는 수단으로 삼는 생각을 품습니다. 근친상간이었습니다.

돌아보면, 소돔에서 난동을 부렸던 자들에게 딸들을 내주겠다고 한 아버지 밑에서 자란 두 딸들이 이런 발상을 하는 것은 이상한 일이 아닐지도 모르겠습니다. 그 상황에서 두 딸들은 롯이 희생시켜도 좋은 수단으로 전락해버린 것인데, 아버지에 대한 딸들의 근친상간도 아버지가 딸들의 후손 잇기 수단으로 이용되고 만 것을 보여줍니다. 서로가 자신들의 목적을 위한 도구로 대하고 있을 뿐 존재 자체의 독자적인 가치를 존중하는 마음이 전혀 없습니다. 이렇게 보면, 악한 세상의 징표는 인간이 인간을 수단이나 도구로 전락시켜버리는 사태입니다.

그날 밤에 두 딸은 아버지에게 술을 대접하여 취하게 한 뒤에, 큰 딸이 아버지 자리에 들어가서 누웠다. 그러나 아버지는, 큰 딸이 와서 누웠다가 일어난 것을 전혀 알아차리지 못하였다…… 그날 밤에도 두 딸은 아버지에게 술을 대접하여 취하게 하였고, 이번에는 작은 딸이 아버지 자리에 들어가 누웠다. 그러나 이번에도 그는, 작은 딸이 와서 누웠다가 일어난 것을 전혀 알아차리지 못하였다. 롯의 두 딸이 드디어 아버지의 아이를 가지게 되었다.창세기 19: 33-36

아브라함도 후사가 없었으나 이런 식의 선택은 하지 않았습니다. 롯의 딸들도 다른 선택이 열려 있을 수 있었지만 이들은 그 가능성을 스스로

차단시켰습니다. 그렇게 태어난 아이들이 무슨 잘못입니까? 그 아이들은 그들대로의 존재가치가 있습니다. 그러나 롯은 자기 딸들과 자기가 무엇을 했는지 전혀 알지 못할 정도로 만취해서 딸들의 계획에 휘말리게 됩니다. 매우 처참한 롯의 말로입니다. 그의 남은 존재가치가 딸들의 몸에 자기 씨를 뿌리는 일이 되었으니 말이지요.

롯은 어린 시절, 할아버지와 큰아버지의 손을 붙잡고 먼 길을 떠나왔습니다. 장성해서는 일가를 이루고 마침내 독자적인 진로를 선택해서 살았습니다. 하지만 욕망의 삶이 부른 비극을 극복하지 못한 채 이렇게 굴속에서 기숙하는 인생이 되었습니다. 그는 목숨을 건졌지만 잘못된 선택과 실수를 반성하면서 새로운 시작을 할 수 있는 지점에 서 있는 자신을 깊이 들여다보지 못합니다. 만일 삶을 새롭게 성찰하고 딸들에게 지금까지와는 다른 미래의 문을 열어보자는 꿈과 의지를 길렀다면 이러한 사태는 벌어지지 않았을 겁니다.

롯이 그런 모습을 보여주었다면 딸들은 근친상간의 방식을 접을 수밖에 없었을 것입니다. 의연한 아버지 롯, 하나님의 뜻을 통해서 새롭게 용기를 갖고 세상을 향해 힘차게 나아가는 모습을 볼 수 있었다면, 딸들은 그 아버지를 통해서 희망을 가졌을 것입니다. 그러나 불행하게도 롯은 실패했고, 그 결과 딸들도 극단적인 선택을 해버리고 말았습니다. 우리의 인생도 때로는 굴속에 감금당할 수 있습니다. 굴속은 암담하고 참담한 현실만을 의미하지 않습니다. 새롭게 시작하기만 한다면 불행은 도리어 행복한 운명으로 이어지는 고리가 될 수 있습니다.

죽을 자리조차 살 자리로 만들다

롯의 삶과 대조되는 인물로 그리스 신화에 등장하는 오이디푸스를 들 수 있습니다. 그는 그리스 테베의 왕 라이오스와 왕비 이오카스테 사이에서 태어난 아들이었는데, 그가 아버지를 살해할 수 있다는 델포이 신전의 신탁으로 인해 버려집니다. 오이디푸스가 장성한 이후 자신의 친부모를 찾아 나선 여행길에서 자기도 모르게 친아버지를 죽이고 어머니와 동침하는 일이 벌어집니다. 이 모든 사실을 알고 나자 스스로 눈을 찔러 맹인이 되고 맙니다. 그런 오이디푸스를 끝까지 곁에서 지킨 것은 오이디푸스가 어머니에게서 낳은 딸 안티고네였습니다. 자기도 알지 못하는 사이에 저질러진 근친상간의 비극과 이를 속죄하는 과정을 기원전 5세기 그리스의 작가 소포클레스는 자신의 희곡 「오이디푸스 왕」에서 비통하게 그려냅니다.

동일한 근친상간의 이야기이지만 오이디푸스는 그 자신이 몰랐음에도 자기 인생을 걸고 속죄하는 자세로 살았던 반면, 롯의 딸들은 의도적으로 일을 벌이고도 속죄나 성찰의 자세는 찾아볼 수 없습니다. 윤리의식이 마비된 것입니다. 롯이 소돔과 고모라를 선택하고 그곳에서 자식들을 바르게 기르지 못한 결과가 이렇게 무서운 결과로 이어졌습니다. 아니, 그 자신마저도 딸들을 수단으로 여길 정도였으니 말해서 무엇하겠습니까? 몸은 재앙을 피해 소돔에서 빠져나왔지만, 그 영혼은 여전히 소돔에 갇혀 있었습니다. 인간이 정작 빠져나와야 하는 것은 바로 이 '영혼의 소돔'입니다.

롯과 그의 딸들은 그런 의미에서 두고두고 반면교사가 됩니다. 아브라함보다 훨씬 더 유리한 인생을 선택했다고 여긴 롯은 결국 불행한 존재가 되었습니다. 하나님의 생명이 있는 곳을 알아보지 못한 탓입니다. 그에 더하여 재앙이 닥쳤을 때 다행히 살아남았지만, 그 기회마저 생명의 능력으로 바꾸는 데 실패했습니다. 인생의 도전과 시련 앞에 믿음과 용기로 마주하지 못한 채 도망가기에만 급급했지요. 굴속에 숨어 두려워하기만 했지, 그 다음을 향한 마음과 영혼의 훈련에는 눈뜨지 못했습니다. 하나님의 뜻을 깨우쳐 새로운 내일을 준비하고 힘차게 일어설 수 있는 현장이었는데, 이를 모르면 살 자리에서조차 죽습니다.

생각지 못했던 불행이나 어려움에 봉착했을 때, "내 인생은 이제 캄캄한 굴속에 갇혔구나"라고 절망하지 않기를 바랍니다. 그곳은 길이 보이지 않는 지점이 아니라, 지금까지 미처 듣지 못했던 하늘의 소리를 들을 수 있는 곳입니다. 결국 허무해질 뿐인 모든 미련을 버리고 마음을 비우며, 자신을 깊이 성찰하고 일어설 수 있는 소중한 기회의 자리입니다. 그런 사람은 엄청난 고통과 충격을 겪었다 할지라도 어느새 그 상처는 아물고 감사한 마음으로 인생을 다시 시작할 수 있습니다. 죽을 자리조차 살 자리로 바꾸는 하늘의 능력이 모두에게 가득하기를 기원합니다.

19

¹ 저녁때에 두 천사가 소돔에 이르렀다. 롯이 소돔 성 어귀에 앉아 있다가, 그들을 보고 일어나서 맞으며, 얼굴을 땅에 대고 엎드려 청하였다. ² "두 분께서는 가시는 길을 멈추시고, 이 종의 집으로 오셔서, 발을 씻고, 하룻밤 머무르시기 바랍니다. 내일 아침에 일찍 일어나셔서, 길을 떠나시기 바랍니다." 그들이 대답하였다. "아닙니다. 우리는 그냥 길에서 하룻밤을 묵을 생각입니다." ³ 그러나 롯이 간절히 권하므로, 마침내 그들이 롯을 따라서 집으로 들어갔다. 롯이 그들에게, 누룩 안 든 빵을 구워서, 상을 차려주니, 그들은 롯이 차려준 것을 먹었다.

⁴ 그들이 잠자리에 들기 전에, 소돔 성 각 마을에서, 젊은이 노인 할 것 없이, 모든 남자가 몰려와서, 그 집을 둘러쌌다. ⁵ 그들은 롯에게 소리쳤다. "오늘 밤에 너의 집에 온 그 남자들이 어디에 있느냐? 그들을 우리에게로 데리고 나오너라. 우리가 그 남자들과 상관 좀 해야 하겠다." ⁶ 롯은 그 남자들을 만나려고 바깥으로 나가서는, 뒤로 문을 걸어 잠그고, 7 그들을 타일렀다. "여보게, 제발 이러지들 말게. 이건 악한 짓일세. ⁸ 이것 보게, 나에게 남자를 알지 못하는 두 딸이 있네. 그 아이들을 자네들에게 줄 터이니, 그 아이들을 자네들 좋을 대로 하게. 그러나 이 남자들은 나의 집에 보호받으러 온 손님들이니까, 그들에게는 아무 일도 저지르지 말게."

9 그러자 소돔의 남자들이 롯에게 비켜서라고 소리를 지르고 나서 "이놈이, 저도 나그네살이를 하는 주제에, 우리에게 재판관 행세를 하려고 하는구나. 어디, 그들보다 네가 먼저 혼 좀 나보아라" 하면서, 롯에게 달려들어 밀치고, 대문을 부수려고 하였다. ¹⁰ 안에 있는 두 사람이, 손을 내밀어 롯을 안으로 끌어들인 다음에, 문을 닫아걸고, ¹¹ 그 집 대문 앞에 모여든 남자들을, 젊은이 노인 할 것 없이 모두를 쳐서, 그 눈을 어둡게 하여, 대문을 찾지 못하게 하였다.

¹² 그 두 사람이 롯에게 말하였다. "그대의 식구가 여기에 더 있습니까? 사위들이나, 아들들이나, 딸들이나, 그대에게 딸린 가족들이 이 성 안에 더 있습니까? 그들을 다 성 바깥으로 데리고 나가십시오. ¹³ 우리는 지금 이곳을 멸하려고 합니다. 이 성 안에 있는 사람들을 규탄하는 크나큰 울부짖음이 주 앞에 이르렀으므로, 주께서 소돔을 멸하시려고 우리를 보내셨습니다."

¹⁴ 롯이 나가서, 자기 딸들과 약혼한 사윗감들에게 이 사실을 알렸다. 롯이 그들에게 말하였다. "서두르게. 이 성을 빠져 나가야 하네. 주께서 이 성을 곧 멸하실 걸세." 그러나 그의 사윗감들은, 그가 농담을 한다고 생각하였다. ¹⁵ 동틀 무렵에, 천사들이 롯을 재촉하여 말하였다. "서두르시오. 여기에 있는 부인과 두 딸을 데리고, 여기를 떠나시오.

꾸물거리고 있다가는, 이 성이 벌을 받을 때에, 함께 죽고 말 것이오." ¹⁶ 그런데도 롯이 꾸물거리자, 그 두 사람은 롯과 그의 아내와 두 딸의 손을 잡아 끌어서, 성 바깥으로 안전하게 대피시켰다. 주께서 롯의 가족에게 자비를 베푸신 것이다.

¹⁷ 그 두 사람이 롯의 가족을 성 바깥으로 이끌어내자마자, 그 가운데 한 사람이 롯의 가족에게 말하였다. "어서 피하여 목숨을 건지시오. 뒤를 돌아보거나, 들에 머무르거나 하지 말고, 저 산으로 도피하시오. 그렇게 하지 않으면, 죽고 말 것이오." ¹⁸ 이때에 롯이 그들에게 말하였다. "다른 길을 말씀해주시기 바랍니다. ¹⁹ 두 분께서는 이 종을 좋게 보시고, 저에게 크나큰 은혜를 베푸셔서, 저의 목숨을 구해주셨습니다. 그러나 제가 저 산까지 도피해 가다가는 이 재난을 피하지 못하고, 죽게 될까 두렵습니다.

²⁰ 보십시오, 저기 작은 성이 하나 있습니다. 저 성이면 가까워서 피할 만합니다. 그러니, 그리로 피하게 하여주십시오. 아주 작은 성이 아닙니까? 거기로 가면, 제 목숨이 안전할 것입니다." ²¹ 그 사람이 롯에게 말하였다. "좋소. 내가 그 청을 들어주겠소. 저 성은 멸하지 않겠소. ²² 당신네가 거기에 이르기까지는, 내가 아무 일도 하지 않을 터이니, 빨리 그리로 가시오." 롯이 그 성을 '작다'고 하였으므로, 사람들은 그 성의 이름을 소알이라고 하였다. ²³ 롯이 소알에 이르렀을 때에, 해가 떠올라서 땅을 비췄다. ²⁴ 주께서 하늘, 곧 주께서 계신 곳으로부터, 소돔과 고모라에 유황과 불을, 소나기처럼 퍼부으셨다.

²⁵ 주께서는 그 두 성과, 성 안에 사는 모든 사람과, 넓은 들과, 땅에 심은 채소를 다 엎어 멸하셨다. ²⁶ 롯의 아내는 뒤를 돌아보았으므로, 소금기둥이 되었다. ²⁷ 다음날 아침에, 아브라함이 일찍 일어나서, 주를 모시고 서 있던 그곳에 이르러서, ²⁸ 소돔과 고모라와 넓은 들이 있는 땅을 내려다보니, 거기에서 솟아오르는 연기가 마치 옹기 가마에서 나는 연기와 같았다.

²⁹ 하나님은, 들에 있는 성들을 멸하실 때에, 아브라함을 기억하셨다. 그래서 하나님은, 롯이 살던 그 성들을 재앙으로 뒤엎으실 때에, 롯을 그 재앙에서 건져주신 것이다.

³⁰ 롯은 소알에 사는 것이 두려워서, 두 딸을 데리고 소알을 떠나, 산으로 들어가서, 숨어서 살았다. 롯은 두 딸들과 함께 같은 굴에서 살았다. ³¹ 하루는 큰 딸이 작은 딸에게 말하였다. "우리 아버지는 늙으셨고, 아무리 보아도, 이 땅에는 세상 풍속대로, 우리가 결혼할 남자가 없다.

³² 그러니 우리가 아버지께 술을 대접하여 취하시게 한 뒤에, 아버지 자리에 들어가서, 아버지에게서 씨를

받도록 하자."

33 그날 밤에 두 딸은 아버지에게 술을
대접하여 취하게 한 뒤에, 큰 딸이 아버지
자리에 들어가서 누웠다. 그러나
아버지는, 큰 딸이 와서 누웠다가 일어난
것을 전혀 알아차리지 못하였다.

34 이튿날, 큰 딸이 작은 딸에게 말하였다.
"어젯밤에는 내가 우리 아버지와 함께
누웠다. 오늘 밤에도 우리가 아버지께
술을 대접하여 취하시게 하자. 그리고
이번에는 네가 아버지 자리에 들어가서,
아버지에게서 씨를 받아라."

35 그래서 그날 밤에도 두 딸은
아버지에게 술을 대접하여 취하게
하였고, 이번에는 작은 딸이 아버지
자리에 들어가 누웠다. 그러나 이번에도
그는, 작은 딸이 와서 누웠다가 일어난
것을 전혀 알아차리지 못하였다.

36 롯의 두 딸이 드디어 아버지의 아이를
가지게 되었다. 37 큰 딸은 아들을 낳고,
아기 이름을 모압이라고 하였으니, 그가
바로 오늘날 모압 사람의 조상이다.

38 작은 딸도 아들을 낳고, 아기 이름을
벤암미라고 하였으니, 그가 바로 오늘날
암몬 사람의 조상이다.

25 선한 군주 아비멜렉

창세기 20장, 21장 22절-34절, 26장 1절-33절

다시 아내를 누이라고 속인 아브라함

자신의 소중한 것을 힘이 없어서 억울하게 빼앗기는 사태가 벌어진다면 어떻게 해야 할까요? 아브라함과 이삭은 2대에 걸쳐 이러한 문제에 봉착합니다. 그러나 우리는 여기에서 분쟁을 평화적으로 해결하고, 거듭되는 박탈의 고난도 꿋꿋이 이겨내는 그들의 모습을 봅니다. 이 이야기에서 우리는 아비멜렉이라는 군주와 두 차례 만나게 되며, '맹세의 우물' 또는 '일곱 마리의 양'이라는 뜻을 가진 '브엘세바'의 연원에 대해 듣게 되지요. 또한 아브라함의 아들 이삭이 어떻게 난관을 헤쳐 나가는지도 알게 됩니다.

아브라함이 한때 기근을 피해 이집트로 갔다가 목숨을 부지하기 위해 아내 사라를 누이라고 속이면서, 이집트의 제왕 바로에게 아내를 빼앗긴 사건이 있었지요. 그런데 이와 유사한 일이 이번에도 아브라함과 사라에

게 일어나고, 이삭의 인생에서도 되풀이될 뻔합니다. 한 곳에 뿌리 내리지 못하고 떠돌면서 자신과 일가를 제대로 지켜내지 못한 부평초 같은 존재들의 아픔이 그대로 드러나 있습니다.

> 아브라함은 마므레에서 네겝 지역으로 옮겨 가서, 가데스와 술 사이에서 살았다. 아브라함은 그랄에 잠시 머문 적이 있는데, 거기에서 아브라함이 자기 아내 사라를 사람들에게 자기 누이라 소개하였으므로, 그랄 왕 아비멜렉이 사람을 보내서, 사라를 데려갔다. 창세기 20: 1-2

아브라함은 여전히 이방인 신세였습니다. 유목민의 삶이니 당연하다고 할 수 있지만 그 이동이 너무 잦은 탓에 자신의 터를 다지며 사는 모습이라고 보긴 어렵습니다. 그러다보니 가는 곳마다 새로운 인간관계를 맺어야 했고, 낯선 타지에서 자신을 방어하고 지키기란 쉽지 않았겠지요. 사라가 아브라함의 아내가 아닌 누이로 위장되는 것도 과거 이집트에서 겪었던 일과 다르지 않습니다. 아브라함은 사라에게 두 번째 희생을 요구하는 것이 됩니다.

우려했던 대로 아비멜렉이 사라를 데려가는데, 이집트 때와는 달리 아비멜렉과 잠자리를 같이 하기 전 하나님의 개입을 통해 집으로 돌아오게 되지요. 남편이 있는 사라를 취하면 죽는다는 하나님의 경고 앞에, 영문을 모르던 아비멜렉은 놀라 그녀를 당장 돌려보냅니다. 하나님께서 사라가 치욕적인 일을 반복해서 겪지 않도록 하셨지요. 이 상황에 대한 아브라함의 인식은 그때나 지금이나 같습니다. 그는 사람들이 사라를 빼앗기 위해 자신의 목숨을 노릴 것이라고 두려워했고, 그 과정에서 이런 사태가 벌어졌음을 아비멜렉에게 고백합니다. 두려움은 실수를 저지르게 합니다. 아브라함의 약점이 다시 드러난 사건입니다.

> 아비멜렉이 또 아브라함에게 말하였다. "도대체 어째서 이런 일을 저지른단 말이오?" 아브라함이 대답하였다. "이곳에서는 사람들이 아무도 하나님을 두려워하지 않으니까, 나의 아내를 빼앗으려고 할 때에는, 사람들이 나를 죽일 것이라고 생각하였습니다. 그러나 사실을 말씀드리면, 나의 아내가 나의 누이라는 것이 틀린 말은 아닙니다. 아내는 나와는 어머니는 다르지만, 아버지는 같은 이복누이이기 때문입니다. 창세기 20: 10-12

여기서 우리는 처음으로 아브라함과 사라가 이복남매 사이라는 증언을 듣게 됩니다. 이것이 진실인지 아니면 위기를 모면하기 위해 둘러댄 말인지 확인할 길은 없지만, 만약 사실일 경우 이복남매의 결혼이라는 점은 오늘의 눈으로 보면 받아들이기 어렵습니다. 이 역시 근친상간의 범주에 들어갈 만한 일이기 때문입니다. 친남매 사이에도 결혼이 가능했던 고대사회의 풍속을 전제로 하면 기이한 일이 아닐 수도 있었겠지요.

힘없는 자들의 어리석은 선택

아브라함과 사라의 관계에 대한 진상이 밝혀지자, 아브라함은 사실대로 말한다며 "사라가 이복누이라는 것도 틀리지는 않다"라고 대꾸합니다. 그러나 그것이 아무리 객관적인 사실이라고 해도 아브라함은 사라가 자신의 이복누이라고 말하고 있는 것이 아니라 사라가 자신의 아내임을 분명히 밝히지 않은 사실을 변명하고 있습니다. 그는 자신에게 닥칠 위험 앞에서 사라가 다음과 같이 행동해주기를 말합니다.

"하나님이 나를, 아버지 집에서 떠나서 여러 나라로 두루 다니게 하실 때에, 내가 아내에게 부탁한 말이 있습니다. '우리가 어느 곳으로 가든지, 사람들이 나를 두고서 묻거든, 그대는 나를 오라버니라고 하시오. 이것이 그대가 나에게 베풀 수 있는 은혜요' 하고 말한 바 있습니다." 창세기 20: 13

아브라함은 자신을 위해 사라가 기꺼이 희생할 것을 요구합니다. 여성들을 주체적 존엄성이 있는 존재가 아니라 조역이나 보조수단으로 만드는 남성 중심의 가부장적 질서가 작용하고 있음을 보게 되지요. 아브라함은 이런 사태 앞에서 하나님에게 먼저 간구하지 않고 안타깝게도 먼저 인간적 지략을 발동시키고 있습니다. 그런데도 하나님은 두 사람을 지켜주셨지만 이때 아브라함의 믿음이 가진 한계를 우리는 알게 됩니다.

유랑의 삶에서 자기 몸 하나 건사하기도 물론 어려운 일입니다. 사랑하는 아내를 대가로 치르면서까지 살기 위해 애쓰는 아브라함의 모습에서, 우리는 그렇게 하지 않고는 생존하기 어려웠던 힘없는 민족의 고난을 보는 한편 인간을 수단화하는 비극도 목격합니다. 어떤 위기에서도 사람을 수단으로 삼는 선택은 절대 해서는 안 됩니다. 달리 생각해보면 위기는 인간에게 인간을 수단화하는 잘못을 저지르게 하는 조건도 된다는 사실을 알게 합니다. 이런 때일수록 하나님을 향한 기도가 더욱 중요하고 절실함을 잊지 말아야 합니다.

혹, 사라가 기꺼이 이런 제안과 요구를 받아들였다고 해도 아브라함이 사라를 되찾을 수 없게 된다면 어찌 됩니까? 그것은 아브라함이 자기 목숨을 위해 사라를 팔아넘기는 것과 다를 바가 없는 사태로 종결되는 일입니다. 그것을 아브라함은 "이것이 그대가 나에게 베풀 수 있는 은혜요"라고 정당화하고 있습니다. 사람이 이렇게 잘못을 범하는데도 하나님께서는 바로잡아주셨으니 사라의 은혜가 아니라 하나님의 은혜였습니다. 그것은 힘없는 자들의 절박한 궁여지책임을 돌아보신 하나님의 구제책입니다. 그런 말도 안 되는 부탁을 하는 남편이나 또 그것을 듣는 아내의 가슴이 얼마나 비통했을까를 떠올려보면 하나님의 가슴도 무척 아프지 않으셨을까 싶습니다.

아비멜렉의 선처

축복의 땅을 기대하고 있던 아브라함은 이런 일을 또 겪으면서 상처를 깊게 받고 좌절감에 빠질 수도 있었을 것입니다. 또는 아비멜렉에 대한 적대감으로, 지금이야 상대할 힘이 없지만 언젠가는 힘을 길러 보복하겠다고 준비할 수도 있었겠지요. 그러나 아브라함과 아비멜렉은 사태를 매우 현명하고 평화적으로 해결합니다. 자칫 원수가 될 뻔했던 상황을 우호적 관계로 전환시키는 지혜를 발휘합니다.

아비멜렉은 사라를 돌려보내고 아브라함에게 선물도 합니다. 그에 더해 사라가 받을 뻔했던 치욕도 씻어주고 아브라함 일가가 살아갈 땅도 내주었습니다. 하나님의 개입은 모두를 상상하지 못했던 결과로 이어지게 하셨지요. 아비멜렉이 꿈에서 계시를 받고 그것을 단지 '헛된 꿈'이라 무시하지 않고 진지하게 생각했던 사실도 유의할 만합니다. 영이 맑으면 꿈도 힘이 됩니다. 그 결과 본인도 살고 모두를 살려내지요. 이런 아비멜렉을 위해 아브라함은 기도합니다. 한쪽은 선의를 베풀고 다른 한쪽은 축복의 기도를 함으로써 두 가문이 우애를 다지게 되었습니다.

아비멜렉이 아브라함에게 양 떼와 소 떼와 남종과 여종을 선물로 주고, 아내 사라도 아브라함에게 돌려보냈다. 아비멜렉이 아브라함에게 말하였다. "나의 땅이 그대 앞에 있으니, 그대가 원하는 곳이 어디이든지, 가서, 거기에서 자리를 잡으시오." 그리고 사라에게는 이렇게 말하였다. "나는 그대의 오라버니에게 은 천 세겔을 주었소. 이것은, 그대와 함께 있는 여러 사람에게서 그대가 받은 부끄러움을, 조금이나마 덜어보려는 나의 성의의 표시요. 그대가 결백하다는 것을, 모두가 알게 될 것이오." 아브라함이 하나님께 기도하니, 하나님이, 아비멜렉과 그의 아내와 그의 여종들이 다시 아이를 가질 수 있게 태를 열어주셨다. 아비멜렉이 아브라함의 아내 사라를 데려간 일로, 주께서는 전에 아비멜렉 집안의 모든 여자의 태를 닫으셨었다. 창세기 20: 14-18

아비멜렉은 사라의 결백을 입증하는 성의로 은 천 세겔을 주면서 아브라함을 가리켜 "그대의 남편"이라고 하지 않고 "그대의 오라버니"라고 표현합니다. 그것은 아브라함이 사라가 자신의 누이라고 했던 말을 그대로 받아, 사라가 수치심을 느끼지 않게 배려하려는 것입니다. 그렇지 않다면 사라에게도, 남편이 있으면서 왜 이야기를 하지 않았느냐고 추궁할 수 있기 때문입니다. 우리는 아비멜렉이 사려 깊은 인물임을 알 수 있습니다. 그런 아비멜렉이었기에 아브라함이 사라를 자신의 누이라고 한 말을 존중해주고 있습니다. 아브라함이 아비멜렉을 대하는 자세 또한 훌륭

합니다. 아비멜렉은 아브라함에게 평안히 잘살라고 했고 또 아비멜렉의 치하에 있는 그랄 지역 사람들과 우호적인 관계를 유지해줄 것을 요청했습니다.

그런데 분쟁이 발생합니다. 아비멜렉의 종들에게 아브라함이 우물을 빼앗긴 일이 생깁니다. 그러나 이 사건을 계기로 긴장이 고조되는 것이 아니라 도리어 평화조약이 맺어지지요. 아브라함은 롯과의 갈등에서 그랬던 것처럼, 그 분쟁의 주도자가 누구인지 밝혀 처벌하라거나 우물을 빼앗긴 데 대해 보상하라고 하지 않았습니다. 한 걸음 더 나아가 아비멜렉에게 선의의 선물을 건네고 그것을 평화의 맹세와 증거로 삼았습니다. 말하자면 평화에 대한 확신을 기초로 세운 것입니다. 두 사람 모두 어려운 상황을 좋은 관계로 바꾸어낼 줄 알았습니다. 여기서 우리는 인간사의 무수한 갈등을 악연이 아니라 선한 인연으로 발전시키는 지혜를 봅니다.

그 무렵에 아비멜렉과 그의 군사령관 비골이 아브라함에게 말하였다. "……그대가 나그네살이를 하는 우리 땅에서, 내가 그대에게 한 것처럼, 그대도 나와 이 땅 사람들에게 친절을 베풀어주시기 바랍니다." 아브라함이 말하였다. "맹세합니다."

이렇게 말하고 나서, 아브라함은, 아비멜렉의 종들이 우물을 빼앗은 것을 아비멜렉에게 항의하였다. 그러나 아비멜렉은 이렇게 말하였다. "누가 그런 일을 저질렀는지, 나는 모릅니다. 그대도 그런 말을 여태까지 나에게 하지 않았습니다. 나는 그 일을 겨우 오늘에 와서야 들었습니다." 아브라함이 양과 소를 끌고 와서, 아비멜렉에게 주고, 두 사람이 서로 언약을 세웠다. 아브라함이 양 떼에서 새끼 암양 일곱 마리를 따로 떼어놓으니, 아비멜렉이 아브라함에게 물었다. "새끼 암양 일곱 마리를 따로 떼어놓은 까닭이 무엇입니까?" 아브라함이 대답하였다. "내가 이 우물을 파놓은 증거로, 이 새끼 암양 일곱 마리를 드리려고 합니다." 이 두 사람이 여기에서 이렇게 맹세를 하였으므로, 그곳을 브엘세바라고 한다. ^{창세기 21: 22-31}

아비멜렉은 원하면 남의 아내라도 일방적으로 데려갈 정도로 최고 권력자였으나, 그것이 잘못된 일이라고 생각했을 때 즉각 정정할 줄 알았습니다. 우물에 관련된 분쟁이 생겼을 때에도 힘으로 밀어붙이는 식이 아니었습니다. "아무리 문제가 있다고 해도 나그네 주제에, 그 땅도 나 아비멜렉이 내어준 땅인데 감히 항의를 하다니" 하고 이 기회에 싹을 잘라버리겠다는 나쁜 마음을 먹지 않았지요.

아브라함의 아들 이삭의 대에 이르러 아비멜렉이 다시 등장합니다. 아비멜렉은 '나의 아버지와 같은 군주'라는 뜻입니다. 고대 팔레스타인(블레셋)의 군주들은 대부분이 이 이름을 사용했습니다. 군주가 가장의 위치를 가지고 있었던 시대라고 할 수 있습니다. 성서에서 아비멜렉이 여러 차례 등장하는 것은, 아비멜렉이 군주의 이름이라 할 고유명사인 동시에 고대 팔레스타인의 군주라는 위상을 뜻하는 단어이기도 했기 때문입니다. 그런 까닭에 이삭이 만나는 아비멜렉이 아브라함 때의 아비멜렉과 동일 인물인지는 확인하기 어렵습니다. 우리가 주목하는 것은 아브라함이나 이삭이나 아비멜렉의 권세를 쉽게 대하기 어려운 처지에 있었다는 점입니다. 그런데 하나님은 기근이 들자 이삭을 당대의 국제적 곡창인 이집트가 아니라 그랄로 보내십니다.

일찍이 아브라함 때에 그 땅에 흉년이 든 적이 있는데, 이삭 때에도 그 땅에 흉년이 들어서, 이삭이 그랄의 블레셋 왕 아비멜렉에게로 갔다. 주께서 이삭에게 나타나셔서, 말씀하셨다. "이집트로 가지 말아라. 내가 너에게 살라고 한 이 땅에서 살아라……." 그래서 이삭은 그랄에 그대로 머물러 있었다.

창세기 26: 1-6

이삭이 아내 리브가를 팔다

그랄에서 이삭은 아버지 아브라함이 겪었던 일을 자신이 다시 직면하는 위기에 처합니다. 아내 리브가를 빼앗길 상황에 처하지요. 이삭은 아버지의 전철을 그대로 밟습니다. 이는 아브라함과 이삭, 2대에 걸쳐서도 이들의 처지가 나아지고 견고해지지 못했음을 보여주는 대목입니다. 기근을 피해 떠돌이 신세로 그곳에 온 이들이 자기를 제대로 방어할 만한 힘을 갖기는 어려웠을 것입니다. 이삭 역시 자신의 목숨을 보전하기 위해 아내 리브가를 누이라고 위장합니다.

그곳 사람들이 이삭의 아내를 보고서, 그에게 물었다. "그 여인이 누구요?" 이삭이 대답하였다. "그는 나의 누이요." 이삭은 "그는 나의 아내요" 하고 말하기가 무서웠다. 이삭은, 리브가가 예쁜 여자이므로, 그곳 사람들이 리브가를 빼앗으려고 자기를 죽일지도 모른다고 생각하였기 때문이다. 이삭이 그곳에 자리를 잡고 산 지 꽤 오래된 어느 날, 블레셋 왕 아비멜렉은, 이삭이 그 아내 리브가를 애무하는 것을 우연히 창으로 보게 되었다. 창세기 26: 7-8

아마도 리브가의 미모는 사람들의 시선을 사로잡기에 충분했던 모양입니다. 이삭은 아내를 아내라고 부르지 못하고 누이라고 하지만 결국 진상이 드러납니다. 왕 아비멜렉이 두 사람의 애무 장면을 우연히 보게 되었던 것입니다. 남의 사생활을 의도치 않게 보았지만, 아무튼 아비멜렉은 리브가가 이삭의 아내인 것을 안 다음 이 사태를 수습해나갑니다.

이삭은 아내를 누이라고 했으니 다른 사람의 눈을 피해 몰래 사랑을 하면서 얼마나 신경 쓰이고 긴장되었을까요. 두 사람은 사랑을 지키기 위해 참으로 힘든 시간을 보내지 않았을까 싶습니다. 이런 두 사람의 사정을 아비멜렉이 얼마나 이해하고 안타까워했는지는 모르겠습니다. 아비멜렉은 자기들이 잘못 알아서 죄인이 될 뻔한 상황에 대해 염려했을 뿐입니다. 그래도 그는 결론을 잘 맺습니다. 아브라함 대에 이삭의 어머니 사라의 사건도 있었던데다가, 이번에는 아비멜렉이 리브가를 탐했던 것은 아니고 그랄 지방의 누군가가 그녀에게 눈독을 들이고 문제가 일어날까봐 이를 미리 예방하는 조처를 취했던 것입니다.

아비멜렉이 말하였다. "어쩌려고 네가 우리에게 이렇게 하였느냐? 하마터면, 나의 백성 가운데서 누구인가가 너의 아내를 건드릴 뻔하지 않았느냐? 괜히 너 때문에 우리가 죄인이 될 뻔하였구나." 아비멜렉은 모든 백성에게 경고를 내렸다. "이 남자와 그 아내를 건드리는 사람은 사형을 받을 것이다." 창세기 26: 10

아비멜렉이 이삭과 리브가를 지켜주기 위해 내린 조처는 단호했습니다. 사형까지 언급할 정도였으니 그 의지가 무서울 정도입니다. 여기에서 "이 남자와 그 아내"라고 두 사람을 같이 언급했다는 사실을 주목해 봅니다. 낯선 나그네라고 업신여기고 "그 아내를 건드리면"이 아니라 이삭이 두려워하고 있는 상황에 대해서도 단단히 대책을 세워줍니다. 이삭도 보호대상이 된 것이니, 이 대목은 기근을 피해 이곳에 온 약자들에 대한 보호조처를 취한 선한 군주의 모습을 보여줍니다.

이 경험은 중요한 의미를 갖습니다. 히브리인들은 도처를 유랑하면서 겪은 핍박과 고난의 역사가 있습니다. 그러다가 힘이 좀 생길 만하니 으쓱거리고 나그네 된 이들을 억압하는 현실이 벌어지게 된다면 문제가 아닐 수 없습니다. 우리가 이주 노동자들을 어떻게 대하고 있는가를 떠올리게 합니다. 출애굽기에서도 하나님은 이집트 제국에서 탈출한 히브리 백성들에게 오갈 곳 없는 나그네들을 함부로 대하지 말라고 말씀하십니다.

> 너희는 너희에게 몸붙여 사는 나그네를 억압해서는 안 된다. 너희도 이집트 땅에서 나그네로 몸붙여 살았으니, 나그네의 서러움을 잘 알 것이다. 출애굽기 23: 9

자신들도 한때는 떠돌이였다는 사실을 잊지 말라고 합니다. 그 서러움과 아픔을 네 것처럼 여기라는 것이지요. 이삭이 기근을 피해 그랄로 갔던 어려운 시절에 아비멜렉이 그를 어떻게 대해주었는가를 기억한다면, 지금 형편이 좀 나아졌다고 해서 나그네 처지의 사람들을 함부로 대하는 것은 옳지 못하다는 이야기입니다. "네가 그때 힘이 없어 네 아내조차 지킬 수 없었을 때 아비멜렉이 너를 어떻게 대했는가? 그런데 지금 힘이 있다고 나그네를 짓밟고 남의 것을 빼앗는다면 그건 안 될 일이지"라는 일깨움을 주는 말씀입니다. 아비멜렉의 선처에 대한 성서의 기록은, 힘이 없을 때에는 쩔쩔매다가 힘이 생기면 도리어 권력을 휘두르며 핍박자로 변할 수 있는 것을 막고자 하는 이야기입니다.

길을 떠나는 이삭의 운명

위기를 넘긴 이삭은 그곳에서 튼튼한 재력가가 됩니다. 그러나 호사다마好事多魔라고, 좋은 일에는 나쁜 일이 겹치는 상황이 벌어집니다. 토박이들이 이삭을 시기한 것입니다. 힘이 없으면 없는 대로 무시당하고 좀 있을 만하면 그것대로 미움을 사는 이유가 되어 어려운 처지에 빠지고 결국 생존의 터가 공격받게 되지요. 아브라함 때의 우물마저 봉쇄당하는 지경에 이르렀으니, 이래저래 고난의 연속입니다. 한마디로 떠돌이 나그네의 운명입니다.

> 그가 양 떼와 소 떼, 남종과 여종을 많이 거느리게 되니, 블레셋 사람들이 그를 시기하기 시작하였다. 그래서 그들은 이삭의 아버지 아브라함 때에 아브라함의 종들이 판 모든 우물을 막고, 흙으로 메워버렸다. 창세기 26: 14-15

이삭이 살았던 지역에서 물은 귀했습니다. 우물은 그저 물을 공급하는 장치 정도가 아니라 한 공동체의 생존의 중심입니다. 그것을 흙으로 메워버린다는 것은 공동체 전체의 생존을 위협하는 일이지요. 그러니 "우물 그까짓 것"이라고 가벼이 생각할 수 없습니다. 미래가 걸린 문제이기에 이삭이 겪은 일은 추방을 의미하는 것과 다름없습니다. 흉년과 가족

해체의 위기를 모두 이겨내며 이제 염려 없이 살 만하게 되었는데, 난데없는 몰락이 예고됩니다. 그동안 애써 생활 기반을 안정적으로 만들어냈는데, 어느 날 갑자기 재앙이 내린 거예요. 하나님이 이삭에게 그곳에서 살아가면 복을 주시겠다고 하셨지만 그런 축복의 말씀도 무력하게 느껴집니다. 그에 더하여 아브라함이 아비멜렉과 평화조약을 맺었던 과거도 옛이야기가 되었을 뿐입니다. 아비멜렉이 이삭에게 그가 이제 강해졌으니 떠나라고 말합니다. 그래도 이만하기를 다행이라고 할 수 있겠지요. 그를 죽이거나 사로잡아 내쫓지는 않았으니 말입니다.

자신의 존재가 누군가에게 두려움의 대상이 될 수 있다는 사실이 이삭의 내면 깊은 곳에 있는 아픔이기도 했습니다. 이삭의 탄생과 성장은 이복형 이스마엘과 그 어머니 하갈이 집에서 추방당하는 계기가 되었지요. 자신의 존재가 다른 사람에게 위협이 된 것입니다. 이삭에게 이 경험은 중요한 의미를 주었던 게 아닌가 합니다. 누군가의 삶을 박탈해버렸다는 것 때문인지 이삭은 자신을 강하게 내세우는 유형의 사람이 아니었고, 자기 것을 확보하기 위해 수단방법을 가리지 않고 남을 짓밟는 자도 아니었습니다. 이삭은 분쟁이 벌어지면 맞서 싸우기보다는 조용히 물러서는 모습을 보입니다.

여기서 우리는 이삭의 진정한 힘을 봅니다. 물러서는 것은 패배라고 생각하기 쉬운 현실에서 전혀 다른 길을 보여주고 있기 때문입니다.

이삭은 그곳을 떠나서, 그랄 평원에다가 장막을 치고서, 거기에 자리를 잡고 살았다. 이삭은 자기 아버지 아브라함 때에 팠던 우물들을 다시 팠다. 이 우물들은, 아브라함이 죽자, 블레셋 사람들이 메워버린 것들이다. 이삭

은 그 우물들을 그의 아버지 아브라함이 부르던 이름 그대로 불렀다.^{창세기}

은 그 우물들을 그의 아버지 아브라함이 부르던 이름 그대로 불렀다. ^{창세기}
26: 17-18

우물을 다시 파는 이삭의 의지

이삭은 이제 그만 떠나라는 아비멜렉의 말에 항의하지 않고 그대로 일어섭니다. 자신이 지금까지 애써 쌓은 성취의 자리에서 떠납니다. 그러고는 아브라함이 팠던 우물을 다시 팝니다. 아버지가 돌아가신 다음 블레셋 사람들이 봉쇄한 것을 복구한 셈이지요. 여기까지는 선대의 덕에 의존하고 있습니다. 그러다가 이삭은 새로운 진로를 선택합니다. 전혀 다른 우물의 근원을 발견해나간 것입니다. 하지만 그 역시 계속 빼앗기고 맙니다. 우물을 파면서 다툼이 생긴 곳은 에섹, 시비가 붙은 곳은 싯나, 그리고 마침내 평화로운 상황에서 번성하게 되자 르호봇이라고 이름을 짓습니다. '에섹' '싯나' '르호봇'은 모두 우물과 관계된 이삭의 인생역정을 그대로 보여주지요. 그의 삶의 지평은 점점 진전되었습니다. 고비마다 얕은 꾀와 지략을 펴기보다는 하나님의 은총을 굳게 믿는 사람의 성장과정을 보여줍니다. 다툼에서 시작했지만 마침내 평화에 이르렀기 때문입니다.

이삭의 종들이 그랄 평원에서 우물을 파다가, 물이 솟아나는 샘 줄기를 찾아냈다. 샘이 터지는 바람에, 그랄 지방 목자들이 그 샘 줄기를 자기들의 것이라고 주장하면서, 이삭의 목자들과 다투었다. 우물을 두고서 다투었다고 해서, 이삭은 이 우물을 에섹이라고 불렀다.

이삭의 종들이 또 다른 우물을 팠는데, 그럴 지방 목자들이 또 시비를 걸었다. 그래서 이삭은 그 우물 이름을 싯나라고 하였다.

이삭이 거기에서 옮겨서, 또 다른 우물을 팠는데, 그때에는 아무도 시비를 걸지 않았다. 그래서 그는 "이제 주께서 우리가 살 곳을 넓히셨으니, 여기에서 우리가 번성하게 되었다" 하면서, 그 우물 이름을 르호봇이라고 하였다.

창세기 26: 19-22

이렇게 보면 이삭은 '우물 파는 사나이'라고 할 만합니다. 참으로 힘겨운 고난의 연속이었습니다. 우리의 인생도 어렵게 성취했던 일들이 모두 수포로 돌아갈 때가 있습니다. 모든 것을 잃는 비극이 생겨나기도 합니다. 좌절을 딛고 일어났지만 재기의 계획이 무산되고 실패할 수도 있습니다. 한 번이면 됐지 두 번은 좀 가혹한 게 아닐까, 세 번째는 어떻게든 되겠지 하고 생각했는데 그마저 이뤄지지 않는다면 어떻게 해야 하나요? 이런 일이 거듭되면 사람이 악해질 수 있습니다. 세상이 공정치 못하다고 분노하며 마음은 피폐해질 수도 있고, 자신감을 잃고 공포에 사로잡히기도 하지요. 내면의 굴속에 갇혀 밖으로 나올 생각을 못하기도 합니다.

이런 것을 생각하면, 이삭의 태도는 더욱 이해가 안 될 수도 있어요. 세상은 그를 바보라고 생각할지도 모릅니다. 제대로 한번 맞서지도 않고 밀리면 밀리는 대로, 빼앗기면 빼앗기는 대로 내내 패배자처럼 보이니 말이지요. 물론 부당하게 권리를 박탈당하는 일은 막아야 합니다. 그러나 이를 어떻게 다시 회복하는가, 그 방법을 선택하는 것도 매우 중요합니다. 이삭은 힘으로 상대를 공격하고 보복하는 식이 아니었습니다. 아브라함도 분쟁을 평화적으로 해결했지만, 이삭의 경우는 아버지와는 전혀 다른 방도를 취합니다.

세상을 살면서 우리가 좌절하는 이유가 단지 우물을 빼앗겼기 때문은 아닙니다. 그것은 닥친 현실일 뿐입니다. 우리가 정작 무너지게 되는 것은 우물을 새롭게 팔 의지를 잃어버렸기 때문입니다. 이삭은 이 의지만큼은 잃지 않았습니다. 넘어지면 또 일어서면 됩니다. 누군가 우물을 메우면 다시 파면 되고, 그래도 빼앗고자 한다면 다른 곳에서 새롭게 시작하면 됩니다. 하나님은 나의 억울한 형편을 반드시 아실 거라 굳게 믿고 흔들림없이 다시 길을 떠나면 됩니다. 누구나 예기치 않은 어려움을 겪게 마련입니다. 정말 힘들게 노력해서 성취한 것을 빼앗길 수도 있습니다. 이 억울함을 풀지 못해서 사람이 변하면, 그건 자신의 인생과 존재가치를 폐허로 만드는 길입니다. 이삭은 어떻게 했습니까? "그래 또 파나가면 되지" 했습니다. 우물을 다시 팔 수 있는 의지, 이 의지를 분명히 가지고, 그 결과가 나에게 축복이 될 것을 믿는 사람은 이삭과 같이 놀라운 경험을 하게 됩니다.

이삭을 추방했던 아비멜렉은 그에게 와서 생각지도 못했던 평화조약을 맺습니다. 자신을 쫓아냈던 상대가 화친을 요청합니다. 추방한 자를 찾아와 우의를 다지려 하고, 원수가 될 뻔했는데 평화의 관계로 변했습니다. 하나님을 믿고 나아가는 사람의 힘이 여기에서 나타납니다. 잔치까지 베풀어지고 모든 것은 평안해졌습니다.

아비멜렉이 친구 아훗삿과 군사령관 비골을 데리고, 그랄에서 이삭에게로 왔다. 이삭이 그들에게 물었다. "당신들이 나를 미워하여 이렇게 쫓아내고서, 무슨 일로 나에게 왔습니까?" 그들이 대답하였다. "우리는 주께서 그대와 함께 계심을 똑똑히 보았습니다. 그래서 우리는, 우리와 그대 사이에 평화조약을 맺어야 하겠다고 생각합니다. 이제 우리와 그대 사이에 언약을 맺읍시다. 우리가 그대를 건드리지 않고, 그대를 잘 대하여, 그대를 평안히 가게한 것처럼, 그대도 우리를 해롭게 하지 마십시오. 그대는 분명히 주께 복을받은 사람입니다." 이삭은 그들을 맞아서 잔치를 베풀고, 그들과 함께 먹고마셨다. 그들은 다음날 아침에 일찍 일어나서, 서로 맹세하였으며, 그런 다음에, 이삭이 그들을 보내니, 그들이 평안한 마음으로 돌아갔다. 창세기 26: 26-31

이렇게 평화조약이 체결되고 난 후 아비멜렉이 돌아가자 이삭은 우물이 바로 그날 새로 터졌다는 소식을 듣습니다. 만약 협상 중에 샘이 터졌다면, 아비멜렉 쪽에서 욕심이 발동해 상황이 어려워졌을지도 모를 일입니다. 모든 것이 절묘하게 어우러져, 평화와 새로운 샘이 솟는 기쁨 두가지를 동시에 얻었습니다.

그날, 이삭의 종들이 와서, 그들이 판 우물에서 물이 터져 나왔다고 보고하였다. 이삭이 그 우물을 세바라고 부르니, 사람들은 오늘날까지 그 우물이있는 성읍을 브엘세바라고 한다. 창세기 26: 32-33

때로 인생에서 우물을 빼앗겼다고 슬퍼하거나 분노하지 마십시오. 우물을 파려는 의지만 있으면 언젠가 마른 땅에서 물이 샘솟을 것입니다. 오래 전에 막혀버린 줄 알았던 브엘세바의 우물이 터진 것처럼, 우리 인생에도 그렇게 다시 물이 솟는 감격이 있기를 기원합니다.

20

¹ 아브라함은 마므레에서 네겝 지역으로 옮겨 가서, 가데스와 술 사이에서 살았다. 아브라함은 그랄에 잠시 머문 적이 있는데, ² 거기에서 아브라함이 자기 아내 사라를 사람들에게 자기 누이라 소개하였으므로, 그랄 왕 아비멜렉이 사람을 보내서, 사라를 데려갔다.

3 그런데 그날 밤에 하나님이 꿈에 아비멜렉에게 나타나셔서 말씀하셨다. "네가 이 여자를 데려왔으니, 너는 곧 죽는다. 이 여자는 남편이 있는 여자다."

4 아비멜렉은, 아직 그 여인에게 가까이하지 않았으므로, 주께 이렇게 아뢰었다. "주님, 주께서 의로운 한 민족을 멸하시렵니까?

5 아브라함이 저에게, 이 여인은 자기 누이라고 하지 않았습니까? 또 이 여인도 아브라함을 오라버니라고 말하지 않았습니까? 저는 깨끗한 마음으로 떳떳하게 이 일을 하였습니다."

6 하나님이 꿈에 또 그에게 말씀하셨다. "그렇다. 나는, 네가 깨끗한 마음으로 이렇게 한 줄을 잘 안다. 그러므로 내가 너를 지켜서, 네가 나에게 죄를 짓지 못하도록 한 것이다. 그 여인을 건드리지 못하게 한 이유도 바로 여기에 있다. 7 이제 그 여인을 남편에게로 돌려보내어라. 그의 남편은 예언자이므로, 너에게 탈이 나지 않게 하여주시기를 기도할 것이고, 너는 살 것이다. 그러나 그 여인을 돌려보내지 않으면, 너와 너에게 속한 사람이 틀림없이 다 죽을 줄 알아라."

8 다음날 아침에 아비멜렉은 일찍 일어나서, 신하들을 다 불렀다. 그들은 왕에게 일어난 일을 다 듣고서, 매우 두려워하였다.

9 아비멜렉은 아브라함을 불러들여서, 호통을 쳤다. "당신은 어찌하여 우리에게 이렇게 하였소? 내가 당신에게 무슨 잘못을 저질렀기에, 나와 내 나라가 이 크나큰 죄에 빠질 뻔하게 하였느냐 말이오? 당신은 나에게 해서는 안 될 일을 한 거요." 10 아비멜렉이 또 아브라함에게 말하였다. "도대체 어째서 이런 일을 저지른단 말이오?"

11 아브라함이 대답하였다. "이곳에서는 사람들이 아무도 하나님을 두려워하지 않으니까, 나의 아내를 빼앗으려고 할 때에는, 사람들이 나를 죽일 것이라고 생각하였습니다. 12 그러나 사실을 말씀드리면, 나의 아내가 나의 누이라는 것이 틀린 말은 아닙니다. 아내는 나와는 어머니는 다르지만, 아버지는 같은 이복 누이이기 때문입니다. 13 하나님이 나를, 아버지 집에서 떠나서 여러 나라로 두루 다니게 하실 때에, 내가 아내에게 부탁한 말이 있습니다. '우리가 어느 곳으로 가든지, 사람들이 나를 두고서 묻거든, 그대는 나를 오라버니라고 하시오. 이것이 그대가 나에게 베풀 수 있는 은혜요' 하고 말한 바 있습니다."

14 아비멜렉이 아브라함에게 양 떼와

소 떼와 남종과 여종을 선물로 주고, 아내 사라도 아브라함에게 돌려보냈다. ¹⁵ 아비멜렉이 아브라함에게 말하였다. "나의 땅이 그대 앞에 있으니, 그대가 원하는 곳이 어디이든지, 가서, 거기에서 자리를 잡으시오." ¹⁶ 그리고 사라에게는 이렇게 말하였다. "나는 그대의 오라버니에게 은 천 세겔을 주었소. 이것은, 그대와 함께 있는 여러 사람에게서 그대가 받은 부끄러움을, 조금이나마 덜어보려는 나의 성의의 표시요. 그대가 결백하다는 것을, 모두가 알게 될 것이오." ¹⁷ 아브라함이 하나님께 기도하니, 하나님이, 아비멜렉과 그의 아내와 그의 여종들이 다시 아이를 가질 수 있게 태를 열어주셨다. ¹⁸ 아비멜렉이 아브라함의 아내 사라를 데려간 일로, 주께서는 전에 아비멜렉 집안의 모든 여자의 태를 닫으셨었다.

21

²² 그 무렵에 아비멜렉과 그의 군사령관 비골이 아브라함에게 말하였다. "하나님은, 그대가 무슨 일을 하든지, 그대를 도우십니다. ²³ 이제 여기 하나님 앞에서, 그대가 나와 나의 아이들과 나의 자손을 속이지 않겠다고 맹세하십시오. 그대가 나그네살이를 하는 우리 땅에서, 내가 그대에게 한 것처럼, 그대도 나와 이 땅 사람들에게 친절을 베풀어주시기 바랍니다."

²⁴ 아브라함이 말하였다. "맹세합니다." ²⁵ 이렇게 말하고 나서, 아브라함은, 아비멜렉의 종들이 우물을 빼앗은 것을 아비멜렉에게 항의하였다. ²⁶ 그러나 아비멜렉은 이렇게 말하였다. "누가 그런 일을 저질렀는지, 나는 모릅니다. 그대도 그런 말을 여태까지 나에게 하지 않았습니다. 나는 그 일을 겨우 오늘에 와서야 들었습니다." ²⁷ 아브라함이 양과 소를 끌고 와서, 아비멜렉에게 주고, 두 사람이 서로 언약을 세웠다. ²⁸ 아브라함이 양 떼에서 새끼 암양 일곱 마리를 따로 떼어놓으니, ²⁹ 아비멜렉이 아브라함에게 물었다. "새끼 암양 일곱 마리를 따로 떼어놓은 까닭이 무엇입니까?" ³⁰ 아브라함이 대답하였다. "내가 이 우물을 파놓은 증거로, 이 새끼 암양 일곱 마리를 드리려고 합니다." ³¹ 이 두 사람이 여기에서 이렇게 맹세를 하였으므로, 그곳을 브엘세바라고 한다. ³² 아브라함과 아비멜렉이 브엘세바에서 언약을 세운 다음에, 아비멜렉과 그의 군사령관 비골은 블레셋 사람의 땅으로 돌아갔다. ³³ 아브라함은 브엘세바에 에셀 나무를 심고, 거기에서, 영생하시는 주 하나님의 이름을 부르며, 예배를 드렸다. ³⁴ 아브라함은 오랫동안 블레셋 족속의 땅에 머물러 있었다.

26

¹ 일찍이 아브라함 때에 그 땅에 흉년이 든 적이 있는데, 이삭 때에도 그 땅에 흉년이 들어서, 이삭이 그랄의 블레셋 왕 아비멜렉에게로 갔다.

² 주께서 이삭에게 나타나셔서, 말씀하셨다. "이집트로 가지 말아라. 내가 너에게 살라고 한 이 땅에서 살아라. ³ 네가 이 땅에서 살아야, 내가 너를 보살피고, 너에게 복을 주겠다. 이 모든 땅을, 내가 너와 너의 자손에게 주겠다. 내가 너의 아버지 아브라함에게 맹세한 약속을 이루어서, ⁴ 너의 자손이 하늘의 별처럼 많아지게 하고, 그들에게 이 땅을 다 주겠다. 이 세상 모든 민족이 네 씨의 덕을 입어서, 복을 받게 하겠다. ⁵ 이것은, 아브라함이 나의 말에 순종하고, 나의 명령과 나의 계명과 나의 율례와 나의 법도를 잘 지켰기 때문이다."

⁶ 그래서 이삭은 그랄에 그대로 머물러 있었다.

⁷ 그곳 사람들이 이삭의 아내를 보고서, 그에게 물었다. "그 여인이 누구요?" 이삭이 대답하였다. "그는 나의 누이요." 이삭은 "그는 나의 아내요" 하고 말하기가 무서웠다. 이삭은, 리브가가 예쁜 여자이므로, 그곳 사람들이 리브가를 빼앗으려고 자기를 죽일지도 모른다고 생각하였기 때문이다. ⁸ 이삭이 그곳에 자리를 잡고 산 지 꽤 오래 된 어느 날, 블레셋 왕 아비멜렉은, 이삭이 그 아내 리브가를 애무하는 것을 우연히 창으로 보게 되었다.

⁹ 아비멜렉은 이삭을 불러들여서 나무랐다. "그는 틀림없이 너의 아내인데, 어쩌려고 너는 그를 누이라고 말하였느냐?" 이삭이 대답하였다. "저 여자 때문에 제가 혹시 목숨을 잃을지도 모른다고 생각하였기 때문입니다."

¹⁰ 아비멜렉이 말하였다. "어쩌려고 네가 우리에게 이렇게 하였느냐? 하마터면, 나의 백성 가운데서 누구인가가 너의 아내를 건드릴 뻔하지 않았느냐? 괜히 너 때문에 우리가 죄인이 될 뻔하였구나." ¹¹ 아비멜렉은 모든 백성에게 경고를 내렸다. "이 남자와 그 아내를 건드리는 사람은 사형을 받을 것이다."

¹² 이삭이 그 땅에서 농사를 지어서, 그 해에 백 배의 수확을 거두어들였다. 주께서 그에게 복을 주셨기 때문이다. ¹³ 그는 부자가 되었다. 재산이 점점 늘어서, 아주 부유하게 되었다. ¹⁴ 그가 양 떼와 소 떼, 남종과 여종을 많이 거느리게 되니, 블레셋 사람들이 그를 시기하기 시작하였다. ¹⁵ 그래서 그들은 이삭의 아버지 아브라함 때에 아브라함의 종들이 판 모든 우물을 막고, 흙으로 메워버렸다. ¹⁶ 아비멜렉이 이삭에게 말하였다. "우리에게서 떠나가거라. 이제 너는 우리보다 훨씬 강하다." ¹⁷ 이삭은 그곳을 떠나서, 그랄 평원에다가 장막을 치고서,

거기에 자리를 잡고 살았다. ¹⁸ 이삭은
자기 아버지 아브라함 때에 팠던 우물들을
다시 팠다. 이 우물들은, 아브라함이 죽자,
블레셋 사람들이 메워 버린 것들이다.
이삭은 그 우물들을 그의 아버지
아브라함이 부르던 이름 그대로 불렀다. ¹⁹
이삭의 종들이 그랄 평원에서 우물을
파다가, 물이 솟아나는 샘 줄기를
찾아냈다. ²⁰ 샘이 터지는 바람에, 그랄
지방 목자들이 그 샘 줄기를 자기들의
것이라고 주장하면서, 이삭의 목자들과
다투었다. 우물을 두고서 다투었다고
해서, 이삭은 이 우물을 에섹이라고
불렀다.
²¹ 이삭의 종들이 또 다른 우물을 팠는데,
그랄 지방 목자들이 또 시비를 걸었다.
그래서 이삭은 그 우물 이름을 싯나라고
하였다. ²² 이삭이 거기에서 옮겨서,
또 다른 우물을 팠는데, 그때에는 아무도
시비를 걸지 않았다. 그래서 그는
"이제 주께서 우리가 살 곳을 넓히셨으니,
여기에서 우리가 번성하게 되었다"
하면서, 그 우물 이름을 르호봇이라고
하였다.
²³ 이삭은 거기에서 브엘세바로 갔다.
²⁴ 그날 밤에 주께서 그에게 나타나셔서
말씀하셨다. "나는 너의 아버지
아브라함을 보살펴 준 하나님이다. 내가
너와 함께 있으니, 두려워하지 말아라.
내가 나의 종 아브라함을 보아서, 너에게
복을 주고, 너의 자손의 수를 불어나게
하겠다." ²⁵ 이삭이 그곳에 제단을 쌓고,

주의 이름을 부르며 예배하였다. 그는
거기에 장막을 치고, 그의 종들은
거기에서도 우물을 팠다.
²⁶ 아비멜렉이 친구 아훗삿과 군사령관
비골을 데리고, 그랄에서 이삭에게로
왔다. ²⁷ 이삭이 그들에게 물었다.
"당신들이 나를 미워하여 이렇게
쫓아내고서, 무슨 일로 나에게
왔습니까?" ²⁸ 그들이 대답하였다.
"우리는 주께서 그대와 함께 계심을
똑똑히 보았습니다. 그래서 우리는,
우리와 그대 사이에 평화조약을 맺어야
하겠다고 생각합니다. 이제 우리와 그대
사이에 언약을 맺읍시다. ²⁹ 우리가
그대를 건드리지 않고, 그대를 잘 대하여,
그대를 평안히 가게 한 것처럼, 그대도
우리를 해롭게 하지 마십시오. 그대는
분명히 주께 복을 받은 사람입니다." ³⁰
이삭은 그들을 맞아서 잔치를 베풀고,
그들과 함께 먹고 마셨다. ³¹ 그들은
다음날 아침에 일찍 일어나서, 서로
맹세하였으며, 그런 다음에, 이삭이
그들을 보내니, 그들이 평안한 마음으로
돌아갔다.
³² 그날, 이삭의 종들이 와서, 그들이 판
우물에서 물이 터져 나왔다고 보고하였다.
³³ 이삭이 그 우물을 세바라고 부르니,
사람들은 오늘날까지 그 우물이 있는
성읍을 브엘세바라고 한다.

모리아 산 위의 이삭

창세기 22장 1절-19절

시험대 위에 선 아브라함

하나님의 뜻에 철저히 순종했던 아브라함에게 최대의 위기가 닥칩니다. 하나님으로부터 아들 이삭을 번제물로 바치라는 가혹한 요구를 받은 것입니다.

하나님이 말씀하셨다. "너의 아들, 네가 사랑하는 외아들 이삭을 데리고 모리아 땅으로 가거라. 내가 너에게 일러주는 산에서 그를 번제물로 바쳐라." 창세기 22: 2

나이 백 살에 이르러서 주신 아들을 다시 거두어가시겠다니 이처럼 기가 막힐 일이 있을까 싶습니다. 하나님은 이삭을 가리켜 "너의 아들, 네가 사랑하는 외아들 이삭"이라고 분명히 말씀하십니다. 아브라함 자신의 아들, 그것도 외아들인데다가 그가 사랑하고 있다는 사실을 알고 있는데 이런 요구가 가당키나 한가요? 자식의 목숨을 걸고 하나님의 시험을 받게 된다면 어떻게 해야 하나요? 아니 그보다 먼저, 왜 이런 시험을 치르게 하실까요? 그런 요구를 하시는 하나님을 우리는 어떻게 받아들여야 하는지 혼란스러워집니다. 하나님이 아브라함에게 모리아 산 위로 가라고 하시는 이 장면은, 하나님을 '사랑과 생명의 하나님'으로 믿고 있는 이들에게 깊은 충격과 반감을 줄지도 모릅니다.

번제燔祭란 불로 희생제물을 태워 제사를 지내는 방식입니다. 그 희생제물은 아들 이삭입니다. 인간을 제물로 삼는 무서운 일이 벌어질 참입니다. 그것도 하나님의 요구라는 이름 아래 진행되고 있습니다. 장소는 모리아 산입니다. 산으로 올라가는 까닭을 알지 못하는 아들과, 번제에 쓰일 장작을 아들에게 지우고 가는 아버지는 한참을 산 위로 걸어 올라갔을 겁니다. 사연을 안다면 이 장면은 너무나 비극적이고 잔혹한 느낌을 주겠지요. 아들은 영문도 모르는 채 번제물로 쓰일 어린 양이 보이지 않는다고 합니다. "하나님이 너를 번제물로 바치라고 하신다"라고는 차마 말할 수 없는 아버지는 어떤 심정이었을까요?

사람을 희생제물로 삼는 것은 야훼 하나님의 신앙 전통에 존재하지 않는 방식입니다. 그러니 이런 요구는 우선 말이 되지 않습니다. 더구나 하나님이 약속으로 태어나게 하셨고 아브라함과 사라가 너무 기뻐 웃은 그 아들을 바치라고 하니 그대로 따르기가 너무도 어렵지 않았을까요. 아무리 믿음이 깊은 아브라함이라도 이런 상황을 쉽게 받아들일 수 있었을까요. 어떻게든 피할 수만 있다면 피하고 싶지 않았을까요. 내가 뭔가 잘못 들었겠지 하고 귀를 의심하고 싶지는 않았을까요. 하나님이 그러실 리는 없다면서 이를 거부하거나, 아무리 하나님이시라지만 이건 결코 안 된다며 저항하고 싶지 않았을까요.

아브라함은 조카 롯이 위험에 처했을 때 그를 구하기 위해서 하나님과 격투에 가까운 협상을 벌입니다. 그런데 정작 자기 자식을 위해서는 아무런 조치도 취하지 않으니 어찌 된 까닭일까요? 모리아 산 위의 장면은 숫양을 번제물로 선택하는 결말이 지어지기까지, 인간이라면 그 누구에게도 은혜가 되기는 불가능할 지경입니다. 이 시험이 요구된 정황을 우선 한 번 생각해보겠습니다.

> 이런 일이 있은 지 얼마 뒤에, 하나님이 아브라함을 시험해보시려고, 그를 부르셨다. "아브라함아!" 하고 부르시니, 아브라함은 "예, 여기에 있습니다" 하고 대답하였다. 창세기 22: 1

"이런 일이 있은 지 얼마 뒤에"라고 되어 있는데, 이는 아브라함이 아비멜렉과 우물을 둘러싸고 일어난 분쟁을 평화적으로 해결하고 난 다음 시간이 얼마간 지난 때였습니다. 아브라함은 아비멜렉의 종들이 자신의 우물을 빼앗아간 것에 항의했고, 이 문제를 해결하기 위해서 어린 양 일곱 마리를 징표로 내세워 평화조약을 맺지요. 아브라함은 그 우물을 판 것이 자기임을 입증하기 위해 어린 양 일곱 마리를 준다고 말하고 있습니다. 그곳이 '맹세의 우물' 또는 '일곱 마리 양'이라는 뜻을 가진 '브엘세바'입니다.

아브라함이 양 떼에서 새끼 암양 일곱 마리를 따로 떼어놓으니, 아비멜렉이 아브라함에게 물었다. "새끼 암양 일곱 마리를 따로 떼어놓은 까닭이 무엇입니까?" 아브라함이 대답하였다. "내가 이 우물을 파놓은 증거로, 이 새끼 암양 일곱 마리를 드리려고 합니다." 이 두 사람이 여기에서 이렇게 맹세를 하였으므로, 그곳을 브엘세바라고 한다. 창세기 21:28-31

모든 것이 평안하게 마무리된 셈입니다. 아브라함의 처지에서는 힘든 고비를 넘기고 숨 좀 돌릴 만하게 되었습니다. 그러고는 그곳에서 아무 염려 없이 한동안 지냈습니다.

아브라함은 브엘세바에 에셀 나무를 심고, 거기에서, 영생하시는 주 하나님의 이름을 부르며, 예배를 드렸다. 아브라함은 오랫동안 블레셋 족속의 땅에 머물러 있었다. 창세기 21: 33-34

아브라함은 나무도 심고 예배도 드리면서 살고 있었는데, 그만 예기치 못했던 엄청난 시험 앞에 서게 되었습니다. 말은 시험이지만 이 일을 겪는 당사자는 죽을 것만 같은 시련입니다. 이런 현실이 많은 문제들이 잘 해결되고 모든 일이 정상적으로 돌아가고 있다고 생각한 때에 닥쳤음을 주목할 필요가 있습니다.

고난 앞의 믿음

왜 이렇게 되었을까요? 하나 짚어볼 게 있습니다. 우물의 분쟁을 해결하는 과정에서 아브라함은 어린 양 일곱 마리를 징표로 삼았지만, 그것은 이 평화의 보증이 하나님이심을 일깨우기 위한 것이 아니라, "자신이 이 우물을 판 증거"라는 의미를 가지고 있음을 보게 됩니다. 하나님의 은총과 축복에 대한 표시가 아니었습니다. 자기의 힘으로 해결한 결과임을 나타내고 있습니다.

아브라함은 그 직후 하나님에게 예배를 드립니다. 그러나 첨예한 분쟁 끝에 일이 해결되어 감사를 드리긴 했지만, 점차 시간이 지나면서 그 당시의 각별한 마음은 망각의 지대로 사라지기 시작하고 '이 우물은 내가 판 거야'라는 생각이 중심에 들어설 수 있습니다. "하나님의 도우심으로"가 아니었습니다. 아브라함이 일곱 마리 어린 양을 내놓을 때 이미 그의 마음에는 하나님보다 자신이 앞선 것을 보여주고 있습니다. 하나님의 은총과 축복을 기리는 징표가 아니라, 자기의 성취와 업적을 내세우는 생각이 거기에 스며 있지요. 그리고 나서 그곳에 아브라함이 평안하게 머문 지 얼마 뒤에 이삭을 바치라는 하나님의 요구가 있었습니다. 아브라함은 자신에게 가장 소중한 것을 바치라는 요구를 통해 하나님으로부터 기습 질문을 받은 격이지요.

아브라함은 브엘세바에서 우물의 분쟁을 해결하고 나서 별 탈 없이 잘 살아가고 있었고, 그곳은 이삭에게 이어질 땅이라고 할 수 있습니다. 브엘세바의 미래는 이삭에게 속해 있습니다. 그런데 그토록 애써 해결을 본 브엘세바의 다음 주인이 될 이삭의 목숨이 위태롭게 되었습니다. 하나님은 아브라함에게 여러 차례 그로부터 시작되는 창대한 민족의 앞날을 예언해주셨는데, 이제 모든 일이 허사가 될 지경입니다. 뿐만이 아닙니다. 그는 자신이 지금까지 고생하며 헤쳐온 모든 과거에 대해 깊은 회의가 들게 되었습니다. "내가 여태까지 했던 게 다 뭐야? 도대체 무슨 의미가 있단 말인가?"라고 반문할 수 있는 겁니다.

"그런데도 이런 나를 믿을 수 있느냐?"라고 하나님이 물으신다면 어떻게 하지요? "여태까지 잘 된 것 같지? 너에게 이런 시련이 닥치리라고는 생각 못했을 거야. 이 고난 앞에서도 네가 나를 계속 믿을 수 있을까? 네가 그렇게 많은 것을 걸고, 기대하고, 소중하게 여기는 이삭을 나에게 바치라고 한다면 어쩌겠느냐? 이삭은 여태까지 진력을 다한 너의 미래일진대, 그 미래가 사라진다 해도 여전히 나와 좋은 관계를 맺을 수 있을까?" 이런 이야기가 되는 셈이지요.

사람들이 하나님을 믿는 이유는 자신의 인생이 하나님을 통해서 보장된다고 생각하기 때문이 아닌가요? 하나님의 사랑이 나를 지켜주신다는 믿음이 있기 때문이지요. 그런데 그 보장이 바닥부터 흔들리는 사건이 벌어질 참입니다. 그렇다면 "이런 하나님이라면 지금까지야 믿는 게 좋았는지 모르나 이제부터는 안 믿는 게 내 운명이나 자식을 위해서도 더 나은 선택이 아닐까?" 하고 생각하지는 않을까요? 게다가 "하나님 없이도 내가 문제를 해결했다. 보라, 브엘세바. 일곱 마리 어린 양이 그것을 입증해주지 않는가?"라고 여기지는 않을까요? 이제 하나님을 마음에서 놓아도 상관없다는 생각이 들 수 있습니다.

잘 나가다 길이 딱 막히는 것만 같습니다. 그것도 내가 잘못해서가 아니라, 하나님이 그 길을 막으시는 것이라면 내가 그 하나님을 계속 믿어야 하나요? 아니면 지금이라도 늦지 않았으니까 외면하고 달리 살 길을 찾아보는 편이 나을까요? 아브라함은 이러한 기로에 서 있는 셈이었습니다. 적지 않은 사람들이 이 과정에서 하나님으로부터 돌아설 수 있습니다. 나사렛 예수께서 처음에는 "너희들을 사람 낚는 어부로 만들어주겠다"고 사람들을 불러모읍니다. 이 시점까지는 거부감이 전혀 없습니다. 귀가 솔깃할 만합니다. 처음부터 "자기 십자가를 지고 나를 따라오라"고 하신 것은 아닙니다. 희생적 결단을 요구하는 말씀에 따를 사람들은 그리 많지 않습니다. 그런데 예수님은, "사람 낚는 어부"에서 시작해서 "십자가를 져라"로 결말을 맺습니다.

이 지점에 이르면 거의 대부분의 사람들이 돌아설 거예요. 아닌 게 아니라 제자들 모두가 십자가 앞에서 돌아섰습니다. 그것 때문에 재산을 잃거나 지금껏 쌓아놓았던 일체의 기득권을 포기할 수도 있으며, 명예와 위신이 실추될 수도 있고, 급기야 목숨까지 내놓을 수도 있습니다. 이러한 상황이 벌어지는데도 여전히 "나는 지금 그 뜻을 이해할 수 없지만 하나님이 말씀하시니 그대로 따르겠다"고 할 수 있겠느냐는 것이지요. 아브라함은 지금 그런 종류의 질문과 만나고 있습니다.

번제를 위한 여정

이 질문을 받고 아브라함은 다음날 아침 일찍 길을 떠납니다. 그가 아무도 모르게 며칠 밤을 고뇌했다든가 하는 기록은 찾아볼 수 없는데, 이러한 아브라함의 모습도 쉽게 이해가 가지 않습니다.

아브라함이 다음날 아침에 일찍이 일어나서, 나귀의 등에 안장을 얹었다. 그는 두 종과 아들 이삭에게도 길을 떠날 준비를 시켰다. 번제에 쓸 장작을 다 쪼개어 가지고서, 그는 하나님이 그에게 말씀하신 그곳으로 길을 떠났다.

창세기 22: 3

그의 여행준비는 조촐했습니다. 나귀에 안장을 얹었으며 번제에 쓸 장작을 다 쪼개놓았고, 일행이라고는 아들 이삭과 두 하인뿐이었습니다. 어머니 사라의 언급은 어디에도 나오지 않습니다. 아들의 운명이 갈림길에 서 있는데 사전에 아무런 의논 기회도 갖지 못하고 끼어들 틈조차 없었다는 점은 어머니의 입장에서는 절통하기 이를 데 없습니다. 겉으로만 보면 번제의식을 위한 여행이었으니 달리 따져 물을 수도 없었을 것이고, 이삭도 컸으니 그런 경험도 필요하다고 여길 수 있었을 겁니다.

하지만 가만히 생각해보면 이 여행은 처음부터 좀 이상했습니다. 나중에 이삭이 산으로 오르면서 번제에 쓸 어린 양은 어디 있느냐고 묻는데, 그것은 겉으로 드러난 이 여행의 목적을 그가 이미 잘 알고 있었다는 증거입니다. 이삭도 하인도 모두 번제의식을 위한 여행에서 무언가 빠졌다는 것을 모르지 않았을 텐데 떠날 때에는 기이하게도 아무런 말이 없습니다. 다들 아브라함이 무언가 다 생각이 있다고 여겼는지도 모르겠습니다. 적어도 길을 떠날 당시에는 번제의식을 위한 준비가 완벽하지 않았음을 우리는 보게 됩니다. 그런데 사흘이 걸린 모리아 산 여행의 과정에서 미궁의 사건처럼 기묘한 대목이 등장합니다. 집에서 모리아 산을 향해 간 사람들은 아브라함, 이삭 그리고 두 하인을 합쳐 모두 네 사람입니다. 산 아래에 도착하자 아브라함은 두 하인을 그곳에서 기다리게 합니다.

사흘 만에 아브라함은 고개를 들어서, 멀리 그곳을 바라볼 수 있었다. 그는 자기 종들에게 말하였다. "내가 이 아이와 저리로 가서, 예배를 드리고 너희에게로 함께 돌아올 터이니, 그동안 너희는 나귀와 함께 여기에서 기다리고 있거라." 창세기 22: 4-5

아브라함은 두 하인에게 아들 이삭과 산 위로 올라갔다가 '함께' 돌아올 테니 나귀와 같이 기다리라고 합니다. 나귀를 두고 가니 당연히 산 위에는 두 사람만이 올라가는 것이고, 함께 돌아온다고 하니 이삭이 번제물이 된다는 것은 상상할 수 없습니다. 하지만 하인들은 사람만 둘이 올라가고 그 어디에도 번제물이 없으니 이해하기가 쉽지 않았을 듯합니다. 이삭은 아브라함과 동행해서 올라갔다가 내려오는 일정으로 되어 있으니 다른 의문을 가질 여지는 없어 보입니다. 그 다음 산으로 올라갔을 때, 성서는 아브라함과 이삭이 '함께' 걸어가는 것을 기록하고 있습니다.

> 아브라함은 번제에 쓸 장작을 아들 이삭에게 지우고, 자신은 불과 칼을 챙긴 다음에, 두 사람은 함께 걸었다. 창세기 22: 6

두 사람이 함께 걷는 장면은 또 한 번 나옵니다. 아들 이삭이 번제물에 대해 질문하자 아브라함은 하나님이 준비해주실 거라며 두 사람이 함께 걸어가는 대목이 적혀 있습니다.

> 이삭이 그의 아버지 아브라함에게 말하였다.…… "불과 장작은 여기에 있습니다마는, 번제로 바칠 어린 양은 어디에 있습니까?"…… "애야, 번제로 바칠 어린 양은 하나님이 손수 마련하여주실 것이다." 두 사람이 함께 걸었다. 창세기 22: 7-8

두 사람이 함께 걸었다는 얘기가 두 번 반복되고 있지요. 그리고 그전에 함께 돌아올 것이라고 했으니 모두 세 번 기록되어 있습니다. 사실 둘이 올라갔다가 둘이 내려오겠다는 것은 통상적으로는 이상한 일이 아니지만, 이 번제의식의 여행은 처음부터 아브라함과 이삭 두 사람 가운데 이삭은 귀환이 불가능하다고 전제되어 있으니, 이게 무슨 말인가 하고 주목하게 되는 것입니다. 그런데 결말 부분이 이상합니다.

> 아브라함이 그의 종들에게로 돌아왔다. 그들은 브엘세바 쪽으로 길을 떠났다. 아브라함은 브엘세바에서 살았다. 창세기 22: 19

그토록 함께 걸었다고 강조한 성서가 그냥 "아브라함이 그의 종들에게로 돌아왔다"라고만 기록하고 있습니다. 흐름으로 본다면 "아브라함이 이삭과 함께 그의 종들에게 돌아왔다"라고 되어 있어야 할 텐데 말이지요. 이삭은 자취가 없습니다. 그래서 성서를 깊게 읽어온 사람들은 이 부분과 관련해서 오래 전부터 여러 가지 상상을 해왔습니다. 그 상상들에는 한 가지 공통점이 있는데 그것은 이삭이 산에 홀로 남겨진 것이 아니냐는 것입니다. 이삭은 산 위에서 엄청난 충격을 받지 않았을까요? 다음과 같은 사건을 어디 그저 넘길 수 있습니까?

> 그들이 하나님이 말씀하신 그곳에 이르러서, 아브라함은 거기에 제단을 쌓고, 제단 위에 장작을 벌여놓았다. 그런 다음에 제 자식 이삭을 묶어서, 제단 장작 위에 올려놓았다. 그는 손에 칼을 들고서, 아들을 잡으려고 하였다.
> 창세기 22: 9-10

이삭은 아버지에게 결박되어 제단 장작 위에 올려졌습니다. 그러고는 아버지가 칼을 들고 자신의 목숨을 겨냥하는 끔찍한 일을 경험합니다. 아버지는 비통했고 아들은 비명을 지를 상황이지요. "아차" 하는 순간 이삭의 생명은 끊어집니다. 그러니 이후 이삭은 산에서 겪은 일의 의미를 깊이 성찰하면서 하나님과의 관계를 정리하는 시간을 가질 만합니다. 자기 목숨이 왔다갔다하는 순간, 이삭은 무엇을 보게 되나요? 이는 대단히 중요한 문제입니다. 그는 두 가지를 경험합니다. 그 하나는 자신의 생명을 지켜주시는 하나님의 개입이고, 두 번째는 하나님의 준비입니다.

> 그때에 주의 천사가 하늘에서 "아브라함아, 아브라함아!" 하고 그를 불렀다.…… "그 아이에게 손을 대지 말아라! 그 아이에게 아무 일도 하지 말아라!…… "아브라함이 고개를 들고 살펴보니, 수풀 속에 숫양 한 마리가 있는데, 그 뿔이 수풀에 걸려 있었다. 기서 그 숫양을 잡아다가, 아들 대신에 그것으로 번제를 드렸다. 이런 일이 있었으므로, 아브라함이 그곳 이름을 여호와이레라고 하였다. 오늘날까지도 사람들은 '주의 산에서 준비될 것이다'는 말을 한다. 창세기 22: 11-14

모리아 산의 경험을 하고 난 이삭이 훗날 우물을 끊임없이 빼앗기는 어려움 앞에서도 다시 일어설 수 있었던 정신력의 정체를 우리는 여기에서 확인하게 됩니다. 이삭은 하나님의 준비를 목격하고 그로써 자신의 생명이 보존된 일을 결코 잊을 수 없는 방식으로 체험했지요. 그동안 무수히 우물을 빼앗겼을 그의 마음속에 솟아나는 생각은 당연히 '예비하시는 하나님'이었을 겁니다. 이삭의 의지가 남달리 강했을 수도 있지만 무엇보다도 우리의 생각과 상상을 초월해서 준비하시는 하나님에 대해 굳건한 믿음이 있었기 때문이 아닐까요? 이것이 없으면 제아무리 강한 의지를 가졌다 해도 한 번, 두 번 자꾸 실패를 하다보면 지쳐버리고 맙니다. 의지가 고갈되고 희망이 사라지게 되지요. 이 모리아 산 위의 사건은 그런 의미에서, 아브라함에게만이 아니라 희생제물이 될 뻔했던 이삭에게도 결정적인 뜻이 있음을 짐작할 수 있습니다.

그렇다면 아브라함에게는 이 사건이 어떤 의미를 가지는 걸까요? 산으로 오르는 아버지와 아들 사이에는 아무런 대화도 기록되어 있지 않습니다. 어느 지점에선가, 아들이 아버지에게 결코 묻지 말았으면 하는 질문을 던집니다. 너무나도 두려운 순간이었을 것입니다. 아들은 결국 물을 것을 묻습니다. 불과 장작은 있는데 번제물로 바칠 어린 양은 어디에 있는가 하고. 이 질문은 아브라함에게 어떻게 들렸을까요? "아버지, 나는 이제 어떻게 되는 거예요?"라는 말과 다를 바가 없겠지요. 아들은 번제로 바칠 어린 양의 소재를 묻는 것이 아니라 자신의 운명에 대해 묻는 셈입니다. 사실 그 이야기야말로 정작 아브라함이 하나님에게 묻고 싶었던 것 아닙니까? "하나님, 나의 아들의 운명은 도대체 어떻게 되는 겁니까"라고 울부짖고 싶지 않았을까요?

하나님의 준비를 믿는 사람

그때 아브라함은 이렇게 얘기합니다. "얘야, 번제로 바칠 어린 양은 하나님이 손수 마련하여주실 것이다." 이 말은 하나님의 준비를 믿는다는 이야기입니다. 하나님이 나를 이토록 가혹한 시련으로 밀어넣으실 분이 아니라는 생각이 있었을지도 모르겠어요. 적어도 아브라함은 어떠한 상황이 벌어진다 하더라도 하나님이 마침내 그 준비를 완벽하게 갖추어놓으실 분임을 고백하고 있습니다. 이는 하나님을 흔들림 없이 신뢰하는 자의 능력입니다.

이 사건은 하나님이 아브라함을 시험대에 올려놓으셨던 일입니다. 그러나 사실은 하나님이 시험대에 올라가는 상황이 벌어진 것이라 할 수 있습니다. 만약에 아브라함이 이 시험을 거부하면 하나님은 패배하시는 것이기 때문입니다. 아브라함이 상황이 좋을 때는 "하나님 좋아요"라고 하겠지만 불리해져서 하나님에게서 돌아설 경우, 하나님이 괜한 시험을 했다가 아브라함을 잃게 되는 것 아닙니까? 따라서 하나님이 아브라함을 시험대에 올려놓은 것 같지만 사실 이 시험은 하나님에게도 위험부담이 높습니다. 하나님의 사랑에 대해 아브라함이 어디까지 믿고 있는지 드러내는 사건이기 때문입니다. 하나님이 그토록 사랑한 아브라함이 막상 자신에게 불이익이 돌아가거나 불리해진다고 보이면 언제든지 배신해버릴 가능성이 생길 수 있는 일입니다.

이렇게 되면 그 사랑은 유·불리를 따져 저울질하는 대상에 불과해집니다. 이 시험을 극적으로 겪는 성서의 인물이 욥입니다. 욥은 선하고 의로웠으며 믿음이 두터웠고 또한 대단한 재력가이기도 했습니다. 하나님이 그를 칭찬하시자 사탄은 하나님에 대한 욥의 믿음이 계산에서 나온 것이라고 시비를 겁니다.

그러자 사탄이 주께 아뢰었다. "욥이, 아무것도 바라는 것이 없이 하나님을 경외하겠습니까? 주께서, 그와 그의 집과 그가 가진 모든 것을 울타리로 감싸주시고, 그가 하는 일이면 무엇에나 복을 주셔서, 그의 소유를 온 땅에 넘치게 하지 않으셨습니까? 이제라도 주께서 손을 드셔서, 그가 가진 모든 것을 치시면, 그는 주님 앞에서 주님을 저주할 것입니다." 욥기 1: 9-11

그러나 욥은 이 모든 시련을 통과하면서 하나님의 진심을 굳건히 믿는다고 고백합니다. 참으로 의롭게 살아왔는데도 도저히 납득이 가지 않는 고난이 닥쳤을 때, 그것이 하나님을 더욱 붙잡는 이유임을 욥은 보여주고 있습니다. 욥은 어떤 경우에도 하나님이 그의 길을 바로 세워주시고 더 풍성한 축복으로 응답해주심을 경험합니다. 자신에게 가해지는 유·불리가 하나님을 판단하는 기준이 아니라 하나님의 의로움에 대한 믿음이 더 큰 기준임을 고백하게 됩니다. 현실의 어려움은 하나님의 의가 지닌 영원함에 비하면 잠시이자 아무것도 아님을 알게 되었지요. 이걸 알면, 고난의 한가운데서도 사탄이 욥에 대해 말했던 것처럼 하나님을 저주하는 일은 생기지 않습니다. 중요한 것은 진심에 대한 믿음입니다.

서로 관계가 좋으면 사랑하고 아끼는 일이 그리 어렵지 않습니다. 그러나 그 관계로 인해 어려움이 생기거나 부담이 되면, 사람들은 대체로 돌아서려는 유혹에 빠집니다. 이건 안 주고 싶고 저건 내가 챙기고 싶고 적당히 관계를 정리하고 싶은 생각이 고개를 들 수 있습니다. 사랑은 그 과정에서 배신을 당합니다.

아브라함에게 던져진 이 시험은 "아브라함아, 만약 나를 믿음으로 인해 너의 가장 소중한 것을 잃는다면 너는 어떻게 하겠니? 그때도 여전히 나를 사랑할 수 있을까?" 이런 도전적인 물음 앞에 서는 것입니다. 사랑은 시련을 겪을 때 그 진가가 드러납니다. 하나님의 사랑을 끝까지 신뢰하면서 거기에서 생명의 힘을 얻고자 하는 이는 그 위기를 이겨낼 뿐만 아니라 확실한 미래를 보장받습니다. 물론 그런 보장을 기대하고 고난을 견디며 하나님과 거래하라는 것이 아닙니다. 그건 믿음의 열매라는 뜻입니다. 하늘의 소리는 아브라함에게 이렇게 말하고 있습니다.

주의 천사가 하늘에서 두 번째로 아브라함을 불러서…… "주의 말씀이다. 내가 친히 맹세한다. 네가 이렇게까지, 너의 아들, 너의 외아들까지 아끼지 않았으니, 내가 반드시 너에게 큰 복을 주며, 너의 자손이 크게 불어나서, 하늘의 별처럼, 바닷가의 모래처럼 많아지게 하겠다……세상 모든 민족이 네 자손의 덕을 입어서, 복을 받게 될 것이다." 창세기 22: 15-18

'반드시'라는 표현이 감격적입니다. 애매한 약속이 아닙니다. 하나님이 자신을 걸고 하신 약속이기 때문입니다.

모리아 산에서의 사건은 아브라함과 이삭에게만이 아니라, 인류 전체에게 참으로 많은 질문을 던집니다. 사랑으로 겪는 고난이 벅차다고 여겨지면, 그 사랑을 부인하기 쉽습니다. 베드로도 그런 길을 걸을 뻔했습니다. 그는 예수의 십자가 처형 과정에서 예수와의 인연을 세 번이나 부인합니다. 그 사랑으로 겪게 되는 시련이 자기를 더욱 어려운 지경으로 끌고 들어가고 급기야 파멸시킬 수 있다고 보았기 때문입니다. 하나님의 준비를 믿을 만한 근거가 어디에도 보이지 않는다고 여긴 탓입니다.

이와는 달리 아브라함은 모든 것이 끝이 아님을 믿었습니다. 모리아 산 위에서 벌어질 상황에 대한 인간적 두려움을 넘어서서 하나님의 준비를 믿는 이는 그 어떤 경우에도 모든 것이 끝났다며 주저앉지 않습니다. 하나님의 예비하심을 믿는 마음은 위기의 순간에 우리를 지켜내는 대단히 중요한 힘입니다. 브엘세바에서 일곱 마리 어린 양으로 자신의 업적과 성취의 징표를 삼았던 아브라함은 우리에게 이렇게 그 믿음의 능력을 전하고 있습니다.

"우리는 자신의 지혜와 경륜으로 인생의 터를 닦는다고 생각할 때가 있다. 그로써 많은 것을 해결할 수 있다고 여기지만, 어느 순간 뜻하지 않은 시련이 닥치기도 하고, 가장 소중한 것을 잃을 위기에 처할 때도 있다. 그러면 하나님을 원망하거나 비난하고 싶어질 수도 있겠지. 그러나 하나님은 그 어떤 경우에도 사랑과 신의를 지키시는 분이며, 우리를 축복으로 이끄신다. 그런 하나님의 준비를 끝까지 믿는다면 결국 흔들리지 않을 것이다."

아브라함과 이삭, 그 뒤로 이어지는 모든 과정은 이렇게 시련과 시험을 통과하면서 굳건한 믿음의 혈통으로 창대한 미래를 열어갔습니다. 상황이 좋게 풀릴 때에만 믿는 하나님이 아니라, 나쁠 때에도 물러서지 않고 그 뜻을 따른다면, 어려움은 잠시이고 축복은 영원합니다. 하나님의 사랑은 끝까지 우리를 지켜냅니다. 하나님의 준비는 반드시 이루어지기 때문입니다. 이런 믿음이 우리를 시련 앞에서도 변절시키지 않고, 의로움에서 조금도 물러서지 않게 할 것이며, 하나님이 늘 우리의 편에 계심을 경험케 할 것입니다. 그런 우리를 이겨낼 힘은 세상에 없습니다.

22

¹ 이런 일이 있은 지 얼마 뒤에, 하나님이 아브라함을 시험해보시려고, 그를 부르셨다. "아브라함아!" 하고 부르시니, 아브라함은 "예, 여기에 있습니다" 하고 대답하였다. ² 하나님이 말씀하셨다. "너의 아들, 네가 사랑하는 외아들 이삭을 데리고 모리아 땅으로 가거라. 내가 너에게 일러주는 산에서 그를 번제물로 바쳐라."

³ 아브라함이 다음날 아침에 일찍이 일어나서, 나귀의 등에 안장을 얹었다. 그는 두 종과 아들 이삭에게도 길을 떠날 준비를 시켰다. 번제에 쓸 장작을 다 쪼개어 가지고서, 그는 하나님이 그에게 말씀하신 그곳으로 길을 떠났다.

⁴ 사흘 만에 아브라함은 고개를 들어서, 멀리 그곳을 바라볼 수 있었다.

⁵ 그는 자기 종들에게 말하였다. "내가 이 아이와 저리로 가서, 예배를 드리고 너희에게로 함께 돌아올 터이니, 그동안 너희는 나귀와 함께 여기에서 기다리고 있거라."

⁶ 아브라함은 번제에 쓸 장작을 아들 이삭에게 지우고, 자신은 불과 칼을 챙긴 다음에, 두 사람은 함께 걸었다. ⁷ 이삭이 그의 아버지 아브라함에게 말하였다. 그가 "아버지!" 하고 부르자, 아브라함이 "얘야, 왜 그러느냐?" 하고 대답하였다. 이삭이 물었다. "불과 장작은 여기에 있습니다마는, 번제로 바칠 어린 양은 어디에 있습니까?"

⁸ 아브라함이 대답하였다. "얘야, 번제로 바칠 어린 양은 하나님이 손수 마련하여주실 것이다." 두 사람이 함께 걸었다.

⁹ 그들이 하나님이 말씀하신 그곳에 이르러서, 아브라함은 거기에 제단을 쌓고, 제단 위에 장작을 벌려놓았다. 그런 다음에 제 자식 이삭을 묶어서, 제단 장작 위에 올려놓았다. ¹⁰ 그는 손에 칼을 들고서, 아들을 잡으려고 하였다.

¹¹ 그때에 주의 천사가 하늘에서 "아브라함아, 아브라함아!" 하고 그를 불렀다. 아브라함이 대답하였다. "예, 여기 있습니다." ¹² 천사가 말하였다. "그 아이에게 손을 대지 말아라! 그 아이에게 아무 일도 하지 말아라! 네가 너의 아들, 너의 외아들까지도 나에게 아끼지 아니하니, 네가 하나님 두려워하는 줄을 내가 이제 알았다."

¹³ 아브라함이 고개를 들고 살펴보니, 수풀 속에 숫양 한 마리가 있는데, 그 뿔이 수풀에 걸려 있었다. 가서 그 숫양을 잡아다가, 아들 대신에 그것으로 번제를 드렸다.

¹⁴ 이런 일이 있었으므로, 아브라함이 그곳 이름을 여호와이레라고 하였다. 오늘날까지도 사람들은 '주의 산에서 준비될 것이다'는 말을 한다.

¹⁵ 주의 천사가 하늘에서 두 번째로 아브라함을 불러서, ¹⁶ 말하였다. "주의 말씀이다. 내가 친히 맹세한다. 네가 이렇게까지, 너의 아들, 너의

외아들까지 아끼지 않았으니, ¹⁷ 내가
반드시 너에게 큰 복을 주며, 너의
자손이 크게 불어나서, 하늘의 별처럼,
바닷가의 모래처럼 많아지게 하겠다.
너의 자손은 원수의 성을 차지할 것이다.
¹⁸ 네가 나에게 복종하였으니, 세상 모든
민족이 네 자손의 덕을 입어서,
복을 받게 될 것이다."
¹⁹ 아브라함이 그의 종들에게로
돌아왔다. 그들은 브엘세바 쪽으로 길을
떠났다. 아브라함은 브엘세바에서
살았다.

27 믿음의 인연 이삭과 리브가

사라의 임종

우리는 기도의 기적을 쉽게 믿지 못하는 경향이 있습니다. 그런데 기도는 하늘로 열린 특별한 통로입니다. 그 길을 따라 현실의 새로운 창조가 시작됩니다. 기도를 그치지 않는 자에게는 구하는 응답이 이미 그의 영혼 안에 실현되어갑니다. 기도는 자신의 삶을 깊이 들여다보게 하는 힘입니다. 또한 진실을 보게 하는 힘이지요. 그 능력으로 하나님이 주신 기회를 확실히 붙잡을 줄 알게 됩니다.

우리는 이제 아브라함의 간절한 소망과 그것을 믿음으로 감당해나간 그의 늙은 종, 이렇게 펼쳐진 현실에 대해 당차고 주체적으로 대응해나간 리브가가, 어머니 사라를 잃고 외로워하던 이삭의 삶을 새롭게 변모시키는 과정을 보게 됩니다. 여기서 늙은 종의 기도가 무척 중요한 역할을 합니다. 그로써 이삭은 사랑을 얻고 리브가는 그 사랑을 나누며 생명공동체를 일구어나가는 주역이 되지요.

이것은 사람이 미리 짜놓은 각본도 아니며, 그렇다고 예고된 일에 대해 준비한 것은 더더욱 아니며, 누가 강제로 밀어붙인 일도 아니었습니다. 생명의 숨결이 흘러가는 대로 자연스럽게 이루어진 역사인 동시에 하나님의 깊은 섭리가 작용하여 아직은 드러나지 않은 목표입니다. 그 목표란 아브라함의 시대가 끝난 이후 하나님의 뜻을 계승해나갈 주인공을 택해서 그를 훈련시키고 성숙케 하고자 함이었습니다. 새 지도자를 찾는 일입니다. 이 과정은 인간적 이해관계를 따지는 수단에 의존해서가 아니라, 철저하게 하나님의 뜻을 따르는 믿음이 중심이 되어야 함을 주목하게 됩니다.

이야기는 이렇게 시작됩니다. 이삭을 번제물로 바치려 했던 모리아 산의 사건을 겪고 나서 세월이 흘러 아브라함 가문에 슬픈 일이 닥칩니다. 아브라함의 아내이자 이삭의 어머니인 사라가 운명을 맞았던 것입니다.

> 사라는 백 년 하고도 스물일곱 해를 더 살았다. 이것이 그가 누린 햇수이다. 그는 가나안 땅 기럇아르바 곧 헤브론에서 눈을 감았다. 아브라함은 빈소에 들어가서, 사라를 생각하면서, 곡을 하며 울었다. 창세기 23: 1-2

나이 130세에 이르러 세상을 떠났으면 살 만큼 살았다고 여길 만한데 그런 아내를 떠나보내며 아브라함은 곡을 합니다. 사랑하는 이와의 영원한 이별이란 비통할 수밖에 없지요. 아브라함은 사라를 평생토록 깊이 사랑했습니다. 사라가 숨을 거둔 헤브론은 훗날 예루살렘이 이스라엘의 정신적 중심지가 되기 전 그 역할을 했던 곳입니다.

히브리 민족의 시원적 모태인 사라의 죽음은 아브라함 시대가 막을 내리고 있음을 예고합니다. 하나님의 뜻으로 보는 인간의 역사는 그 시대마다 책임을 감당한 존재가 있었고, 그 주어진 소임을 다하면 숨을 거두게 됨을 보여줍니다. 사라를 통해 이삭으로 이어지는 고리가 만들어졌고 미래의 씨앗이 뿌려졌다면, 이제 그녀의 일생의 수고는 끝났습니다.

돌아보면 사라는 갈대아 우르에서 떠나 하란을 거쳐 가나안의 이곳저곳을 고생스럽게 유랑했고, 두 번이나 권력자의 처첩으로 전락할 위기에 처했으며, 자신의 종 하갈을 통해 아브라함 가문을 이으려는 필사의 노력도 한 바 있습니다. 그러다가 이삭을 늙은 나이에 낳기까지 그녀의 삶은 평탄치 않았습니다. 이제 아브라함이 경제적으로나 사회적으로나 안정되고 숨 좀 돌릴 만할 때 그녀는 세상과 결별합니다. 1세기를 넘는 드라마와도 같은 삶의 순간들이 주마등처럼 지나가고 하나님의 품으로 돌아간 사라는 아브라함과 이삭에게 애달픈 사랑으로 남습니다.

장지를 마련하는 현명함

아브라함은 사라의 장지를 마련하는 문제를 매우 독특하게 해결합니다. 아브라함은 원래부터 이 지역에 뿌리를 박고 살아왔던 사람이 아닙니다. 밖에서 흘러들어온 사람이고 그런 만큼 그곳에서 어느 땅의 주인이 되는 것을 입증하기란 쉽지 않지요. 더군다나 상황이 좋을 때는 모르지만 세월이 흘러 시대가 각박해지면 엄연한 자기 소유도 분쟁에 휘말려 빼앗길 수 있고 그 후손들은 추방당할 신세에 몰릴 수 있습니다. 이미 떠돌이 생활에서 겪을 만큼 겪은 고난이었지요. 그 때문에 아브라함은 장지를 자기 소유로 확보하기 위해서 확실하게 표를 찍어둘 필요가 있었습니다. 그렇지 않아도 그는 자기를 떠돌이 나그네라고 표현하고 있습니다.

> 아브라함은 죽은 아내 옆에서 물러나와서, 헷 사람에게로 가서 말하였다. "나는 여러분 가운데서 나그네로, 떠돌이로 살고 있습니다. 죽은 나의 아내를 묻으려고 하는데, 무덤으로 쓸 땅을 여러분들에게서 좀 살 수 있게 해주시기를 바랍니다." 창세기 23: 3-4

이렇게 말한 그에게 토착주민들은 선의를 베풀고자 합니다. 아브라함은 비록 이들에게는 이방인이었지만 대단한 존경과 신망을 얻은 존재가 되어 있었습니다.

> 헷 족속 사람들이 아브라함에게 대답하였다. "어른께서는 우리가 하는 말을 들어보시기 바랍니다. 어른은, 하나님이 우리 가운데 세우신 지도자이십니다. 우리의 묘지에서 가장 좋은 곳을 골라서 고인을 모시기 바랍니다. 어른께서 고인의 묘지로 쓰시겠다고 하면, 우리 가운데서 그것이 자기의 묘 자리라고 해서 거절할 사람은 없습니다." 창세기 23: 5-6

그곳 사람들은 아브라함에게 선택의 자유를 최대한 주고 있습니다. "하나님이 세우신 지도자"라는 그에 대한 칭송과 더불어 "가장 좋은 곳을 골라"라고 하면서 최선을 제안하고 있으며, "그것이 혹시 자기 묘 자리"라고 해도 아무도 거절하지 않을 것이라고 말하고 있습니다. 사라를 위한 장지선택에서 이보다 완벽한 조건이 구비될 수는 없었습니다. 아브라함의 위상은 견고했고, 그에 대한 토착주민들의 존경심은 자기들의 소유를 희생하는 것도 거리낄 바가 없는 수준이었습니다.

이럴 경우 아브라함이 어떠한 태도를 가지고 결정하는가는 매우 중요합니다. 자신이 누리는 존경과 권위를 내세워 "그럼, 그렇게 할까요?"라고 할 수도 있겠지요. 마다할 까닭이 없습니다. 그러나 아브라함은 끝까지 그 대가를 지불하는 방식을 택합니다. 아브라함은 이미 속으로 정해놓은 곳이 있었는데, 그곳은 에브론이라는 사람의 소유였습니다. 그러나 아브라함은 처음부터 꼭 짚어서 그 땅을 가질 수 있다면 좋겠다고 말하지 않았습니다. 사람들은 가장 좋은 곳을 고르라고 했고 선택된 땅의 주인도 아무 불만불평이 없을 것이라고 여론도 그에게 유리하게 된 상황에서 비로소 에브론의 땅에 마음이 있음을 밝힙니다. 불필요한 긴장이나 소모적인 적대관계가 생기지 않도록 한 것입니다.

아브라함은 이 대목에서 대단히 현명한 자세를 보입니다. 에브론이 아무런 값도 요구하지 않고 무상으로 내놓겠다고 하는데도 그는 "상인들 사이에서 통용되는 무게"로 은 사백 세겔을 달아 값을 치릅니다. 상인들 사이에 통용되는 무게란 어느 쪽도 손해보지 않는 합당한 계산 기준에 따랐다는 뜻이지요. 서로 속일 수 없는 방식입니다. 만에 하나 에브론이 여론 때문에 손해를 감수하고 땅을 내놓았을 수도 있을 텐데 그런 점까지 고려해서 아브라함은 문제가 될 여지를 일체 없도록 했습니다.

에브론이 아브라함에게 대답하였다. "······그 땅값을 친다면, 은 사백 세겔은 됩니다. 그러나 어른과 저 사이에 무슨 거래를 하겠습니까? 거기에다가 그냥 고인을 안장하시기 바랍니다." 아브라함은 에브론의 말을 따라서,

헷 사람들이 듣는 데서, 에브론이 밝힌 밭 값으로, 상인들 사이에서 통용되는 무게로 은 사백 세겔을 달아서, 에브론에게 주었다. 그래서 마므레 근처 막벨라에 있는 에브론의 밭, 곧 밭과 그 안에 있는 굴, 그리고 그 밭 경계 안에 있는 모든 나무가, 마을 법정에 있는 모든 헷 사람이 보는 앞에서 아브라함의 것이 되었다. 그렇게 하고 나서, 비로소, 아브라함은 자기 아내 사라를 가나안 땅 마므레 근처, 곧 헤브론에 있는 막벨라 밭 굴에 안장하였다. 이렇게 하여, 헷 사람들은 그 밭과 거기에 있는 굴 묘지를 아브라함의 소유로 넘겨주었다. 창세기 23: 14-20

에브론의 땅에 대해 아브라함은 정당한 대가를 지불했고, 모두가 증인이 되도록 하는 상황을 만들었으며 법적으로도 분명하게 마을 법정에서 일을 처리했습니다. 공개적으로 모든 일을 투명하게 해결했지요. 자기 위상에 대한 마을 사람들의 신뢰만 믿고 상대의 선의를 넙죽 받는 것이 아니라 최대한 분쟁의 씨앗이 생기지 않게 주도면밀하게 정리해냈습니다. 장래 분쟁이 생길 소지를 일찌감치 없애고, 자신을 특별대우를 받아도 되는 사람으로 만들지 않은 아브라함의 처신이 주목됩니다. 그는 자손 대대로 이어질 훗날까지도 유념했던 것입니다.

이삭의 배필 구하기

그러고 나서 우리는 아브라함이 이삭의 배필 구하는 일을 자신의 늙은 종에게 맡기는 장면과 만납니다. 사라의 죽음과 함께 이제 말년에 이른 그의 시대가 막을 내리고 이삭의 시대가 시작되고 있다고 할 수 있지요. 나이 마흔이 된 이삭의 배우자를 구하기 위해 아브라함은 자신의 종을 고향 땅에 보냅니다. 그 종은 자기 집의 모든 소유를 관장하는 사람이었습니다. 아브라함과 오랜 세월 희로애락을 함께해온 만큼 우정과 신뢰가 돈독한 사이가 아니었을까 하는 생각이 듭니다.

아브라함은 이제 나이가 많은 노인이 되었다. 주께서는, 아브라함이 하는 일마다, 복을 주셨다. 아브라함이 자기 집 모든 소유를 맡아 보는 늙은 종에게 말하였다. "너의 손을 나의 다리 사이에 넣어라. 나는 네가, 하늘의 하나님, 땅의 하나님이신 주를 두고서 맹세하기를 바란다. 너는 나의 아들의 아내가 될 여인을, 내가 살고 있는 이곳 가나안 사람의 딸들에게서 찾지 말고, 나의 고향, 나의 친척이 사는 곳으로 가서, 거기에서 나의 아들 이삭의 아내 될 사람을 찾겠다고 나에게 맹세하여라." 창세기 24: 1-4

자신이 믿고 의지하는 종에게 부탁하는 것과 그것의 내용은 일단 그렇다고 하더라도, 그 방식이 아주 묘합니다. 자신의 사타구니에 손을 넣어 맹세하게 했는데, 오늘날의 관점에서 보자면 상상할 수도 없고 그렇게 할 리도 없는 특별한 의식이라고 할 수 있습니다. 남들에게는 결코 드러내지 않는 자신의 가장 중요한 부분에 손을 대고 서약케 한 셈인데 그것은 그 종에게 감출 것이 없다는 의미를 우선 갖게 하겠지요. 주인의 사타구니에 손을 넣는 종이 어디 있으며 그것을 허락하는 주인도 없을 것입니다. 그러나 아브라함은 자기의 은밀한 신체 부위에 손을 대게 함으로써 얼마나 그 종을 신뢰하는지를 확인시키고 있습니다. 또한 할례를 받은 그의 생명의 기력이 이삭의 배필을 통해 계승되기를 바라는 마음이 드러난 것이라고도 할 수 있습니다. 할례란 인간의 생명력이 신체적 능력이 아니라 하나님에게 있음을 일깨우는 징표라는 점을 상기하면, 이 의식은 단지 아브라함만이 아니라 그 생명력의 원천이신 하나님을 그 종이 마음에 두어야 함을 뜻하는 것이라 하겠습니다.

아브라함은 이 늙은 하인에게 이삭의 신붓감을 그가 정착해서 살고 있는 가나안에서 구하지 말고 자기가 떠나온 고향으로 가서 찾아오라고 합니다. 늙은 하인은, 그렇게 신붓감을 찾았다고 해도 오지 않겠다고 하면 어쩔 것이며, 그렇게 일이 되기보다는 이삭을 그리로 데려가서 신부 얼굴을 보이고 마음에 들면 데려오는 편이 낫지 않겠느냐고 질문을 던집니다. 이에 아브라함은 아들 이삭은 절대로 그리로 데리고 가지 말라고 강조합니다. 아브라함이 고향을 떠나왔을 때는 새로운 꿈과 뜻을 가지고 왔지요. 아들이 그곳에 갔다가 아름다운 여인을 만나 그대로 거기에 머물러 앉을 수도 있습니다. 그렇게 되면 아브라함의 미래에 대한 계획은 사라질 수 있기 때문이었겠지요.

그 종이 아브라함에게 물었다. "며느님이 되실 여인이 저를 따라오지 않겠다고 거절하면, 어떻게 해야 합니까? 제가 주인 어른의 아드님을 데리고, 주인께서 나오신 그 고향으로 가야 합니까?" 아브라함이 그에게 말하였다. "절대로 나의 아들을 그리로 데리고 가지 말아라. 주 하늘의 하나님이 나를 나의 아버지 집, 내가 태어난 땅에서 떠나게 하시고, 나에게 말씀하시며, 나에게 맹세하여 이르시기를 '내가 이 땅을 너의 씨에게 주겠다' 하셨다. 그러니 주께서 천사를 너의 앞에 보내셔서, 거기에서 내 아들의 아내 될 사람을 데려올 수 있도록 도와주실 것이다. 그 여인이 너를 따라오려고 하지 않으면, 너는 나에게 한 이 맹세에서 풀려난다. 다만, 나의 아들을 그리로 데리고 가지만은 말아라." 그래서 그 종은 손을 주인 아브라함의 다리 사이에 넣고, 이 일을 두고 그에게 맹세하였다. ^{창세기 24: 5-9}

아브라함의 관심은 철저하게 새롭게 정착한 땅에서의 미래입니다. 그의 후손이 고향땅으로 다시 돌아가 사는 것이 아니었습니다. 그런데도 지금 정착한 곳에서 이삭의 아내를 구하지 않고 고향에 가서 데리고 오라는 것은, 첫째 가나안 토착주민들의 생각이나 습성 또는 자세가 마음에 들지 않아 자신의 뜻을 이어갈 그릇이 되지 못한다고 여겼고, 둘째 자신이 살던 곳을 떠나 새로운 미지의 땅으로 가려는 꿈과 의지를 가진 여인이라면 이삭의 아내로 충분하다고 믿은 것입니다. 따라서 그 여인 자신의 주체적인 의지나 뜻이 중요합니다. 마음에 들면 어떻게 해서든 데리고 오라는 게 아니라 상대방의 의사를 존중하는 방식이었습니다.

하지만 실패할 수도 있으니 이에 대해서는 여지를 남깁니다. 그의 늙은 하인이 물색하는 데 성공한 여인이 오지 않겠다고 하면 이 맹세의 효력은 거기에서 끝난다는 것입니다. 이 두 사람의 대화를 보면 신붓감의 기준이나 구해오는 방법에 대해서는 일체 말이 없습니다. 아브라함의 친척들이 살고 있는 고향땅에서 찾아오라는 것 외에는 어떤 요구나 지침도 없고, 모든 것을 늙은 종에게 일임하고 있습니다. 아브라함이 부탁했던 것은 다음이 전부입니다. "이삭의 배우자를 나의 고향에 가서 구해와라. 내 아들은 그리로 데리고 가지 마라. 하늘이 도울 것이다. 만약에 그렇게 찾았다 해도 당사자가 오지 않겠다면 그때는 이 맹세에서 너는 자유다."

늙은 종 역시 아브라함에게 자신의 계획이나 기준에 대해 제안하거나

의논 아니면 보고하면서 승낙을 받거나 하지 않았습니다. "대강이라도 기준을 말씀해주시면 도움이 되겠습니다"라고도 하지 않았고, 아브라함은 그가 어떻게 해서 이삭의 배우자를 데리고 올지 아무것도 모르지만 굳이 묻거나 확인하려 들지도 않았습니다. 그 종의 믿음이나 자세에 대한 아브라함의 확고한 신뢰가 있음을 보게 되는 대목입니다. 다만 그 종에 대한 믿음만이 아니라 이 모든 일의 전체적인 방향과 결과를 섭리하시는 하나님에 대한 믿음이 기본 바탕이 되어 있음을 놓치지 말아야겠지만, 그래도 그것을 수행하는 자의 됨됨이도 중요합니다. 우리는 그런 존재의 지혜와 믿음을 여기에서 확인합니다.

신붓감의 조건

늙은 종은 주인의 낙타 가운데 열 마리를 데리고 길을 떠났습니다. 이삭의 배필을 구하기 위해서였으니 가장 좋은 낙타를 골랐을 것입니다. 낙타 열 마리의 행렬은 작은 규모가 아니고 또 그 등에는 많은 선물이 실려 있었습니다.

> 그 종은 주인의 낙타 가운데서 열 마리를 풀어서, 주인이 준 온갖 좋은 선물을 낙타에 싣고, 길을 떠나서, 아람나하라임을 거쳐서, 나홀이 사는 성에 이르렀다. 창세기 24: 10

마침내 목적지에 이르렀습니다. 오랜 여정이었으니 휴식이 필요했을 테고, 때는 저녁이 되려는 시간이었습니다.

그는 낙타를 성 바깥에 있는 우물 곁에서 쉬게 하였다. 해가 뉘엿뉘엿 지고 있었다. 여인들이 물을 길으러 나오는 때였다. 창세기 24: 11

한낮의 작열하는 태양을 피해 물을 긷기 위해 여인들이 나오는 즈음이라, 뜻한 바 있는 이삭의 배필을 찾기에는 안성맞춤의 상황이었을 것입니다. 이제 어떻게 해야 합니까? 그 가운데 가장 예쁜 여자를 점찍나요? 아니면 저 멀리 아브라함 가문에서 며느릿감을 구하러 왔으니 가고 싶은 사람 있으면 손을 들라고 하나요? 줄을 서라고 해서 한 명 한 명 심사합니까? 늙은 종은 이 순간 하나님에게 기도합니다. 징표 하나를 정해 그것이 이루어지면 하나님의 은혜대로 뜻이 이루어짐을 믿겠다고 말합니다.

그는 기도하였다. "주님, 나의 주인 아브라함을 보살펴주신 하나님, 오늘 일이 잘 되게 하여주십시오. 나의 주인 아브라함에게 은총을 베풀어주십시오. 제가 여기 우물 곁에 서 있다가, 마을 사람의 딸들이 물을 길으러 나오면, 제가 그 가운데서 한 소녀에게 '물동이를 기울여서, 물을 한 모금 마실 수 있게 하여 달라' 하겠습니다. 그때에 그 소녀가 '드십시오. 낙타들에게도 제가 물을 주겠습니다' 하고 말하면, 그가 바로 주께서 주의 종 이삭의 아내로 정하신 여인인 줄로 알겠습니다. 이것으로써, 주께서 저의 주인에게 은총을 베푸신 줄을 알겠습니다." 창세기 24: 12-14

이 내용은 기도하면서 한 번 나오고, 실제 상황이 벌어지면서 두 번째로 기록되어 있고, 그 다음 리브가의 가족들과 만나 상황을 설명하면서 또 한 번 나오게 됩니다. 얼마나 중요한 사건이었으면 이리도 길게, 세번에 걸쳐 증언되고 있겠습니까? 또한 얼마나 기쁘고 감격에 찼으면 거듭 이 사건을 말하겠습니까?

그렇다면 이 기도의 핵심은 무엇이었나요? 늙은 종은 물론 모든 일이 순조롭게 풀려가게 하고, 그 결과가 아브라함에게 은총이 되게 해달라고 하고 있습니다. 그러나 더욱 중요한 것은 신부를 구하는 일에 대한 기도입니다. 그 내용은 물 한 모금을 달라고 하면 자신에게도 물을 주고 우물 곁에 쉬고 있는 낙타 열 마리에게도 물을 주는 소녀입니다. 믿음으로 기도한 인연을 찾는 것이지요. 참으로 의미심장합니다. 이 기도는 나이나 외모, 경제조건이나 출신 등을 일체 묻고 있지 않습니다. 그보다 더 중요한 마음을 보는 겁니다. 그것은 우물가에서 여자가 어떻게 행동하느냐에 달린 문제였습니다. 지나가는 나그네에게 물을 주고, 낙타에게 물을 주는 것이 뭐 그리 대단하다고 그것으로 신붓감의 기준을 삼았을까요?

생명을 아끼는 소녀

우물은 그 마을 공동체 전체의 생명력의 중심이고 근원입니다. 물이 부족한 고대 중근동 지역에서 우물은 생명의 젖줄과 다를 바 없었고, 그것 때문에 무수한 분쟁이 일어났습니다. 이 소녀가 우물가에서 어떻게 행동하는가는 단지 한 개인의 품성 문제가 아니라 마을 공동체의 삶과 생명을 어떻게 대하느냐가 고스란히 드러나는 일이지요. 종은 늙은 사람이었고 먼 길을 오느라 먼지투성이에 지친 행색이었을 테니, 그런 그가 물 한 모금을 달라고 하면 그 청을 거절할 사람은 많지 않았을 것입니다. 그런데 이 늙은 하인이 주목한 소녀는 좀 다릅니다. 흥미롭게도 그가 기도를 채 마치기도 전에 주인공이 등장합니다.

> 기도를 미처 마치기도 전에, 리브가가 물동이를 어깨에 메고 나왔다. 그의
> 아버지는 브두엘이고, 할머니는 밀가이다. 밀가는 아브라함의 동생 나홀의
> 아내로서, 아브라함에게는 제수뻘이 되는 사람이다. 창세기 24: 15

이렇게 등장하는 리브가는 나중에 알게 되지만, 이삭과는 삼촌과 조카
사이입니다. 좀 정리해보자면, 리브가의 아버지는 브두엘이고 그 브두엘
의 아버지는 나홀, 어머니는 밀가입니다. 나홀과 밀가는 리브가의 할아
버지와 할머니이고, 나홀은 아브라함의 형제이니 리브가는 아브라함에
게는 손녀뻘이며 아브라함의 아들 이삭에게는 조카뻘입니다. 이러한 사
정은 이전에 이미 아브라함이 들어 알고 있던 바이기도 했습니다.

> 아브라함은 밀가가 자식들을 낳았다는 말을 들었다. 밀가와 아브라함의
> 동생 나홀 사이에서 아들들이 태어났는데, 맏아들은 우스이고, 그 아래로
> ……브두엘과 같은 동생들이 태어났다. 브두엘은 리브가의 아버지이다. 이
> 여덟 형제는 아브라함의 동생 나홀과 그 아내 밀가 사이에서 태어났다. 창세기
> 22: 20-23

이 시점에는 아직 이러한 가족 간의 인연은 아브라함의 늙은 종이나
당사자인 리브가 모두 몰랐던 상태입니다. 그런 와중에 창세기 본문은
인연의 오묘함에 대한 놀라움을 예고하지요. 이제 리브가가 자신이 누구
인지 드러내는 사건이 일어납니다.

그 소녀는 매우 아리땁고, 지금까지 어떤 남자도 가까이하지 아니한 처녀였다. 그 소녀가 우물로 내려가서, 물동이에 물을 채워가지고 올라올 때에, 그 종이 달려나가서, 그 소녀를 마주보고 말하였다. "이 물동이에 든 물을 좀 마시게 해주시오." 그렇게 하니, 리브가가 "할아버지, 드십시오" 하면서, 급히 물동이를 내려, 손에 받쳐 들고서, 그 노인에게 마시게 하였다. 소녀는 이렇게 물을 마시게 하고 나서 "제가 물을 더 길어다가, 낙타들에게도, 실컷 마시게 하겠습니다" 하고 말하면서, 물동이에 남은 물을 곧 구유에 붓고, 다시 우물로 달려가서, 더 많은 물을 길어 왔다. 그 처녀는, 노인이 끌고 온 모든 낙타들에게 먹일 수 있을 만큼, 물을 넉넉히 길어다 주었다. 창세기 24: 16-20

늙은 종이 달려가 물 한 모금을 청하자 그 소녀는 물동이를 신속하게 내려 손에 받쳐 들고는 충분히 마시게 합니다. 그러고는 남은 물을 구유에 쏟아 붓고 물을 더 길어 와서 낙타들이 실컷 마시게 하겠다고 합니다. 열 마리 모두에게 넉넉히 마시게 했습니다. 그 정도의 양이었으니 물을 길어오는 일이 수고스러웠을 것입니다. 늙은 하인이 낙타도 지쳐 있으니 그 또한 물을 먹게 해달라고 먼저 부탁한 것이 아닙니다. 소녀가 알아서 낙타에게도 물을 먹이겠다고 했지요. 이 자발적인 마음이 중요합니다.

또 하나 유의해봐야 할 점은 이 하인이 우물가에 있다가 물을 막 긷는 순간에 물을 달라고 한 것이 아닙니다. 애를 써서 물동이에 물을 다 채워서 올라오고 있는데 달라고 했지요. 우물 곁에 서서 두레박으로 물을 길어달라고 한 것이 아니라 "이 물동이에 든 물을 좀 마시게 해주시오"라고 말하고 있지 않습니까? 기껏 길어서 집에 가려는데 웬 낯선 노인이 길을 가로막고 서서 물을 달라고 한 겁니다. 그러면 다시 내려가 그만큼

물을 물동이에 채워놓아야 할 것 아닙니까? 자기는 이미 물을 길어서 가는 중이니 다른 사람에게 부탁하라고 할 수도 있고 물 한 모금 정도야 직접 떠먹으라고 할 수도 있습니다. 아니면 자기가 지고 가던 물동이를 내려놓고 상대가 알아서 마시게 할 수도 있겠지요. 그런데 이 소녀는 한순간도 머뭇거리지 않고 물동이를 손수 받쳐 들어 마시게 하는 친절과 정성을 베풉니다. 낙타들에게도 마찬가지였습니다.

소녀는 나그네의 곤고한 처지를 방관하지 않았습니다. 그의 목마름을 지나치지 않았고 말 못하는 동물들의 갈증도 배려할 줄 알았습니다. 늙은 하인이 어떤 사람을 이삭의 배필로 생각했는지 여기서 알 수 있습니다. 아브라함이 일구어온 공동체의 생명을 극진히 보살피고 낯선 이에게도 인심을 베풀 줄 아는 마음씨를 가진 존재가 아니겠습니까? 우물로 상징되는, 마을 공동체 전체가 누려야 할 생명의 기력을 깊이 보살피고 떠돌이의 사정도 보듬어나가는 성품을 가진 사람이, 사라의 자리를 대신하고 아브라함 이후 이삭의 미래를 감당할 주역이라고 믿었음을 짐작할 수 있습니다. 이 소녀는 상대방에게 무엇이 필요한가를 보고 거기에 직접, 그리고 신속하게 반응했습니다. 목이 마르면 물을 주고 배가 고프면 먹을 것을 주며 쉴 곳이 필요하면 거처를 마련해주는 것입니다. 이렇게 상대의 필요를 채워주는 그녀를 노인은 깊이 주시합니다. 나타난 징표와 하나님의 뜻이 서로 이어지는지를 그는 보았습니다.

그렇게 하는 동안에 노인은, 이번 여행길에서, 주께서 모든 일을 과연 잘되게 하여주시는 것인지를 알려고, 그 소녀를 말없이 지켜보고 있었다. 창세기 24:21

늙은 종은 이제 한 걸음 더 나아갑니다. 보답으로 금 코걸이와 금팔찌를 주며 상대의 가문을 확인하는데 소녀의 대답이 거침없습니다.

낙타들이 물 마시기를 그치니, 노인은, 반 세겔 나가는 금 코걸이 하나와 십 세겔 나가는 금팔찌 두 개를 소녀에게 주면서 물었다. "아가씨는 뉘 댁 따님이시오? 아버지 집에, 우리가 하룻밤 묵어갈 수 있는 방이 있겠소?" 소녀가 노인에게 대답하였다. "저의 아버지는 함자가 브두엘이고, 할머니는 함자가 밀가이고, 할아버지는 함자가 나홀입니다." 소녀는 말을 계속하였다. "우리 집에는, 겨와 여물도 넉넉하고, 하룻밤 묵고 가실 수 있는 방도 있습니다." 창세기 24: 22-25

소녀의 입장에서는 지나가는 낯선 노인과 그가 타고온 낙타에게 물을 준 일 정도로 귀한 선물을 받았으니 놀랍기도 하고 그 선물의 가치에 혹할 수도 있었을지 모르겠습니다. 그러나 애초에 그런 대가를 바라고 한 일이 아니라는 점에서 예상치 못했던 선물이라고 할 만합니다. 물론 그 동기에 대해 시비를 걸 수도 있습니다. 낙타에 실린 좋은 물건들을 보고 상대를 무시할 만하다고 생각하지는 않았을 테니까 말입니다. 그렇다고 해도 중요한 것은 이 늙은 종이 하나님을 믿고 기도한 내용대로 소녀가 행동했으니 이는 하늘의 뜻이라고 여길 법했고, 직접 물을 얻어 마시면서 소녀의 태도에서 느낀 바가 나름대로 있지 않았을까요. 아브라함이 아끼는, 믿음이 깊고 연륜 있는 종이 적어도 물질에 혹해서 친절을 베푸는 수준의 여자를 주인 아들의 배필로 삼을 사람은 아니지 않았을까요.

소녀의 대답을 듣고 이 늙은 하인은 놀랍니다. 아브라함의 가계와 직접 인연이 닿은 것입니다. 고대 사회에서 낯선 이에게 자신이 누구인지 이렇게 당차게 밝히는 소녀가 있다는 것은 드문 일입니다. 뿐만 아니라 하룻밤 묵어갈 수 있느냐는 이야기에 "걱정하지 마세요. 우리 집에는 가축이 먹을 사료도 많고 사람들이 묵을 방도 있으니 와서 지내세요"라고 합니다. 마음도 넉넉하고 성격도 활발한데다가 상대방의 필요를 그 당장에 해결하려는 의지와 자세를 가지고 있으니 마음에 쏙 들지 않을 수가 없었을 것입니다. 그에 더하여 아브라함의 가문에 속하는 사람이 아닙니까? 더할 나위가 없습니다.

이 소녀는 나중에 에서와 야곱 쌍둥이 형제의 어머니가 되고 야곱의 운명에 결정적인 역할을 하기도 하는데, 이 우물 현장에서나 훗날이나 꽤 대단한 개성과 힘을 가졌음을 알 수 있습니다. 히브리 공동체가 가지고 있는 여성상, 또는 어머니상의 한 가닥이라는 점을 생각해보면 주목되는 대목입니다.

혼삿길에 오르는 리브가

늙은 하인과 낙타에게 물을 마시게 하자 리브가는 코걸이와 팔찌를 선물로 받게 되었다고 했는데, 그것은 그녀가 이제 그저 나그네에게 물을 준 한 이름 없는 소녀가 아니라 귀한 대접을 받는 존재로 가치가 격상했음을 의미합니다. 처음 보는 나그네와 물 긷는 소녀가 아니라, 특별한 인연으로 관계가 변합니다. 평생의 반려자인 이삭과의 인연이 주어졌으니 말입니다. 사랑의 시작이 이렇게 아무도 예견하지 못하는 지점에서 이루어집니다. 하나님의 섭리와 뜻이 아브라함과 그 늙은 종의 기도와 만나

기적 같은 일을 하나하나 현실로 만들어가고 있었습니다. 리브가의 집에 가게 된 노인은 극진한 대접을 받고 모든 이야기를 풀어놓습니다. 그랬더니, 이 얘기를 듣고 있던 리브가의 오빠 라반과 아버지 브두엘이 "이것은 하나님이 하신 일입니다"라고 말하며 모든 것을 받아들입니다. 노인의 말에 설득력과 믿음이 있었던 것입니다.

소녀가 달려가서, 어머니 집 식구들에게 이 일을 알렸다. 리브가에게는 라반이라고 하는 오라버니가 있는데, 그가 우물가에 있는 그 노인에게 급히 달려왔다.…… "어서 들어가시지요. 할아버지는 주께서 주시는 복을 받으신 분이십니다. 어찌하여 여기 바깥에 서 계십니까? 방이 준비되어 있고, 낙타를 둘 곳도 마련되어 있습니다." 노인은 그 집으로 들어갔다. 라반은 낙타의 짐을 부리고, 낙타에게 겨와 여물을 주고, 노인과 그의 동행자들에게 발 씻을 물을 주었다. 그런 다음에, 노인에게 밥상을 차려 드렸다. 그런데 노인이 말하였다. "제가 드려야 할 말씀을 드리기 전에는, 밥상을 받을 수 없습니다." 라반이 대답하였다. "말씀하시지요."

노인이 말하였다. "저는 아브라함 어른의 종입니다…… 일이 이쯤 된 것을 보고, 저는 머리를 숙여서 주님께 경배하고, 제 주인 아브라함을 보살펴 주신 주 하나님을 찬양하였습니다. 주님은 저를 바른 길로 인도하셔서, 주인 동생의 딸을 주인 아들의 신붓감으로 만날 수 있게 하여주셨습니다. 이제, 어른께서 저의 주인에게 인자하심과 진실하심을 보여주시려거든, 저에게 그렇게 하겠다고 말씀을 해주시고, 그렇게 하지 못하시겠거든, 못하겠다고 말씀을 해주시기 바랍니다. 그렇게 하셔야, 저도 어떻게 결정을 내려야 할지를 생각해볼 수 있을 것입니다."

라반과 브두엘이 대답하였다. "이 일은 주님이 하시는 일입니다……여기에 리브가가 있으니, 데리고 가서, 주님이 지시하신 대로, 주인 아들의 아내로 삼으십시오." 아브라함의 종은, 그들이 하는 말을 듣고서, 땅에 엎드려, 주께 경배하고, 금은 패물과 옷가지들을 꺼내서, 리브가에게 주었다. 그는 또 값나가는 선물을 리브가의 오라버니와 어머니에게도 주었다.창세기 24: 28-53

혼사는 성립되었고 예물도 건넸습니다. 다음날 곧바로 떠나려 하자 리브가의 오빠와 어머니가 만류합니다. 좀더 머물다가 가라고 합니다. 딸을 먼 곳으로 시집보내는 집안에서 당연지사입니다. 언제 또다시 볼지 알 수 없는데 그렇게 순식간에 보내고 싶겠습니까? 그러자 당사자에게 묻자고 합니다.

종과 그 일행은 비로소 먹고 마시고, 그날 밤을 거기에서 묵었다. 다음날 아침에 모두 일어났을 때에, 아브라함의 종이 말하였다. "이제 주인에게로 돌아가겠습니다. 떠나게 해주십시오." 리브가의 오라버니와 어머니는 "저 애를 다만 며칠이라도, 적어도 열흘만이라도, 우리와 함께 더 있다가 떠나게 해주십시오" 하고 간청하였다.……그들이 말하였다. "아이를 불러다가, 물어 봅시다." 그들이 리브가를 불러다 놓고서, 물었다. "이 어른과 같이 가겠느냐?" 리브가가 대답하였다. "예, 가겠습니다."……리브가와 몸종들은 준비를 마치고, 낙타에 올라앉아서, 종의 뒤를 따라 나섰다. 그래서 아브라함의 종은 리브가를 데리고서, 길을 떠날 수 있었다. 창세기 24: 54-61

아브라함이 소망을 말했고 그의 종이 기도하며 이를 감당했지만, 이 모든 것을 스스로 주도하며 새로운 미래를 만들어나간 것은 어디까지나 리브가 자신이었습니다. 당연히 하나님이 열어놓으신 문이 있고 놓아주신 길이 있으나, 그 문을 직접 열고 길을 가는 일은 인간의 주체적인 의지와 결단에 달려 있습니다. 리브가는 자신의 인생을 스스로 선택하고 자기의 것으로 만들어갑니다.

성서가 여성들을 매우 순종적이고 수동적인 존재로 그리고 있는 것은 아닌가 생각이 들지만 사실은 그와 반대입니다. 성서는 여성들이 역사의 흐름을 바꾸어나가는 것을 매우 분명히 보여줍니다. 리브가는 상황을 어쩔 수 없이 받아들여 억지로 끌려가는 모습이 아니고 "가겠습니다"라고 분명히 말하고 있지 않습니까? 그런 여성들이 써온 역사의 정점에 예수님의 어머니 마리아가 있습니다. 삶을 스스로 주도해나가는 여성들의 담대한 모습은 성서를 읽을 때 인상적으로 다가옵니다. 미래의 축복은 그런 삶을 스스로 선택하는 자의 것입니다. 리브가는 상대를 한 번도 본 적이 없고, 단지 아는 것이라고는 이 늙은 하인의 증언뿐입니다. 리브가는 그 인연을 믿고 길을 나섭니다. 그것도 이 동네에서 저 동네로 시집가는 게 아니라 아브라함이 먼저 떠났던 그 긴 여정을 감당해야 하고 전혀 모르는 곳에서 낯선 사람과 한 가족이 돼서 살아가겠다는 결단입니다. 그로써 아브라함 이후의 역사는 새로운 장을 펼치게 됩니다.

믿음이 주는 용기가 하나님이 약속하신 미래를 자신의 것으로 만들어가는 힘임을 성서는 우리에게 일관되게 일깨우고 있습니다. 이것을 깨닫지 못하는 이는 본래 살던 모양 그대로 살다가 생을 마칠 것이요, 용기를 가지고 떠나는 이는 미래에 하나님의 뜻을 이루어내는 주역이 됩니다. 리브가는 용기 있게 새로운 발걸음을 결단한 존재의 표상입니다.

이삭과 리브가의 만남

이제 리브가와 이삭이 만나는 일만 남았습니다. 그 장면이 의미심장합니다. 이 늙은 하인이 주인 아브라함에게 요청을 받고 리브가를 신붓감으로 데리고 오는 것이니, 통상의 절차라면 리브가를 아브라함에게 먼저 데리고 가서 인사를 시키고, 수고한 하인에게 "저 정도면 합격이네, 이제 이삭을 데리고 오게나" 하는 식이었을 겁니다. 그런데 여기에는 아브라함의 개입이 전혀 없고, 이삭이 바로 등장했습니다. 중요한 것은 어디까지나 이삭과 리브가 두 당사자이기 때문이겠지요.

그때에 이삭은 이미 브엘라해로이에서 떠나서, 남쪽 네겝 지역에 가서 살고 있었다. 어느 날 저녁에 이삭이 산책을 하려고 들로 나갔다가, 고개를 들고 보니, 낙타 행렬이 한 떼 오고 있었다. 리브가는 고개를 들어서 이삭을 보고, 낙타에서 내려서 아브라함의 종에게 물었다. "저 들판에서 우리를 맞으러 오는 저 남자가 누굽니까?" 그 종이 대답하였다. "나의 주인입니다." 그러자 리브가는 너울을 꺼내서, 얼굴을 가렸다. 창세기 24: 62-65

리브가는 우연히 자기 쪽으로 걸어오고 있는 남자를 한눈에 보고 주시하고 있습니다. 사실 이삭은 저녁 산책을 나온 것이었지 리브가를 맞으러 나온 것은 아니었는데, 리브가의 눈에는 꼭 그렇게 보였던 모양입니다. 무언가 통했던 것일까요? 고개를 들고 이삭을 본 다음 그녀는 낙타에서 내립니다. 예를 갖추기 위한 준비를 합니다. 사실 이삭이 아니었다면 자칫 엉뚱한 행동이 될 뻔했습니다. 우연한 일인 듯 하지만 하나님의 섭리 안에서 두 사람의 만남은 한 치의 착오도 없습니다. 서로 상대를 전혀 알지 못한 상태에서 이 첫 만남은 두 사람의 눈에 불꽃이 이는 마주침이었습니다. 아니었다면 리브가가 사방이 점차 어두워지는 저녁 들판에서 그를 유심히 주목하고 낙타에서 내려 맞이할 준비를 할 까닭이 없습니다. 늙은 종만이 이 모든 사태의 진상을 알 뿐이었으나 그가 하나님께 그토록 간절히 기도하고 기다려왔던 순간이기도 했습니다. 그것은 놀랍게도 아무런 형식이나 절차도 없이 자연스럽게 이루어지고 있었습니다.

리브가는 "저 남자"라고 구체적으로 지칭하며 그가 누구인지 종에게 묻고 대답을 듣자 이내 너울을 쓰고 누가 보아도 분명한 신부 차림으로 예를 갖춥니다. 여기에서도 우리는 리브가가 일을 적극적으로 주도하고 있음을 봅니다. 운명에 그저 순응하는 것이 아니라 운명과 마주해서 자기의 삶으로 만들어가는 여인의 모습이 뚜렷하게 기록되어 있습니다. 리브가는 이렇게 해서 사랑을 스스로 얻습니다. 자초지종을 들은 이삭은 그녀를 아내로 맞이하고 사랑하며 큰 기쁨과 위로를 받게 됩니다.

그 종이 이제까지의 모든 일을 이삭에게 다 말하였다. 이삭은 리브가를 어머니 사라의 장막으로 데리고 들어가서, 그를 아내로 맞아들였다. 이렇게 해서, 리브가는 이삭의 아내가 되었으며, 이삭은 그를 사랑하였다. 이삭은 어머니를 여의고 나서, 위로를 받았다. 창세기 24: 66-67

어머니 사라가 세상을 떠난 이후 이삭은 이렇게 리브가를 만나 사랑하며 아브라함 이후의 미래를 새롭게 일구어나갑니다. 이제 리브가는 사라에 이어 히브리 공동체의 새로운 어머니가 되었습니다. 미지의 땅에 가서 얼굴도 모르던 남자를 만나는 용기와 이를 스스로 감당하는 믿음을 갖춘 그녀의 모습은 하나님이 준비해놓으신 인연의 줄을 굳게 붙잡은 존재의 축복을 뜻합니다. 그녀는 우물가에서부터 시작해서 자신에게 닥친 일들 하나하나가 결코 우연이 아니라고 생각했던 것이 아닐까 싶습니다. 그렇지 않다면 이런 선택은 참으로 어려웠을 것입니다.

사랑의 시가 그득 담긴 아가서에는 사랑하는 사람 둘이 들판에서 함께 걸어오는 모습을 이렇게 찬미하고 있습니다.

사랑하는 이에게 몸을 기대고, 벌판에서 이리로 오는 저 여인은 누구인가?아가서 8: 5

리브가는 아마 행복에 겨웠고, 이삭과 함께 열어갈 미래에 대한 꿈과 감격으로 가득 찼을 것입니다. 아무런 보장도 없고 막연하기만 했던 시작이었지만, 어느 날 들판에서 스치듯 마주하게 된 이삭과 리브가는 남편과 아내가 되었고 서로 사랑하며 일생을 함께합니다. 참으로 하나님의 섭리 안에서 우연은 없고, 아무도 짐작하지 못했던 준비된 미래가 있을 뿐입니다.

리브가는 아브라함의 소망이 이루어낸 결실이자 아들 이삭에 대한 선물이었습니다. 아브라함은 하나님의 약속을 믿었고, 늙은 하인은 하나님께 생명의 사람을 찾게 해달라는 기도를 드릴 줄 알았습니다. 리브가는 하나님의 뜻 안에서 마련된 운명을 스스로 선택하는 용기를 가졌고, 이삭은 하나님이 준비해두신 사랑을 한눈에 알아보았습니다. 어느 하나 빈틈이 없습니다. 인생은 알게 모르게 많은 사람들의 기도와 간구, 그리고 정성이 모아져 하나의 완성된 그림을 그려나갑니다. 합해서 선을 이루는 것입니다. 그런 가운데 언제나 가장 중요한 것은 눈에 보이지 않는 하나님의 뜻을 깊이 읽고 믿으며 용기 있게 따르는 일입니다. 생명도, 사랑도, 새로운 미래도 그렇게 해서 아름답게 만들어집니다. 이해타산이 아닌 믿음의 인연은 그래서 소중합니다. 믿음의 지혜가 날로 자라나서 귀한 인연을 엮어갈 수 있다면, 우리는 인생을 언제나 새롭게 시작할 수 있습니다.

23

1 사라는 백 년 하고도 스물일곱 해를 더 살았다. 이것이 그가 누린 햇수이다. 2 그는 가나안 땅 기럇아르바 곧 헤브론에서 눈을 감았다. 아브라함은 빈소에 들어가서, 사라를 생각하면서, 곡을 하며 울었. 3 아브라함은 죽은 아내 옆에서 물러 나와서, 헷 사람에게로 가서 말하였다. 4 "나는 여러분 가운데서 나그네로, 떠돌이로 살고 있습니다. 죽은 나의 아내를 묻으려고 하는데, 무덤으로 쓸 땅을 여러분들에게서 좀 살 수 있게 해주시기를 바랍니다." 5 헷 족속 사람들이 아브라함에게 대답하였다. 6 "어른께서는 우리가 하는 말을 들어 보시기 바랍니다. 어른은, 하나님이 우리 가운데 세우신 지도자이십니다. 우리의 묘지에서 가장 좋은 곳을 골라서 고인을 모시기 바랍니다. 어른께서 고인의 묘지로 쓰시겠다고 하면, 우리 가운데서 그것이 자기의 묘 자리라고 해서 거절할 사람은 없습니다." 7 아브라함이 일어나서, 그 땅 사람들, 곧 헷 사람들에게 큰 절을 하고, 8 그들에게 말하였다. "여러분이, 내가 나의 아내를 이곳에다 묻을 수 있게 해주시려면, 나의 청을 들어 주시고, 나를 대신해서, 소할의 아들 에브론에게 말을 전해 주시기 바랍니다. 9 그가 자기의 밭머리에 가지고 있는 막벨라 굴을 나에게 팔도록, 주선하여주시기

바랍니다. 값은 넉넉하게 쳐서 드릴 터이니, 내가 그 굴을 사서, 여러분 앞에서 그것을 우리 묘지로 삼도록 해주시기 바랍니다."

10 헷 사람 에브론이 마침 헷 사람들 틈에 앉아 있다가, 이 말을 듣고, 성문 위에 마을 회관에 앉아 있는 모든 헷 사람들이 듣는 데서 아브라함에게 대답하였다. 11 "그러실 필요가 없습니다. 제가 드리는 말씀을 들어보시기 바랍니다. 제가 그 밭을 드리겠습니다. 거기에 있는 굴도 드리겠습니다. 나의 백성이 보는 앞에서, 제가 그것을 드리겠습니다. 거기에다가 고인을 안장하시기 바랍니다."

12 아브라함이 다시 한 번 그 땅 사람들에게 큰 절을 하고, 13 그들이 듣는 데서 에브론에게 말하였다. "좋게 여기신다면, 나의 말을 들으시기 바랍니다. 그 밭값을 드리겠습니다. 저에게서 그 값을 받으셔야만, 내가 나의 아내를 거기에 묻을 수 있습니다."

14 에브론이 아브라함에게 대답하였다. 15 "저의 말을 들어보시기 바랍니다. 그 땅값을 친다면, 은 사백 세겔은 됩니다. 그러나 어른과 저 사이에 무슨 거래를 하겠습니까? 거기에다가 그냥 고인을 안장하시기 바랍니다."

16 아브라함은 에브론의 말을 따라서, 헷 사람들이 듣는 데서, 에브론이 밝힌 밭값으로, 상인들 사이에서 통용되는 무게로 은 사백 세겔을 달아서, 에브론에게 주었다. 17 그래서 마므레

근처 막벨라에 있는 에브론의 밭, 곧 밭과 그 안에 있는 굴, 그리고 그 밭 경계 안에 있는 모든 나무가, ¹⁸ 마을 법정에 있는 모든 헷 사람이 보는 앞에서 아브라함의 것이 되었다. ¹⁹ 그렇게 하고 나서, 비로소, 아브라함은 자기 아내 사라를 가나안 땅 마므레 근처, 곧 헤브론에 있는 막벨라 밭 굴에 안장하였다. ²⁰ 이렇게 하여, 헷 사람들은 그 밭과 거기에 있는 굴 묘지를 아브라함의 소유로 넘겨주었다.

24 ¹ 아브라함은 이제 나이가 많은 노인이 되었다. 주께서는, 아브라함이 하는 일마다, 복을 주셨다.

² 아브라함이 자기 집 모든 소유를 맡아 보는 늙은 종에게 말하였다. "너의 손을 나의 다리 사이에 넣어라. ³ 나는 네가, 하늘의 하나님, 땅의 하나님이신 주를 두고서 맹세하기를 바란다. 너는 나의 아들의 아내가 될 여인을, 내가 살고 있는 이곳 가나안 사람의 딸들에게서 찾지 말고, ⁴ 나의 고향, 나의 친척이 사는 곳으로 가서, 거기에서 나의 아들 이삭의 아내 될 사람을 찾겠다고 나에게 맹세하여라." ⁵ 그 종이 아브라함에게 물었다. "며느님이 되실 여인이 저를 따라오지 않겠다고 거절하면, 어떻게 해야 합니까? 제가 주인 어른의 아드님을 데리고, 주인께서 나오신 그 고향으로 가야 합니까?" ⁶ 아브라함이 그에게

말하였다. "절대로 나의 아들을 그리로 데리고 가지 말아라. ⁷ 주 하늘의 하나님이 나를 나의 아버지 집, 내가 태어난 땅에서 떠나게 하시고, 나에게 말씀하시며, 나에게 맹세하여 이르시기를 '내가 이 땅을 너의 씨에게 주겠다' 하셨다. 그러니 주께서 천사를 너의 앞에 보내셔서, 거기에서 내 아들의 아내 될 사람을 데려올 수 있도록 도와주실 것이다. ⁸ 그 여인이 너를 따라오려고 하지 않으면, 너는 나에게 한 이 맹세에서 풀려난다. 다만, 나의 아들을 그리로 데리고 가지만은 말아라." ⁹ 그래서 그 종은 손을 주인 아브라함의 다리 사이에 넣고, 이 일을 두고 그에게 맹세하였다.

¹⁰ 그 종은 주인의 낙타 가운데서 열 마리를 풀어서, 주인이 준 온갖 좋은 선물을 낙타에 싣고, 길을 떠나서, 아람나하라임을 거쳐서, 나홀이 사는 성에 이르렀다.

¹¹ 그는 낙타를 성 바깥에 있는 우물 곁에서 쉬게 하였다. 해가 뉘엿뉘엿 지고 있었다. 여인들이 물을 길으러 나오는 때였다.

¹² 그는 기도하였다. "주님, 나의 주인 아브라함을 보살펴주신 하나님, 오늘 일이 잘 되게 하여주십시오. 나의 주인 아브라함에게 은총을 베풀어주십시오. ¹³ 제가 여기 우물 곁에 서 있다가, 마을 사람의 딸들이 물을 길으러 나오면, ¹⁴ 제가 그 가운데서 한 소녀에게

'물동이를 기울여서, 물을 한 모금 마실
수 있게 하여 달라' 하겠습니다. 그때에
그 소녀가 '드십시오. 낙타들에게도 제가
물을 주겠습니다' 하고 말하면, 그가 바로
주께서 주의 종 이삭의 아내로 정하신
여인인 줄로 알겠습니다. 이것으로써,
주께서 저의 주인에게 은총을
베푸신 줄을 알겠습니다."
¹⁵ 기도를 미처 마치기도 전에, 리브가가
물동이를 어깨에 메고 나왔다.
그의 아버지는 브두엘이고, 할머니는
밀가이다. 밀가는 아브라함의 동생
나홀의 아내로서, 아브라함에게는
제수뻘이 되는 사람이다. ¹⁶ 그 소녀는
매우 아리땁고, 지금까지 어떤 남자도
가까이하지 아니한 처녀였다. 그 소녀가
우물로 내려가서, 물동이에 물을
채워가지고 올라올 때에,
¹⁷ 그 종이 달려가서, 그 소녀를 마주
보고 말하였다. "이 물동이에 든 물을 좀
마시게 해주시오." ¹⁸ 그렇게 하니,
리브가가 "할아버지, 드십시오" 하면서,
급히 물동이를 내려, 손에 받쳐 들고서,
그 노인에게 마시게 하였다. ¹⁹ 소녀는
이렇게 물을 마시게 하고 나서 "제가
물을 더 길어다가, 낙타들에게도,
실컷 마시게 하겠습니다" 하고 말하면서,
²⁰ 물동이에 남은 물을 곧 구유에 붓고,
다시 우물로 달려가서, 더 많은 물을 길어
왔다. 그 처녀는, 노인이 끌고 온 모든
낙타들에게 먹일 수 있을 만큼, 물을
넉넉히 길어다 주었다.

²¹ 그렇게 하는 동안에 노인은, 이번
여행길에서, 주께서 모든 일을 과연
잘 되게 하여주시는 것인지를 알려고,
그 소녀를 말없이 지켜보고 있었다.
²² 낙타들이 물 마시기를 그치니, 노인은,
반 세겔 나가는 금 코걸이가 하나와
십 세겔 나가는 금팔찌 두 개를 소녀에게
주면서 ²³ 물었다. "아가씨는 뉘 댁
따님이시오? 아버지 집에, 우리가 하룻밤
묵어갈 수 있는 방이 있겠소?"
²⁴ 소녀가 노인에게 대답하였다. "저의
아버지는 함자가 브두엘이고, 할머니는
함자가 밀가이고, 할아버지는 함자가
나홀입니다." ²⁵ 소녀는 말을 계속하였다.
"우리 집에는, 겨와 여물도 넉넉하고,
하룻밤 묵고 가실 수 있는 방도
있습니다."
²⁶ 일이 이쯤 되니, 아브라함의 종은
머리를 숙여서 주께 경배하고
²⁷ "나의 주인 아브라함을 보살펴주신
하나님, 주님을 찬양합니다. 나의
주인에게 주의 인자와 성실을 끊지
않으셨으며, 주께서 저의 길을
잘 인도하여주셔서, 나의 주인의 동생
집에 무사히 이르게 하셨습니다" 하고
찬양하였다.
²⁸ 소녀가 달려가서, 어머니 집
식구들에게 이 일을 알렸다.
²⁹ 리브가에게는 라반이라고 하는
오라버니가 있는데, 그가 우물가에 있는
그 노인에게 급히 달려왔다. ³⁰ 그는, 자기
동생이 코걸이와 팔찌를 하고 있는 것을

보고, 또 노인이 누이에게 한 말을 누이에게서 전해 듣고, 곧바로 달려 나와서, 우물가에 낙타와 함께 있는 노인을 만났다. 31 라반이 그에게 말하였다.

"어서 들어가시지요. 할아버지는 주께서 주시는 복을 받으신 분이십니다. 어찌하여 여기 바깥에 서 계십니까? 방이 준비되어 있고, 낙타를 둘 곳도 마련되어 있습니다."

32 노인은 그 집으로 들어갔다. 라반은 낙타의 짐을 부리고, 낙타에게 겨와 여물을 주고, 노인과 그의 동행자들에게 발 씻을 물을 주었다.

33 그런 다음에, 노인에게 밥상을 차려 드렸다. 그런데 노인이 말하였다. "제가 드려야 할 말씀을 드리기 전에는, 밥상을 받을 수 없습니다." 라반이 대답하였다. "말씀하시지요."

34 노인이 말하였다. "저는 아브라함 어른의 종입니다. 35 주께서 나의 주인에게 크게 복을 주셔서, 주인은 큰 부자가 되셨습니다. 주께서는 우리 주인에게 양 떼와 소 떼, 은과 금, 남종과 여종, 낙타와 나귀를 주셨습니다. 36 주인 마님 사라는 노년에 이르러서, 주인 어른과의 사이에서 아들을 낳으셨는데, 주인 어른께서는 모든 재산을 아드님께 주셨습니다. 37 주인 어른께서 저더러 말씀하시기를 '너는, 내 아들의 아내가 될 여인을, 내가 사는 가나안 땅에 있는 사람의 딸들에게서 찾지 말고, 38 나의 아버지 집, 나의 친족에게로 가서, 나의 며느리감을 찾아보겠다고, 나에게 맹세하여라' 하셨습니다. 39 그래서 제가 주인 어른에게 여쭙기를 '며느님이 될 규수가 저를 따라오지 않겠다고 하면, 어떻게 해야 합니까?' 하였습니다. 40 주인 어른은 '내가 섬기는 주께서 천사를 너와 함께 보내셔서, 너의 여행길에서 모든 일이 다 잘 되게 해주실 것이며, 네가 나의 아들의 아내 될 처녀를, 나의 친족, 나의 아버지 집에서 데리고 올 수 있게 도와주실 것이다. 41 네가 나의 친족에게 갔을 때에, 그들이 딸을 주기를 거절하면, 나에게 한 이 맹세에서 너는 풀려난다. 그렇다. 정말로 네가 나에게 한 이 맹세에서 네가 풀려난다' 하고 말씀하셨습니다. 42 제가 오늘 우물에 이르렀을 때에, 저는 이렇게 기도하였습니다. '주님, 나의 주인 아브라함을 보살펴주신 하나님, 주께서 원하시면, 제가 오늘 여기에 와서, 하는 일이 잘 이루어지게 하여주십시오. 43 제가 여기 우물 곁에 서 있다가, 처녀가 물을 길으러 오면, 그에게 항아리에 든 물을 좀 마시게 해달라고 말하고, 44 그 처녀가 저에게 마시라고 하면서, 물을 더 길어다가 낙타들에게도 마시게 하겠다고 말하면, 그가 바로 주께서 내 주인의 아들의 아내로 정하신 처녀로 알겠습니다' 하고 기도하였습니다. 45 그런데 제가 마음속에 기도를

다 마치기도 전에, 리브가가 물동이를
어깨에 메고 나왔습니다. 그는 우물로
내려가서, 물을 긷고 있었습니다. 그래서
제가 그에게 '마실 물을 좀 주시오'
하였더니, 46 물동이를 어깨에서 곧바로
내려놓고 '드십시오. 낙타들에게도 제가
물을 주겠습니다' 하고 말하였습니다.
그래서 제가 물을 마셨습니다. 따님께서는
낙타에게도 물을 주었습니다.
47 제가 따님에게 '뉘 댁 따님이시오?'
하고 물었더니, 따님께서는 '아버지는
함자가 브두엘이고, 할아버지는 함자가
나홀이고, 할머니는 함자가 밀가입니다'
하고 말하였습니다. 저는 따님의 코에는,
코걸이를 걸어주고, 팔에는 팔찌를
끼워 주었습니다.
48 일이 이쯤 된 것을 보고, 저는 머리를
숙여서 주님께 경배하고, 제 주인
아브라함을 보살펴주신 주 하나님을
찬양하였습니다. 주님은 저를 바른 길로
인도하셔서, 주인 동생의 딸을 주인
아들의 신붓감으로 만날 수 있게
하여주셨습니다. 49 이제, 어른께서 저의
주인에게 인자하심과 진실하심을 보여
주시려거든, 저에게 그렇게 하겠다고
말씀을 해주시고, 그렇게 하지
못하시겠거든, 못하겠다고 말씀을
해주시기 바랍니다. 그렇게 하셔야,
저도 어떻게 결정을 내려야 할지를
생각해볼 수 있을 것입니다."
50 라반과 브두엘이 대답하였다. "이 일은
주님이 하시는 일입니다. 우리로서는

좋다거나 나쁘다거나 말할 수가 없습니다.
51 여기에 리브가가 있으니, 데리고 가서,
주님이 지시하신 대로, 주인 아들의
아내로 삼으십시오."
52 아브라함의 종은, 그들이 하는 말을
듣고서, 땅에 엎드려, 주께 경배하고,
53 금은 패물과 옷가지들을 꺼내서,
리브가에게 주었다. 그는 또 값나가는
선물을 리브가의 오라버니와
어머니에게도 주었다.
54 종과 그 일행은 비로소 먹고 마시고,
그날 밤을 거기에서 묵었다. 다음날
아침에 모두 일어났을 때에, 아브라함의
종이 말하였다. "이제 주인에게로
돌아가겠습니다. 떠나게 해주십시오."
55 리브가의 오라버니와 어머니는
"저 애를 다만 며칠이라도, 적어도
열흘만이라도, 우리와 함께 더 있다가
떠나게 해주십시오" 하고 간청하였다.
56 그러나 아브라함의 종은 그들에게
이렇게 대답하였다. "저를 더 붙잡지 말아
주십시오. 주님께서 이미 저의 여행을
형통하게 하셨으니, 제가 여기에서
떠나서, 저의 주인에게로 갈 수 있게
해주시기 바랍니다." 57 그들이 말하였다.
"아이를 불러다가, 물어봅시다."
58 그들이 리브가를 불러다 놓고서,
물었다. "이 어른과 같이 가겠느냐?"
리브가가 대답하였다. "예, 가겠습니다."
59 그래서 그들은 누이 리브가와 그의
유모를 아브라함의 종과 일행에게 딸려
보내면서, 60 리브가에게 복을 빌어

주었다. "우리의 누이야, 너는 천만 인의
어머니가 되어라. 너의 씨가 원수의 성을
차지할 것이다."
61 리브가와 몸종들은 준비를 마치고,
낙타에 올라앉아서, 종의 뒤를 따라
나섰다. 그래서 아브라함의 종은
리브가를 데리고서, 길을 떠날 수 있었다.
62 그때에 이삭은 이미 브엘라해로이에서
떠나서, 남쪽 네겝 지역에 가서 살고
있었다. 63 어느 날 저녁에 이삭이 산책을
하려고 들로 나갔다가, 고개를 들고 보니,
낙타 행렬이 한 떼 오고 있었다.
64 리브가는 고개를 들어서 이삭을 보고,
낙타에서 내려서 65 아브라함의 종에게
물었다. "저 들판에서 우리를 맞으러
오는 저 남자가 누굽니까?" 그 종이
대답하였다.
"나의 주인입니다." 그러자 리브가는
너울을 꺼내서, 얼굴을 가렸다.
66 그 종이 이제까지의 모든 일을
이삭에게 다 말하였다. 67 이삭은
리브가를 어머니 사라의 장막으로 데리고
들어가서, 그를 아내로 맞아들였다.
이렇게 해서, 리브가는 이삭의 아내가
되었으며, 이삭은 그를 사랑하였다.
이삭은 어머니를 여의고 나서,
위로를 받았다.

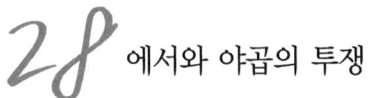

28 에서와 야곱의 투쟁

창세기 25장, 26장 34절-35절, 27장, 28장 1절-9절

안주하는 에서, 쟁취하는 야곱

계략을 써서 원하는 것을 얻었다고 생각하지만 사실은 놓치고 마는 일은 없을까요? 또 놓았다고 생각하지만 도리어 얻게 되는 길은 없을까요? 이것을 판단하는 것은 현실에서 쉽지 않겠지요. "기회는 바로 이때다" 라고 여기는 경우도 적지 않고, 결과는 그렇지 않을 수 있는데 여건이나 상황이 자신에게 유리하게 돌아가고 있다고 믿고 말기 때문입니다.

한 걸음 더 나아가, 하는 일에 진정으로 자신을 걸지 않으면 상황이 불리할 때에는 언제라도 빠져나갈 구실을 찾을 수 있습니다. 자신의 모든 것을 정직하게 걸고 현실을 대할 때 인간은 거기에서 운명을 풀어나가는 길을 발견하게 됩니다. 그것은 하늘이 여는 길입니다. 하나님은 자신을 발견한 자리에서 만나게 되는 존재이기 때문입니다. 이제 살펴보게 될 야곱의 이야기는 이런 깨우침과 관련이 있습니다.

세월이 흘러서 이삭도 나이가 들어 늙고 이제 자식들에게 마지막 축복을 내리는 때가 왔습니다. 그런데 맏아들 에서에게 당연히 주어지리라고 여겼던 축복을 아우인 야곱이 가로채는 일이 벌어집니다. 이는 어머니 리브가가 배후에서 꾸민 음모이자 야곱 자신의 욕망이 초래한 일입니다. 결국 형제끼리 싸우는 골육상잔의 현실이 만들어질 판국이 되기도 합니다. 그 결과 야곱은 집을 떠나게 됩니다. 그는 원하는 전부를 손에 쥘 줄 알았지만 결국 모든 것을 놓고 나가게 되었습니다. 형 에서에 대한 야곱의 도전은 이렇게 패배로 판정난 것 같았습니다. 그러나 과연 그렇기만 한지 두고 볼 일입니다. 그것을 판단하기에 앞서 이 모든 일련의 사건을 한번 살펴보기로 합시다. 에서와 야곱, 이 두 아들은 어머니의 태 중에 있을 때부터 경쟁의 관계로 시작하고 있습니다.

그런데 리브가는 쌍둥이를 배었는데, 그 둘이 태 안에서 서로 싸웠다. 그래서 리브가는 "이렇게 괴로워서야, 내가 어떻게 견디겠는가?" 하면서, 이 일을 알아보려고 주께로 나아갔다. 주께서 그에게 대답하셨다. "두 민족이 너의 태 안에 들어 있다. 너의 태 안에서 두 백성이 나뉠 것이다. 한 백성이 다른 백성보다 강할 것이다. 형이 동생을 섬길 것이다." 창세기 25: 22-23

뱃속의 아이들이 서로 다투는 것을 느낀 어머니 리브가는 아우가 더욱 강한 기운을 타고 태어난다는 이야기를 듣게 됩니다. 이 계시에서 우리는 장자 계승의 당연한 원칙이 무너짐을 알게 됩니다. 먼저 기득권을 가졌다고 해서 자동적으로 모든 권리의 계승자가 되는 것이 아님을 일깨우고 있는 대목입니다. 성서는 기존의 현실에 순응하는 존재보다 '현실 타파적인 존재'에 더욱 주목합니다. 아브라함이 그랬으며 리브가와 훗날 야곱의 아들 요셉이 또한 그렇습니다. 주어진 상황을 그대로 받아들이면 서 살아가는 것이 아니라, 그 한계를 뛰어넘는 능력의 인간을 성서는 가 치 있는 존재로 그리고 있습니다. 그러나 무조건 그런 것은 아니며, 그 과정과 방식이 하나님의 뜻에 맞을 때 한해서입니다. 그에 대해 짚어보 기 전 야곱의 탄생 과정을 보면 그런 현실 타파적이고 쟁취적인 인간의 기질을 발견합니다.

달이 차서, 몸을 풀 때가 되었다. 태 안에는, 쌍둥이가 들어 있었다. 먼저 나온 아이는, 살결이 붉은데다가, 온몸이 털투성이어서, 이름을 에서라고 하 였다. 이어서 동생이 나오는데, 그의 손이 에서의 발뒤꿈치를 잡고 있어서, 이름을 야곱이라고 하였다 리브가가 이 쌍둥이를 낳았을 때에, 이삭의 나이 는 예순 살이었다. 창세기 25: 24-26

간발의 차이로 태어난 두 아들은 몸의 특징이나 성격이 판이합니다. 특히 야곱의 성격은 보통이 아닌 듯합니다. 자기가 먼저 나가겠다고 형 의 발뒤꿈치를 잡아당기는 아이입니다. 즉 자기에게 애초 주어진 운명의 질서를 거부하고 바꿀 수만 있다면 바꾸겠다는 의지이지요. 형 에서는 자신의 기득권에 안주하는 반면 야곱은 자신에게 불리한 현실을 어떻게 든 뛰어넘으려는 자로 비칩니다. 그런데 기이하게도 외면적으로만 보면 에서는 야성적이고 기갈이 세며, 야곱은 얌전하고 순종적입니다. 태어날 때를 보면 그 반대일 것 같은데 사는 모습은 좀 다르게 보입니다.

두 아이가 자라, 에서는 날쌘 사냥꾼이 되어서 들에서 살고, 야곱은 성격이 차분한 사람이 되어서, 주로 집에서 살았다. 이삭은 에서가 사냥해 온 고기에 맛을 들이더니 에서를 사랑하였고, 리브가는 야곱을 사랑하였다. 창세기 25: 27-28

에서는 들판에서 동물들을 사냥하는 거친 야생의 사나이이고, 야곱은 얌전히 집에서 지내는 사람처럼 보입니다. 두 아들에 대한 아버지와 어머니의 사랑도 각각 다릅니다. 아버지 이삭은 에서가 사냥해온 고기 맛에 빠져들고, 어머니 리브가는 집에서 늘 자신과 함께 지내는 야곱에게 더 정을 쏟고 있습니다. 부모의 편애가 자식들의 운명도 갈라놓을 수 있음을 예고합니다. 한편 리브가가 야곱에게 더 집착하는 까닭은 에서의 결혼 때문이기도 합니다.

에서는, 마흔 살이 되는 해에, 헷 사람 브에리의 딸 유딧과, 헷 사람 엘론의 딸 바스맛을 아내로 맞았다. 이 두 여자가 나중에 이삭과 리브가의 근심거리가 된다. 창세기 26: 34-35

이처럼 리브가는 내키지 않는 며느리들로 인해 마음고생을 하고, 밤낮밖으로만 쏘다니는 큰아들 에서보다는 자신과 이런저런 얘기를 나누는 야곱을 더욱 의지하게 되었나봅니다. 훗날 야곱을 에서의 분노로부터 지켜내기 위해 자신의 친정으로 보낼 때 남편 이삭에게 내세운 이유도 며느리들 문제였습니다.

"나는, 헷 사람의 딸들 때문에, 사는 게 아주 넌더리가 납니다. 야곱이 이 땅에 사는 사람들의 딸들, 곧 헷 사람의 딸들 가운데서 아내를 맞아들인다고 하면, 내가 살아 있다고는 하지만, 나에게 무슨 사는 재미가 있겠습니까?" 창세기 27: 46

그렇게 세월이 흐른 뒤의 일도 일이지만, 아직 젊었을 때에 에서와 야곱이 서로 어떤 차이가 있었는지도 보지요.

한 번은, 야곱이 죽을 끓이고 있는데, 에서가 허기진 채 들에서 돌아와서, 야곱에게 말하였다. "그 붉은 죽을 좀 빨리 먹자. 배가 고파 죽겠다." 에서가 '붉은' 죽을 먹고 싶어하였다고 해서, 에서를 에돔이라고도 한다. 야곱이 대답하였다. "형은 먼저, 형이 가진 맏아들의 권리를 나에게 파시오." 에서가 말하였다. "이것 봐라, 나는 지금 죽을 지경이다. 지금 나에게 맏아들의 권리가 뭐 그리 대단한 거냐?" 야곱이 말하였다. "나에게 맹세부터 하시오." 그러자 에서가 야곱에게 맏아들의 권리를 판다고 맹세하였다. 야곱이 빵과 팥죽 얼마를 에서에게 주니, 에서가 먹고 마시고, 일어나서 나갔다. 에서는 이와 같이, 맏아들의 권리를 가볍게 여겼다. 창세기 25: 29-34

팥죽 한 그릇에 장자의 권리를 팔다

야곱이 집에서 팥죽을 끓이고 있을 때 에서는 사냥에서 돌아옵니다. 허기진 상태였지요. 한편 야곱은 팥죽을 쑤고 있었습니다. 집 안에 팥죽 냄새가 분명 진동했을 텐데, 에서는 몹시 배가 고팠으므로 그 팥죽을 좀 먹자고 동생에게 말합니다. 그러자 야곱은 대뜸 "맏아들의 권리를 나에게 주면"이라고 조건을 답니다. 팥죽 값치고는 참으로 비쌉니다. 그런데 에서의 행동이 더 놀랍습니다. 당장의 배고픔으로 맏아들의 권리가 무슨 대수인 양 여기고 그러마 맹세까지 합니다.

맏아들이라는 기득권에 안주해왔던 에서는 그 권리의 가치를 깊이 인식하지 못하고 '지금 당장의 현실'에 눈이 팔려 그 권리를 넘겨버리지요. 결국 그런 존재에게 아브라함으로부터 시작된 생명공동체의 미래를 감당하는 기회는 허락되지 않습니다. 맏아들의 권리에는 그 미래의 계승을 위해 어떤 어려움과 유혹이 있다 해도 굴하지 말고 자신을 지켜나가라는 요구까지 담겨 있습니다. 에서는 그런 문제의식이 보이지 않았습니다.

형의 배고픔을 이용해서 권리와 지위를 가로채려고 한 야곱도 문제가 있고, 그런 여지를 준 에서도 책임이 적다고 할 수 없습니다. 야곱은 야비했고, 에서는 어리석었습니다. 나중에 야곱이 형 에서로 위장하고 아버지의 축복을 가로채자, 에서가 이 모든 일을 알고 난 뒤에 이렇게 말합니다.

에서가 말하였다. "그 녀석의 이름이 왜 야곱인지, 이제야 알 것 같습니다. 그 녀석이 이번까지 두 번이나 저를 속였습니다. 지난번에는 맏아들의 권리를 저에게서 빼앗았고, 이번에는 제가 받을 복까지 빼앗아갔습니다." 에서가 아버지에게 물었다. "저에게 주실 복을 하나도 남겨두지 않으셨습니까?" 창세기 27: 36

에서는 야곱이 자기를 두 번 속였다고 하는데, 이 말이 맞습니까? 아닙니다. 첫 번째는 맹세까지 하면서 팥죽 한 그릇에 맏아들의 권리를 바꾸기로 한 데에 동의했으며, 두 번째는 야곱이 에서가 아니라 아버지를 속인 것이지요. 에서의 상황 인식도 잘못되었습니다. 에서는 이 일로 아버지가 돌아가시면 야곱을 죽이겠다고 앙심을 품습니다. 사태가 이러하니 어머니 리브가도 가만히 보고만 있을 수 없었지요.

에서는 아버지에게서 받을 축복을 야곱에게 빼앗긴 것 때문에, 야곱에게 원한이 깊어갔다. 그는 혼자서 "아버지를 곡할 날이 머지않았으니, 그때가 되면, 동생 야곱을 죽이겠다" 하고 마음을 먹었다. 리브가는 맏아들 에서가 하고 다니는 말을 전해 듣고는, 작은 아들을 불러다 놓고서 말하였다. "너의 형 에서가 너를 죽여서, 한을 풀려고 한다. 그러니 나의 아들아, 내가 시키는 대로 하여라. 이제 곧 하란에 계시는 라반 외삼촌에게로 가거라. 네 형의 분노가 풀릴 때까지, 너는 얼마 동안 외삼촌 집에 머물러라. 네 형의 분노가 풀리고, 네가 형에게 한 일을 너의 형이 잊으면, 거기를 떠나서 돌아오라고, 전갈을 보내마. 내가 어찌 하루에 자식 둘을 다 잃겠느냐!" 창세기 27: 41-45

야곱은 목숨이 위태로워졌고 집을 나와 방랑자 신세가 되어야 했으며 낯선 곳에서 온갖 고생을 하게 됩니다. 형의 분노가 풀릴 때까지 하란에 가 있으면 기별하겠다고 한 어머니의 말은 기약 없는 이야기가 됩니다. 리브가가 "얼마 동안"이라고 했으니 잠시 나갔다 오면 모든 일이 평안해질 줄 알았지만, 야곱이 하란에서 보내는 세월은 결코 짧지 않았습니다. 사실 일이 이렇게 되도록 한 가장 큰 책임은 리브가에게 있습니다. 야곱이 형 에서의 축복을 가로채는 과정 전체를 꾸민 장본인이 그녀였기 때문입니다. 이 지경이 되기까지 도대체 무슨 일이 벌어졌던 것일까요?

리브가의 계획

눈도 잘 보이지 않을 정도로 늙은 이삭이 어느 날, 에서에게 축복을 내리기 위한 식사를 마련하라고 하는 것을 리브가가 엿듣습니다. 엿들었다는 것은 어떤 중요한 일이 결정되어 자신이 사랑하는 야곱의 운명에도 영향을 끼칠 수 있다는 판단 때문이었음을 짐작할 수 있습니다.

이삭이 늙어서, 눈이 어두워 잘 볼 수 없게 된 어느 날, 맏아들 에서를 불렀다.…… "얘야, 보아라. 너의 아버지가 이제는 늙어서, 언제 죽을지 모르겠구나. 그러니 이제, 너는……사냥을 해다가, 내가 좋아하는 별미를 만들어서, 나에게 가져오너라. 내가 그것을 먹고, 죽기 전에 너에게 마음껏 축복하겠다." 이삭이 자기 아들 에서에게 이렇게 말하는 것을 리브가가 엿들었다. 창세기 27: 1-5

여기에서 우리는 세 가지 점에 주목하게 됩니다. 첫째는 이삭이 눈이 잘 보이지 않는다는 것, 둘째는 에서에게 축복하겠다는 유언을 한 것과 셋째는 이삭이 좋아하는 별미를 준비하라고 한 것입니다. 리브가는 이를 위기로 느끼고 대책을 세웁니다. 에서가 그 말을 듣고 들로 나간 사이에 리브가는 야곱에게 자신의 계획을 밝힙니다.

리브가는 아들 야곱에게 말하였다. "얘야, 나 좀 보자……그러니 얘야, 네 어머니가 하는 말을 잘 듣고, 시키는 대로 하여라. 염소가 있는 데로 가서, 어린 것으로 통통한 놈 두 마리만 나에게 끌고 오너라. 너의 아버지가 어떤 것을 좋아하시는지, 내가 잘 아니까, 아버지가 잡수실 별미를 만들어줄 터이니, 너는 그것을 아버지께 가져다 드려라. 그러면 아버지가 그것을 잡수시고서, 돌아가시기 전에 너에게 축복하여주실 것이다." 창세기 27: 6-10

리브가는 남편 이삭의 눈이 어둡다는 약점을 이용하여 야곱을 에서로 변장시키고, 이삭의 입맛이야 자신이 가장 잘 알고 있으니 직접 별미를 만들면 되고, 이 모든 계획 아래 이삭의 축복을 야곱이 받도록 하면 만사가 해결될 거라고 생각합니다. 그런데 이 이야기를 듣고 난 야곱은 적어도 "어머니, 그런 방법은 옳지 않습니다. 눈먼 아버지를 속이고 형이 들에 나간 틈을 타 그의 권리를 몰래 가로채는 게 아니겠습니까?"라고 말해야 했지만 그러지 않았습니다. 오히려 한 술 더 떠서 그는 "그러다가 아버지한테 들통이 나면 어떻게 하겠는가"라고 묻고 있어요.

야곱이 어머니 리브가에게 말하였다. "형 에서는 털이 많은 사람이고, 나는 이렇게 피부가 매끈한 사람인데, 아버지께서 만져보시면, 어떻게 되겠습니까? 아버지를 속인 죄로, 축복은커녕 오히려 저주를 받을 것이 아닙니까?" 창세기 27: 11-12

야곱의 자기중심주의

어머니의 계획을 다 듣고 난 야곱은 그 의도나 목적에는 동의하지만 방법에 문제가 좀 있겠다고 여깁니다. 이것은 그 방법이 윤리적으로 옳은지 그른지를 따지는 것이 아니라, 전술적으로 실패할 가능성이 높다고 말하고 있는 거예요. 형은 털이 많고 자기는 피부가 매끈하니 아무리 아버지가 눈이 안 보이더라도 제대로 속일 수 있겠느냐고 반문합니다. 그렇게 하다가 정체가 탄로나면 괜히 자기만 곤란해지고 축복은커녕 저주를 받을지 모르는데 그걸 어떻게 감당하겠느냐고 의문을 제기합니다.

어머니는 단호하게 말합니다.

> 어머니가 아들에게 말하였다. "아들아, 저주는 이 어머니가 받으마. 내가 시키는 대로 하여라. 가서, 두 마리를 끌고 오너라." 창세기 27: 13

야곱은 여기서 또 "아니, 어머니가 저 대신 저주를 받으시다니요, 안 될 말씀이지요"라고 최소한 어머니를 걱정하는 말도 하지 않습니다. 이 두 사람의 대화는 이런 식입니다.

"어머니, 제가 그러다가 아버지한테 걸리면 어쩌지요?"

"내가 책임질 테니까, 걱정 말고 하라는 대로 해라."

"네, 알겠습니다."

야곱은 어머니야 어찌 되든 선택한 방법이 목적을 이루고 자기를 지켜 줄 수 있을지에만 관심이 가 있습니다. 방법만을 우선 생각할 뿐 지켜야 할 원칙에 대한 판단이 전혀 고려되고 있지 않아요. 그는 목적이 서면 수단과 방법은 가리지 않습니다. 이제 리브가가 어떻게 하는지 봅시다.

> 그가 가서, 두 마리를 붙잡아서, 어머니에게 끌고 오니, 그의 어머니가 그것으로 아버지의 입맛에 맞게 별미를 만들었다. 그런 다음에, 리브가는, 자기가 집에 잘 간직하여 둔 맏아들 에서의 옷 가운데 가장 좋은 것을 꺼내어,

작은 아들 야곱에게 입혔다. 리브가는 염소 새끼 가죽을 야곱의 매끈한 손과 목덜미에 둘러주고 나서, 자기가 마련한 별미와 빵을 아들 야곱에게 들려주었다. 창세기 27: 14–17

야곱이 끌고 온 어린 염소 두 마리가 이삭의 입맛에 맞는 별미가 됩니다. 리브가는 잘 간직하고 있던 에서의 옷 가운데 가장 좋은 것을 꺼내서 야곱에게 입히고 염소 가죽을 그의 목과 손목에 끼워서 털이 있는 것처럼 만듭니다. 에서가 몸에 털이 상당히 많았던 모양입니다. 어머니 리브가가 아들 야곱에게 철저히 위장술을 쓰도록 한 셈인데, 야곱이 한 일이라고는 어린 염소 두 마리를 끌고 온 것밖에 없었지요.

에서는 자신이 직접 나가서 사냥을 해오는 노동이라도 있었지만, 야곱은 어머니 리브가가 해주는 대로, 입혀주는 대로, 하라는 각본대로 움직이고 있습니다. 어머니의 음식 솜씨와 형 에서의 옷, 그리고 여기저기 붙인 염소 털가죽에만 의존합니다. 스스로 판단해서 행동하는 주체성이 전혀 보이지 않습니다. 단지 아버지의 눈이 어둡다는 사실에 기대고 있습니다. 오래 전에 형 에서의 배고픔을 이용해 팥죽 한 그릇으로 맏아들의 권리를 팔게 했던 것이나 이번 경우나 모두 상대의 약점이나 곤경을 이용하려는 것이었습니다. 이제 일의 성패를 결정하는 것은 야곱의 연기입니다. 그 연기란 자기 유익을 구하기 위해 남을 속이는 기술에 불과하지요.

야곱이 아버지에게 가서 "아버지!" 하고 불렀다. 그러자 이삭이 "나 여기 있다. 아들아, 너는 누구냐?" 하고 물었다. 야곱이 아버지에게 말하였다. "저는 아버지의 맏아들 에서입니다. 아버지께서 말씀하신 그대로 하였습니다.

이제 일어나 앉으셔서, 제가 사냥하여 온 고기를 잡수시고, 저에게 마음껏 축복하여주시기 바랍니다." 창세기 27: 18-19

이삭의 혼란

참으로 기묘합니다. 아버지가 아들에게 "아들아, 너는 누구냐?"라고 합니다. 눈이 보이지 않으니 금방 분별하기가 어려웠을 수도 있지만, 에서인지 야곱인지 아버지 이삭은 판단을 못하고 있습니다. 이삭의 인식능력에 다소 혼란스러운 순간이 생긴 것이지요. 이는 야곱에게 기회였습니다. 야곱은 자신이 에서이고 말씀하신 대로 사냥도 직접 해오고 음식도 차려왔다며 거짓말로 일관합니다. 그런데 이삭은 이토록 모든 상황이 빠르게 정리되었다는 점이 이해가 가지 않는 모양입니다.

이삭이 아들에게 물었다. "얘야, 어떻게 그렇게 빨리 사냥거리를 찾았느냐?" 야곱이 대답하였다. "아버지께서 섬기시는 주 하나님이, 일이 잘 되게 저를 도와주셨습니다." 창세기 27: 20

야곱은 다급한 처지였습니다. 리브가도 마찬가지입니다. 이 모든 상황이 성공하려면 에서가 오기 전에 일이 완료되어야 했습니다. 만약 에서가 중도에 들어오기라도 한다면 계획은 수포로 돌아가니까요. 어떻게든지 최대한 빨리 일이 끝나야 되는데 그러려면 무척 서둘러야 했겠지요. 그런데 그것이 도리어 의심을 살 수도 있습니다. 아니나 다를까 아버지가 미심쩍어합니다. 하지만 야곱은 두려움에 가슴을 졸이는 것이 아니라 더욱 뻔뻔해집니다. 그는 "하나님 덕분이지요"라고 합니다. 이삭은 생각보다 빨리 사냥이 끝난 것이 이해가 가지 않았지요. 시간에 대한 의문은 하나님의 은혜로 해결되었다고 쳐도, 여전히 이상하다는 생각이 듭니다.

이삭이 야곱에게 말하였다. "애야, 내가 너를 좀 만져볼 수 있게, 이리 가까이 오너라. 네가 정말로 나의 아들 에서인지, 좀 알아보아야겠다." 야곱이 아버지 이삭에게 가까이 가니, 이삭이 아들을 만져보고서, 중얼거렸다. "목소리는 야곱의 목소리인데, 손은 에서의 손이로구나." 창세기 27: 21-22

그래서 이삭은 아들의 몸과 목소리가 일치하는지 확인합니다. 그런데 몸과 목소리가 서로 맞지 않았습니다. 혼란스러울 수밖에 없었습니다. 이제 이삭은 자신의 귀와 자신의 손 가운데 어느 쪽을 믿어야 하는지 결정해야 합니다.

이삭은, 야곱의 두 손이 저의 형 에서의 손처럼 털이 나 있으므로, 그가 야곱인 줄을 모르고, 그에게 축복하여주기로 하였다. 창세기 27: 23

결국 이삭은 목소리보다는 그 몸의 털을 더 신뢰합니다. 그러나 아직도 의심이 든 그는 "네가 정말 나의 아들 에서냐?"라고 재차 묻고 야곱이 그렇다고 하자 그제야 음식을 먹습니다. 그리고 나서도 뭔가 석연치 않았던지 마지막 점검을 하지요.

그의 아버지 이삭이 그에게 말하였다. "나의 아들아, 이리 와서, 나에게 입을 맞추어 다오." 야곱이 가까이 가서, 그에게 입을 맞추었다. 이삭이 야곱의 옷에서 나는 냄새를 맡고서, 그에게 복을 빌어주었다. "나의 아들에게서 나는 냄새는 주께 복 받은 밭의 냄새로구나……너를 축복하는 사람마다 복을 받을 것이다." 창세기 27: 27-29

이삭은 확인의 마지막 과정으로 후각을 동원합니다. 리브가의 치밀함이 성공을 거두었습니다. 즉 야곱에게 에서의 옷을 입혀놓았기 때문에 이삭의 후각을 흐리게 만든 것입니다. 시력은 거의 사라진 상태에서 이삭의 시간 개념과 청각, 촉각 그리고 후각이 모두 야곱의 정체를 확인할 수 있는 감각기관이지만, 리브가의 완벽한 준비와 야곱의 연기력에 이 감각들은 전부 무기력해졌고 결국 속아 넘어갔습니다. 그러나 에서가 돌아오자 상황은 일변했지요. 그는 분노를 주체할 수 없었고 리브가는 야곱의 목숨이 위태롭다고 생각하여 그를 재빨리 피신시킵니다. 야곱은 결국 길을 떠나지 않을 수 없었습니다. 모든 것을 거머쥐었다고 생각한 순간, 모든 것을 잃는 역전의 사건이 생긴 것입니다.

야곱은 축복을 받았는가

여기서 질문이 하나 던져집니다. 이삭의 축복은 과연 야곱에게 돌아갔는가 하는 문제입니다. 야곱은 자신의 진실한 모습과 정체성으로 아버지의 축복을 받은 게 아니었습니다. 어디까지나 에서의 모습으로 받은 것이고, 아버지는 착오를 일으키긴 했지만 사실 에서를 축복했습니다. 그러니 이삭의 축복은 야곱의 것이 못 되지요.

야곱이 추방되다시피 집에서 나온 후, 그는 철저히 자기 운명을 걸고 살아가지 않으면 안 되었습니다. 하나님의 축복은 진정한 자아의 주체성으로 현실을 감당할 때만이 비로소 내 것이 됩니다. 야곱은 그런 하나님과의 만남을 이루지 못했습니다. 야곱은 야곱으로서 축복을 받아야 옳지 에서가 돼서 받는 축복은 연기일 뿐이며, 껍데기에 불과합니다. 에서로 위장한 야곱은 야곱도 또한 에서도 아닙니다. 허공에 뜬 가짜일 뿐이지요. 허울을 모두 벗어던져야만 하나님과 영혼이 통합니다. 거기서 얻는 축복만이 진짜입니다.

　도리에 맞지 않는 온갖 수단과 방법, 얕은꾀를 쓰면 얻는 게 많을 것 같지만, 결국 모두 놓치는 것이며, 자신조차 잃는 지름길입니다. 야곱은 상대의 곤경을 악용하고, 자기를 위장하며, 그로 말미암아 어머니가 받을 고통까지도 모른 체 하며 목적했던 바를 쟁취하려던 인간이었습니다. 하지만 이후의 인생에서 그는 철저히 하나님의 인도 가운데 정직한 모습으로 성장해가는 뼈아픈 경험을 합니다. 그리고 마침내 진실한 사람이 되지요.

　성서는 현실에 안주하지 않고 현실을 타파하는 도전적인 의지의 인물들을 높이 기리지만, 그 전제는 그 사람의 진정한 자아에서 출발하는지 여부에 있음을 일깨웁니다. 진정한 자아란, 하나님의 뜻과 방법에 자신을 온전히 맡기는 것입니다. 그러지 않고 무언가 거짓된 것을 뒤집어쓰거나 인위적인 장치를 만들고 연출·기획하는 것은 자아를 변질시킵니다. 가식과 위장으로 쌓아올린 인생의 성취는 언젠가는 무너지게 되어 있습니다. 아무리 그럴싸하게 보여도 거짓은 진실이 될 수 없습니다. 진실의 토대 위에 서지 않으면 높아질수록 위태롭습니다. 아무것도 걸치지 않은 진실한 자기 자신에 도달할 때 인간은 비로소 새롭게 거듭납니다. 하나님은 그런 인간과 만나 새 일을 도모하십니다. 그것이 모든 인생의 진정한 출발점입니다. 우리가 서야 할 자리입니다.

25

¹ 아브라함이 다시 아내를 맞아들였는데, 그의 이름은 그두라이다.

² 그와 아브라함 사이에서 시므란과 욕산과 므단과 미디안과 이스박과 수아가 태어났다. ³ 욕산은 스바와 드단을 낳았다. 드단의 자손에게서 앗수르 사람과 르두시 사람과 르움미 사람이 갈라져 나왔다.

⁴ 미디안의 아들은 에바와 에벨과 하녹과 아비다와 엘다아인데, 이들은 모두 그두라의 자손이다.

⁵ 아브라함은 자기 재산을 모두 이삭에게 물려주고, ⁶ 첩들에게서 얻은 아들들에게도 한 몫씩 나누어 주었는데, 그가 죽기 전에, 첩들에게서 얻은 아들들을 동쪽 곧 동방 땅으로 보내서, 자기 아들 이삭과 떨어져서 살게 하였다.

⁷ 아브라함이 누린 햇수는 모두 백일흔다섯 해이다. ⁸ 아브라함은 자기가 받은 목숨대로 다 살고, 아주 늙은 나이에 기운이 다하여서, 숨을 거두고 세상을 떠나, 조상들이 간 길로 갔다. ⁹ 그의 아들 이삭과 이스마엘이 그를 막벨라 굴에 안장하였다. 그 굴은 마므레 근처, 헷 사람 소할의 아들 에브론의 밭에 있다.

¹⁰ 그 밭은, 아브라함이 헷 사람에게서 산 것이다. 바로 그곳에서 아브라함은 그의 아내 사라와 합장되었다.

¹¹ 아브라함이 죽은 뒤에, 하나님은 아브라함의 아들 이삭에게 복을 주셨다. 그때에 이삭은 브엘라해로이 근처에서 살고 있었다.

¹² 사라의 여종인 이집트 사람 하갈과 아브라함 사이에서 태어난 아들 이스마엘의 족보는 이러하다.

¹³ 이스마엘의 아들들의 이름을 태어난 순서를 따라서 적으면, 다음과 같다. 이스마엘의 맏아들은 느바욧이다. 그 아래는 게달과 앗브엘과 밉삼과 ¹⁴ 미스마와 두마와 맛사와 ¹⁵ 하닷과 데마와 여둘과 나비스와 게드마가 있다.

¹⁶ 이 열둘은, 이스마엘이 낳은 아들의 이름이면서, 동시에 마을과 부락의 이름이며, 또한 이 사람들이 세운 열두 지파의 통치자들의 이름이기도 하다.

¹⁷ 이스마엘은 모두 백서른일곱 해를 누린 뒤에, 기운이 다하여서, 숨을 거두고 세상을 떠나, 조상에게로 돌아갔다.

¹⁸ 그의 자손은 모두 하윌라로부터 술 지방에 이르는 그 일대에 흩어져서 살았다. 술은 이집트의 동북쪽 경계 부근 앗시리아로 가는 길에 있다.

¹⁹ 다음은 아브라함의 아들 이삭의 족보이다. 아브라함이 이삭을 낳았고, ²⁰ 이삭은 마흔 살 때에 리브가와 결혼하였다. 리브가는 밧단아람의 아람 사람인 브두엘의 딸이며, 아람 사람인 라반의 누이이다. ²¹ 이삭은 자기 아내가 임신하지 못하므로, 아내가 아이를 가지게 해달라고, 주께 기도하였다. 주께서 이삭의 기도를 들어주시니, 그의 아내 리브가가 임신하게 되었다. ²² 그런데 리브가는 쌍둥이를 배었는데,

그 둘이 태 안에서 서로 싸웠다. 그래서 리브가는 "이렇게 괴로워서야, 내가 어떻게 견디겠는가?" 하면서, 이 일을 알아보려고 주께로 나아갔다.

23 주께서 그에게 대답하셨다. "두 민족이 너의 태 안에 들어 있다. 너의 태 안에서 두 백성이 나뉠 것이다. 한 백성이 다른 백성보다 강할 것이다. 형이 동생을 섬길 것이다." 24 달이 차서, 몸을 풀 때가 되었다. 태 안에는, 쌍둥이가 들어 있었다. 25 먼저 나온 아이는, 살결이 붉은데다가, 온몸이 털투성이어서, 이름을 에서라고 하였다. 26 이어서 동생이 나오는데, 그의 손이 에서의 발뒤꿈치를 잡고 있어서, 이름을 야곱이라고 하였다. 리브가가 이 쌍둥이를 낳았을 때에, 이삭의 나이는 예순 살이었다.

27 두 아이가 자라, 에서는 날쌘 사냥꾼이 되어서 들에서 살고, 야곱은 성격이 차분한 사람이 되어서, 주로 집에서 살았다. 28 이삭은 에서가 사냥해 온 고기에 맛을 들이더니 에서를 사랑하였고, 리브가는 야곱을 사랑하였다.

29 한 번은, 야곱이 죽을 끓이고 있는데, 에서가 허기진 채 들에서 돌아와서, 30 야곱에게 말하였다. "그 붉은 죽을 좀 빨리 먹자. 배가 고파 죽겠다." 에서가 '붉은' 죽을 먹고 싶어하였다고 해서, 에서를 에돔이라고도 한다. 31 야곱이 대답하였다. "형은 먼저, 형이 가진 맏아들의 권리를 나에게 파시오."

32 에서가 말하였다. "이것 봐라, 나는 지금 죽을 지경이다. 지금 나에게 맏아들의 권리가 뭐 그리 대단한 거냐?" 33 야곱이 말하였다. "나에게 맹세부터 하시오." 그러자 에서가 야곱에게 맏아들의 권리를 판다고 맹세하였다. 34 야곱이 빵과 팥죽 얼마를 에서에게 주니, 에서가 먹고 마시고, 일어나서 나갔다. 에서는 이와 같이, 맏아들의 권리를 가볍게 여겼다.

26 34 에서는, 마흔 살이 되는 해에, 헷 사람 브에리의 딸 유딧과, 헷 사람 엘론의 딸 바스맛을 아내로 맞았다. 35 이 두 여자가 나중에 이삭과 리브가의 근심거리가 된다.

27 1 이삭이 늙어서, 눈이 어두워 잘 볼 수 없게 된 어느 날, 맏아들 에서를 불렀다. "나의 아들아." 에서가 대답하였다. "예, 제가 여기에 있습니다."

2 이삭이 말하였다. "얘야, 보아라, 너의 아버지가 이제는 늙어서, 언제 죽을지 모르겠구나. 3 그러니 이제, 너는 나를 생각해서, 사냥할 때에 쓰는 기구들, 곧 화살통과 활을 메고 들로 나가서, 사냥을 해다가, 4 내가 좋아하는 별미를 만들어서, 나에게 가져 오너라. 내가 그것을 먹고, 죽기 전에 너에게

마음껏 축복하겠다."

5 이삭이 자기 아들 에서에게 이렇게
말하는 것을 리브가가 엿들었다. 에서가
무엇인가를 잡아오려고 들로 사냥을
나가자, 6 리브가는 아들 야곱에게
말하였다. "얘야, 나 좀 보자. 너의
아버지가 너의 형에게 하는 말을 내가
들었다. 7 사냥을 해다가, 별미를 만들어서
아버지께 가져 오라고 하시면서, 그것을
잡수시고, 돌아가시기 전에, 주 앞에서
너의 형에게 축복하겠다고 하시더라.
8 그러니 얘야, 네 어머니가 하는 말을
잘 듣고, 시키는 대로 하여라. 9 염소가
있는 데로 가서, 어린 것으로 통통한 놈
두 마리만 나에게 끌고 오너라. 너의
아버지가 어떤 것을 좋아하시는지,
내가 잘 아니까, 아버지가 잡수실 별미를
만들어줄 터이니, 10 너는 그것을
아버지께 가져다 드려라. 그러면
아버지가 그것을 잡수시고서, 돌아가시기
전에 너에게 축복하여주실 것이다."
11 야곱이 어머니 리브가에게 말하였다.
"형 에서는 털이 많은 사람이고,
나는 이렇게 피부가 매끈한 사람인데,
12 아버지께서 만져보시면, 어떻게
되겠습니까? 아버지를 속인 죄로,
축복은커녕 오히려 저주를 받을 것이
아닙니까?"
13 어머니가 아들에게 말하였다.
"아들아, 저주는 이 어머니가 받으마.
내가 시키는 대로 하여라. 가서, 두 마리를
끌고 오너라."

14 그가 가서, 두 마리를 붙잡아서,
어머니에게 끌고 오니, 그의 어머니가
그것으로 아버지의 입맛에 맞게 별미를
만들었다. 15 그런 다음에, 리브가는,
자기가 집에 잘 간직하여 둔 맏아들
에서의 옷 가운데 가장 좋은 것을 꺼내어,
작은 아들 야곱에게 입혔다. 16 리브가는
염소 새끼 가죽을 야곱의 매끈한 손과
목덜미에 둘러주고 나서, 17 자기가
마련한 별미와 빵을 아들 야곱에게
들려주었다.
18 야곱이 아버지에게 가서 "아버지!"
하고 불렀다. 그러자 이삭이 "나 여기
있다. 아들아, 너는 누구냐?" 하고
물었다.
19 야곱이 아버지에게 말하였다. "저는
아버지의 맏아들 에서입니다. 아버지께서
말씀하신 그대로 하였습니다. 이제 일어나
앉으셔서, 제가 사냥하여 온 고기를
잡수시고, 저에게 마음껏 축복하여주시기
바랍니다." 20 이삭이 아들에게 물었다.
"얘야, 어떻게 그렇게 빨리 사냥거리를
찾았느냐?" 야곱이 대답하였다.
"아버지께서 섬기시는
주 하나님이, 일이 잘 되게 저를
도와주셨습니다."
21 이삭이 야곱에게 말하였다. "얘야, 내가
너를 좀 만져볼 수 있게, 이리 가까이
오너라. 네가 정말로 나의 아들 에서인지,
좀 알아보아야겠다."
22 야곱이 아버지 이삭에게 가까이 가니,
이삭이 아들을 만져보고서, 중얼거렸다.

"목소리는 야곱의 목소리인데, 손은 에서의 손이로구나." 23 이삭은, 야곱의 두 손이 저의 형 에서의 손처럼 털이 나 있으므로, 그가 야곱인 줄을 모르고, 그에게 축복하여주기로 하였다. 24 이삭은 다짐하였다. "네가 정말로 나의 아들 에서냐?" 야곱이 대답하였다. "예, 그렇습니다." 25 이삭이 말하였다. "나의 아들아, 네가 사냥하여 온 것을 나에게 가져 오너라. 내가 그것을 먹고서, 너에게 마음껏 복을 빌어주겠다." 야곱이 이삭에게 그 요리한 것을 가져다가 주니, 이삭이 그것을 먹었다. 야곱이 또 포도주를 가져다가 주니, 이삭이 그것을 마셨다.

26 그의 아버지 이삭이 그에게 말하였다. "나의 아들아, 이리 와서, 나에게 입을 맞추어 다오." 27 야곱이 가까이 가서, 그에게 입을 맞추었다. 이삭이 야곱의 옷에서 나는 냄새를 맡고서, 그에게 복을 빌어주었다. "나의 아들에게서 나는 냄새는 주께 복 받은 밭의 냄새로구나. 28 하나님은 하늘에서 이슬을 내려 주시고, 땅을 기름지게 하시고, 곡식과 새 포도주가 너에게 넉넉하게 하실 것이다. 29 여러 민족이 너를 섬기고, 백성들이 너에게 무릎을 꿇을 것이다. 너는 너의 친척들을 다스리고, 너의 어머니의 자손들이 너에게 무릎을 꿇을 것이다. 너를 저주하는 사람마다 저주를 받고, 너를 축복하는 사람마다 복을 받을 것이다."

30 이삭은 이렇게 야곱에게 축복하여주었다. 야곱이 아버지 앞에서 막 물러나오는데, 사냥하러 나갔던 그의 형 에서가 돌아왔다. 31 에서도 역시 별미를 만들어서, 그것을 들고 자기 아버지 앞에 가서 말하였다. "아버지, 일어나셔서, 이 아들이 사냥하여 온 고기를 잡수시고, 저에게 마음껏 축복하여주시기 바랍니다." 32 그의 아버지 이삭이 그에게 물었다. "너는 누구냐?" 에서가 대답하였다. "저는 아버지의 아들, 아버지의 맏아들 에서입니다."

33 이삭이 크게 충격을 받고서, 부들부들 떨면서 말을 더듬거렸다. "그렇다면, 네가 오기 전에 나에게 사냥한 고기를 가져 온 게 누구란 말이냐? 네가 오기 전에, 내가 그것을 이미 다 먹고, 그에게 축복하였으니, 바로 그가 복을 받을 것이다." 34 아버지의 말을 들은 에서는 소리치며 울면서, 아버지에게 애원하였다. "저에게 축복하여주십시오. 아버지, 저에게도 똑같이 복을 빌어 주십시오." 35 그러나 이삭이 말하였다. "너의 동생이 와서 나를 속이고, 네가 받을 복을 가로챘구나."

36 에서가 말하였다. "그 녀석의 이름이 왜 야곱인지, 이제야 알 것 같습니다. 그 녀석이 이번까지 두 번이나 저를 속였습니다. 지난번에는 맏아들의 권리를 저에게서 빼앗았고, 이번에는 제가 받을 복까지 빼앗아갔습니다." 에서가

아버지에게 물었다. "저에게 주실 복을
하나도 남겨두지 않으셨습니까?"
37 이삭이 에서에게 대답하였다.
"나는, 그가 너를 다스리도록 하였고,
그의 모든 친척을 그에게 종으로 주었고,
곡식과 새 포도주가 그에게서 떨어지지
않도록 하였다. 그러니, 나의 아들아,
내가 너에게 무엇을 해줄 수 있겠느냐?"
38 에서가 그의 아버지에게 말하였다.
"아버지, 아버지께서 비실 수 있는 복이
어디 그 하나뿐입니까? 저에게도 복을
빌어주십시오, 아버지!"
이 말을 하면서, 에서는 큰소리로 울었다.
39 그의 아버지 이삭이 그에게
대답하였다. "네가 살 곳은 땅이
기름지지 않고, 하늘에서 이슬도
내리지 않는 곳이다.
40 너는 칼을 의지하고 살 것이며, 너의
아우를 섬길 것이다. 그러나 애써 힘을
기르면, 너는, 그가 네 목에 씌운 멍에를
부술 것이다." 41 에서는 아버지에게서
받을 축복을 야곱에게 빼앗긴 것 때문에,
야곱에게 원한이 깊어갔다. 그는 혼자서
"아버지를 곡할 날이 머지 않았으니,
그때가 되면, 동생 야곱을 죽이겠다" 하고
마음을 먹었다.
42 리브가는 맏아들 에서가 하고 다니는
말을 전해 듣고는, 작은 아들을 불러다
놓고서 말하였다. "너의 형 에서가 너를
죽여서, 한을 풀려고 한다. 43 그러니 나의
아들아, 내가 시키는 대로 하여라. 이제 곧
하란에 계시는 라반 외삼촌에게로

가거라. 44 네 형의 분노가 풀릴 때까지,
너는 얼마 동안 외삼촌 집에 머물러라.
45 네 형의 분노가 풀리고, 네가 형에게
한 일을 너의 형이 잊으면, 거기를 떠나서
돌아오라고, 전갈을 보내마. 내가 어찌
하루에 자식 둘을 다 잃겠느냐!"
46 리브가 이삭에게 말하였다.
"나는, 헷 사람의 딸들 때문에, 사는 게
아주 넌더리가 납니다. 야곱이 이 땅에
사는 사람들의 딸들, 곧 헷 사람의 딸들
가운데서 아내를 맞아들인다고 하면,
내가 살아 있다고는 하지만, 나에게
무슨 사는 재미가 있겠습니까?"

28 1 이삭이 야곱을 불러서,
그에게 복을 빌어주고
당부하였다. "너는 가나안 사람의 딸들
가운데서, 아내를 맞이하지 말아라.
2 이제 곧 밧단아람에 계시는 브두엘
외할아버지 댁으로 가서, 거기에서 너의
외삼촌 라반의 딸들 가운데서 네 아내가
될 사람을 찾아서 결혼하여라.
3 전능하신 하나님이 너에게 복을 주셔서,
너로 생육하고 번성하게 하시고, 마침내
네가 여러 민족을 낳게 하실 것이다.
4 하나님이 아브라함에게 허락하신 복을
너와 네 자손에게도 주셔서, 네가 지금
나그네살이를 하고 있는 이 땅, 하나님이
아브라함에게 주신 이 땅을, 네가 유산으로
받을 수 있도록 해주시기를 바란다."
5 이렇게 복을 빌어준 뒤에, 이삭은

야곱을 보냈다. 야곱은 밧단아람으로
가서, 라반에게 이르렀다. 라반은 아람
사람 브두엘의 아들이며, 야곱과 에서의
어머니인 리브가의 오라버니이다.
6 에서는, 이삭이 야곱에게 복을
빌어주고, 그를 밧단아람으로 보내어,
거기에서 아내감을 찾게 하였다는 것을
알았다. 에서는, 이삭이 야곱에게 복을
빌어 주면서, 가나안 사람의 딸들
가운데서 아내감을 찾아서는 안 된다고
당부하였다는 것과, 7 야곱이 아버지와
어머니의 말에 순종하여, 밧단아람으로
떠났다는 것을 알았다.
8 에서는, 자기 아버지 이삭이 가나안
사람의 딸들을 싫어한다는 것을 알고,
9 이미 결혼하여, 아내들이 있는데도,
이스마엘에게 가서, 그의 딸 마할랏을
또다시 아내로 맞이하였다. 마할랏은
느바욧의 누이이며, 아브라함의
손녀이다.

29 야곱의 돌베개
창세기 28장 10절-22절

우회하는 인생

좋은 꿈을 꾼다면 기분이 좋습니다. 그러나 그 꿈에서 깨고 나면 현실은 여전히 막막하다면 어떻게 하지요? 꿈의 힘은 도대체 어디까지일까요? 꿈을 꾸면 사람들은 보통 그것이 길몽일까, 악몽일까를 묻습니다. 의미가 없어 보이는 꿈도 그 뜻을 알면 좋겠다고 생각하지요. 자신의 운명이 마치 손금처럼 나타나 있는 것이 아닌가 하고 궁금해합니다. 집을 떠난 야곱도 길을 가던 중 어느 들판에서 돌을 베개 삼아 잠을 청했는데 그때 꾼 꿈이 인생의 전환점이 됩니다. 꿈도 가볍게 볼 일은 아니라는 생각이 드는 장면입니다.

아버지의 축복을 형 대신 가로채려던 야곱은 모든 일이 계획대로 되어간다고 생각했으나 상황은 불리해져갔습니다. 에서의 분노가 그의 목숨까지 위태롭게 하자 결국 집을 떠나야만 했습니다. "문을 열고 나와보니

갈 곳이 없구나" 하는 황망한 처지가 된 겁니다. 어머니 리브가의 말대로 하란으로 가게 되었지만 진정 마음을 둘 곳이 없었고, 그 발걸음은 가볍지 않았으며 한 번도 그렇게 멀리 집을 떠나본 적이 없었으니 자칫 도중에 방황할 수 있습니다. 야곱은 집을 나와 떠돌아 다닌 경험이 없었던 사람 아닙니까? 이를테면 집에서 '팥죽 끓이는 남자'였으니 그의 행동 범위란 집으로부터 그리 멀리 떨어지지 않았을 겁니다. 늘 어머니와 함께 집에서 지내다가, 이제는 '떠돌이'가 되었습니다.

우선 야곱이 떠나온 브엘세바는 어떤 곳입니까? 그곳은 할아버지 아브라함이 양 일곱 마리를 징표로 내놓고 소유를 표시했던 우물이 있는 곳이지요. 거기를 떠나서 하란으로 간다고 하는 것은 하란에서 떠나왔던 아브라함의 길을 거꾸로 가고 마는 게 아니겠습니까? 아브라함 때 그토록 애를 쓴 일이 3대째 이르자 수포로 돌아가게 되었습니다. 다시 돌아가서 또 뭘 어떻게 시작해야 되나 하는 이야기이니 보통 일은 아닙니다.

야곱의 여정이란 그 인생이 역행하는 모습을 의미합니다. 할아버지 때로부터 생각해보면, 지금까지 너무나 힘들게 노력하면서 이만큼이라도 성취했는데 다시 가서 빈손으로 시작할 수밖에 없었으니 그간의 세월이 허사가 아닌가 싶습니다.

야곱이 애초에 택했던 것은 지름길이 아니라 잘못된 길이었습니다. 이것을 분별하지 못하면 결국 지금까지 이루어왔던 것을 다 접고 멀리 돌아가야 합니다. 그가 집을 떠나 멀리 하란까지 가야 했던 것은 이런 어리석음으로 인생을 우회하는 자의 운명을 구체적으로 보여줍니다.

놀랄 만한 지략으로 성공하는 줄 알았다가 실패자가 된 야곱은 알지 못하는 '어떤 곳'에 이르게 되고 그곳에서 하룻밤을 지내게 되었습니다.

어떤 곳에 이르렀을 때에, 해가 저물었으므로, 거기에서 하룻밤을 지내게 되었다. 창세기 28: 11

'하나님의 집'을 새 좌표로

야곱은 나중에 이곳을 '하나님의 집'이라는 뜻으로 '베델'이라고 이름을 짓습니다. 하지만 거기서 꿈을 꾸고 하나님의 뜻을 깨닫기 전까지는 그곳은 도무지 알 수 없는 미지의 어떤 땅이었을 뿐입니다. 지금까지 야곱은 자신이 가려는 곳의 이름을 모르지 않았습니다. 처음에는 장자권의 획득, 두 번째는 아버지의 축복, 그리고 누구도 가로막지 않는 승승장구의 길이 그가 내다본 인생의 이정표였지요. 그러기에 그는 자신의 발길이 닿는 곳마다 성공과 승리를 뜻하는 이름을 붙이고 싶지 않았을까요? 야곱의 인생에서 알지 못하는 불명확한 '어떤 곳'이란 없었습니다. 그런데 어느 날, 이 야곱이 도착한 곳이 어딘지 모르게 된 거지요.

인생을 살다가 이 정도쯤 왔으니 잠시 '휴식'이라고 써붙여놓고, 이 정도쯤 왔으면 여기에 '충전'이라고 써놓고, 또 저만치 가면 '성취'라고 푯말을 써놓을 수 있지요. 하지만 야곱은 그런 이름을 붙일 수가 없었습니다. 좌표가 보이지 않는 인생이 되었습니다. 창세기에서 하나님이 인간에게 처음 던지신 질문은 "아담아, 어디 있느냐?"였습니다. 그 인생의 좌표, 서 있는 자리가 어디인지 물으신 겁니다. 야곱은 바로 그 질문 앞에 서 있었습니다. 사실 이곳에 지명으로서의 이름이 없었던 것은 아니었습니다.

야곱은, 다음날 아침 일찍이 일어나서…… 그곳 이름을 베델이라고 하였다. 그 성의 본래 이름은 루스였다. 창세기 28: 18-19

사람들은 그곳을 루스라고 불렀습니다. 그러나 야곱은 하나님 체험 이후 이곳을 베델이라고 부릅니다. 달리 말하자면, 가령 사람들은 모두 '실패'라고 부르는 곳을 그는 '성공'이라고 부를 수 있다는 뜻입니다. 사람들은 그곳을 '뼈아픈 고독과 비극의 자리'로 부를지 모르지만 그 자신에게는 '새로운 희망이 태어난 자리'일 수 있습니다. 사람들은 그곳을 '도망자가 흘린 눈물'이라고 부를지 모르나 그 자신은 '새로운 길에 들어선 자의 기쁨'으로 이름 지을 수 있습니다. 십자가도 마찬가지 아닙니까? 사람들은 그곳에서 죽음을 보지만 그 의미를 깨달은 사람들은 새로운 생명의 시작, 부활을 봅니다.

'어떤 곳'이란 하나님을 체험하기 이전에는 불안하고 막연한 장소이지만, 하나님과의 만남을 통해 보는 눈이 달라지면 새로운 이름이 붙고 그 뜻이 인생에서 능력이 됩니다. 야곱은 집에서 쫓겨나다시피 했고 떠돌이로 힘겨운 세월을 보낼지 모른다고 생각했을 수도 있지만 알고 보니 그렇지 않았습니다. 그곳은 인생의 문이 닫혔다고 여겼을 때 하늘의 문이 열린 곳이었습니다. 미지의 불명확한 길을 가는 자가 아니라, 하나님의 집을 출발점으로 삼아 희망과 축복의 미래를 향해 가는 자가 된 것입니다. 그렇게 되는 과정에서 그는 어떤 체험을 했던 것일까요?

야곱은 아무도 없는 들판에 홀로 있어보니 아브라함의 손자요 당찬 여인 리브가의 아들이라는 신분, 똑똑하고 총명한 자신의 인물됨도 아무런 의미가 없음을 알게 되었습니다. 그가 할 수 있는 일이란 아무것도 없었습니다. 이윽고 그는 잠을 청합니다. 몸이 고단하여 그대로 쓰러져 잠들 수도 있었겠지만, 쉽게 그럴 수 없었을 것입니다. 자신의 처지를 생각하면 어딘들 편안한 잠자리였겠습니까? 그는 돌베개를 하고 잠들지요.

우리나라 역사에서 비극적이고 곤고했던 한순간, 이 돌베개를 암호로 삼았던 한 인물이 있었습니다. 장준하 선생이 그분입니다. 민주주의가 압살당하고 있던 1950년대 『사상계』를 출간했고, 그 이전에는 독립군으로써 이름을 떨쳤던 분이지요. 장준하 선생이 일본군 학도병으로 가면서 탈출하게 되면 자기의 아내와 가족에게 '돌베개'라는 암호를 써 보낼 테니 그러면 탈출에 성공한 줄 알라고 했습니다. "나는 빈들에 있다, 그러나 어디인지 모르지 않는다, 하나님과 만났다, 이제 나는 떠돌이가 아니다, 나는 내가 갈 길을 알고, 미래의 꿈을 꾼다, 걱정하지 마라" 이런 얘기가 모두 이 '돌베개'라는 암호에 담겨 있었습니다.

야곱의 돌베개가 바로 그런 의미를 가지고 있습니다. 그것은 고난의 상징입니다. 그러나 하나님의 체험은 그 고난을 역전시킵니다. 돌베개는 고난의 자리를 떨치고 일어나 새로운 출발을 한다는 뜻을 담고 있습니다. 그 고난의 지점을 넘은 존재의 기쁨까지 표현되어 있지요.

생각해보면 야곱은 늘 집에서 편안히 지냈고 따뜻한 잠자리에서 자고 일어났던 사람 아니었나요? 그런데 지금은 차가운 밤공기를 막아줄 벽도 지붕도 없습니다. 바람이 불고 주위는 칠흑같이 어둡습니다. 맹수들이 언제 습격해올지도 모릅니다. 지난 일을 돌이켜보면 볼 수록 가슴이 쓰리고 온갖 생각으로 번민에 빠지겠지요. 따라서 돌베개를 하고 자는 야곱은 이 모든 고난의 능선에 올라 서 있는 존재의 모습입니다. 딱딱한 돌베개를 베고 도무지 자신의 미래를 가늠할 수 없는 처지에 놓인 인생,

무엇으로도 위로가 되지 않습니다.

그런 상황에서 그는 꿈을 꿉니다. 어떤 꿈이었을까요? 형 에서에게 쫓기는 꿈으로 가위에 눌려 식은땀을 흘리거나 자다가 몇 번이고 깰 수도 있습니다. 낮 동안 긴장했던 마음이 다시 격동하면서 숙면을 방해할 수도 있습니다. 그러나 야곱은 하늘과 땅이 층계 또는 사닥다리로 이어지고 천사가 그곳을 오르내리며 하나님이 축복의 말씀을 해주시는 꿈을 꾸었던 것입니다.

그는 돌 하나를 주워서 베개로 삼고, 거기에 누워서 자다가, 꿈을 꾸었다. 그가 보니, 땅에 층계가 있고, 그 꼭대기가 하늘에 닿아 있고, 하나님의 천사들이 그 층계를 오르락내리락 하고 있었다. 주께서 그 층계 위에 서서 말씀하셨다. "나는 주, 너의 할아버지 아브라함을 보살펴준 하나님이요, 너의 아버지 이삭을 보살펴준 하나님이다. 네가 지금 누워 있는 이 땅을, 내가 너와 너의 자손에게 주겠다. 너의 자손이 땅의 티끌처럼 많아질 것이며, 동서남북 사방으로 퍼질 것이다. 이 땅 위의 모든 백성이 너와 너의 자손 덕에 복을 받게 될 것이다. 내가 너와 함께 있어서, 네가 어디로 가든지, 너를 지켜 주며, 내가 너를 다시 이 땅으로 데려 오겠다. 내가 너에게 약속한 것을 다 이루기까지, 내가 너를 떠나지 않겠다." 창세기 28: 11-15

하늘에 닿는 층계

우선 땅과 하늘이 층계 또는 사닥다리로 연결되어 있는 구조가 이 꿈의 현장이라는 점에 주목하겠습니다. 그 표현이 참 흥미롭습니다. 하늘에서 층계가 내려와 땅에 닿았다는 게 아니라 그 반대입니다. 즉 "땅에 층계가 있고, 그 꼭대기가 하늘에 닿아 있고"로 되어 있어요. 야곱은 애초에 땅의 사건은 땅의 방식으로 풀어야 한다고 생각해왔습니다. 그러기에 야곱은 지금까지 자기가 알고 있던 방식이나 계략으로 자기 인생의 문제를 풀려고 했던 것 아닙니까? 그러나 그는 이제 땅의 사건이 하늘과 이어져 있음을 알게 됩니다. 땅의 사건은 이 층계로 연결되어 하늘의 뜻과 맞닿아 있을 때 비로소 제대로 풀어낼 수가 있음을 깨닫게 되지요.

땅의 소망이 하늘에 닿으려면 어느 세월에 가능하겠으며 자기에게 그런 일이 가당키나 하겠냐고 여길 수 있습니다. 그러나 그는 지금 땅의 소망이 하늘에 닿는 층계의 존재를 꿈에서 보고 또 그 층계 사이를 오르내리는 천사도 목격했습니다. 그 천사가 자신의 삶을 살피고 땅과 하늘 사이를 왔다갔다하면서 그 뜻을 하늘에 알려주는 광경을 본 겁니다. 이후 야곱이 드리는 기도를 보면 달라진 그의 자세를 알 수 있습니다.

> 야곱은 이렇게 서원하였다. "하나님께서 저와 함께 계시고, 제가 가는 이 길에서 저를 지켜주시고, 먹을 것과 입을 것을 주시고,……" 창세기 28: 20

야곱은 하나님께서 자신의 안전뿐만이 아니라 자신이 먹을 것과 입을 것까지 보살펴달라고 요청합니다. 이전에 야곱은 이 모든 것을 자기가 알아서 해왔고 꼭 필요하다면 남의 것을 빼앗아서라도 구했던 사람입니다. 지금의 야곱은 이런 기본적인 것들도 역시 하나님의 은혜 가운데서 이루어지지 않으면 안 됨을 깨닫게 되었습니다. 먹고 마시고 입는 구체적인 모든 일상이 사실은 하늘과 이어져서 우리에게 주어지는 축복임을 깨우친 것이지요. 그렇지 않으면 야곱은 자신의 꾀에 의존하고 자기가 원하는 목적을 위해 남을 희생시키는 냉혹한 자가 되고 말지요. 대체로 사람들은 하늘에 닿는 층계가 없다고 생각하여 어리석거나 잔혹한 꼼수를 지혜로 착각하고 실패의 길로 들어서게 됩니다.

야곱의 꿈은 그의 능력이 뛰어나서라기보다 오로지 하나님의 축복으로 주어진 것입니다. 그렇기 때문에 이제 중요한 것은 이 꿈을 어떻게 받아들이느냐의 문제입니다.

3대에 이르는 믿음의 물줄기

꿈속에 나타나신 하나님은 층계에서 야곱에게 이야기하십니다. 하나님이 층계 위에 서 계시다는 것은 그만큼 우리의 현실에서 멀리 떨어져 있지 않으시다는 말씀입니다. 야곱에게 주신 축복은 아브라함이나 이삭에게 했던 축복의 내용과 상당히 유사하지요.

그런데 특별한 점이 있습니다. 하나님께서 자신을 나타내실 때에 "나는 아브라함의 하나님, 이삭의 하나님"이라고 하셨는데, 이는 야곱의 할아버지와 아버지 대에도 이미 함께하신 하나님이심을 일컫는 것이며, 그 믿음의 물줄기가 이제 3대에 이르는 야곱에게 왔다는 선언입니다.

야곱은 약속된 축복이 이루어지고 자신이 안전하게 귀환하게 되면 "주님이 저의 하나님이 되실 것입니다"라고 말하고 있습니다. 이 대목은 대단히 중요합니다. 할아버지와 아버지가 만난 하나님이라고 해도 그 자신이 직접 만나 생명과 축복의 연이 맺어져야 비로소 그 하나님은 야곱의 삶과 관련이 있는 존재가 된다는 것입니다. 그렇지 않으면 아무리 할아버지와 아버지라도 타자가 체험한 하나님으로 머물 뿐입니다. "할아버지나 아버지 때야 그랬을지 모르지만 나의 대에 와서는 아니다"라고 하면 그 자신에게는 무의미한 관계입니다. 이 말씀을 하나로 묶으면 할아버지 때도 그랬고 아버지 때도 그랬으며 이제 야곱의 대에 이르러서도 여전히 하나님은 과거가 아닌 '현재적 관계'를 맺으신다는 이야기입니다.

오래 전에 돌아가신 저의 할아버지는 교회도 지으시고 아주 믿음이 독실한 분이셨습니다. 저는 어릴 때 잠을 자다가 새벽에 깨어 일어나면 할아버지께서 조용히 앉아서 기도하고 계시는 모습을 보곤 했지요. 그 기도하시는 자세와 분위기가 오랜 세월 동안 마음에 깊이 남아 제가 청년 시절에 힘들 때에도 기도하시는 할아버지를 떠올리면 힘이 나는 것을 체험했습니다. 그런데 세월이 흐르고 보니 '할아버지의 하나님'이 어느새 '아버지의 하나님'을 거쳐 '나의 하나님'이 되었습니다. 그러자 멀리 존재하던 하나님이 나의 삶에 생생한 능력으로 다가오심을 느끼게 되었지요.

할아버지 아브라함, 아버지 이삭을 인도하셨던 하나님이 드디어 야곱의 인생과 함께하신 겁니다. 할아버지와 아버지의 하나님은 야곱에게 옛날 얘기나 전설 또는 아득한 과거의 신화로 존재하는 것이 아니었습니다. 지금 당장의 뚜렷한 현실이 되고 현재의 믿음을 이루는 기초가 되지요. 하나님이 "나는 너의 할아버지 아브라함을 보살펴준 하나님이고 너의 아버지 이삭을 보살펴준 하나님이다" 하시고 나서 축복하시자, 야곱은 그 하나님이 다름 아닌 자신의 하나님이심을 고백합니다. '믿음의 영적 혈통'이 세워진 것이지요. 이런 정신적 전통이 이루어지면 진정으로 뼈대 있는 집안이 됩니다. 혹시 어긋난 길로 가다가도 바른 길로 들어서는 내면의 능력을 갖추게 되기 때문입니다. 후손에게 줄 수 있는 가장 소중한 유산은 바로 이런 것이 아닐까요?

야곱이 이 꿈을 꾸고 나서 깨어나는데, 보통 잠결에 꾸었던 꿈에 대해서 "아, 꿈이었구나!"라고들 하지요. 아무리 그 꿈이 현실감을 준다 해도 현실과는 관계 없는 그냥 꿈이라고만 여길 수 있습니다. 성서 본문을 얼핏 지나쳐 읽으면 야곱이 돌베개를 하고 자다가 하나님을 만났다고 생각할 수 있을지 모르지만, 사실은 이 모든 것이 야곱의 꿈에서 펼쳐진 이야기입니다. 눈을 떴을 때 만난 하나님이나 생시의 계시가 아니고 잠결에 꾼 꿈이었습니다.

자기를 죽이려는 형의 살의로 긴장상태에 있었던데다 오랜 시간 먼 길을 걷느라고 힘들었던 야곱이 악몽과 같은 늪에서 헤매다가 정신을 차리고 깨어났다면 "어휴, 이게 꿈이어서 다행이네"라고 했을지 모르겠지요. 하지만 그런 경우와는 다른 꿈이었습니다. 야곱이 뭐라고 했나요?

야곱은 잠에서 깨어서, 혼자 생각하였다. "주께서 분명히 이곳에 계시는데도, 내가 미처 그것을 몰랐구나." 창세기 28: 16

돌베개를 표식으로 세우고

그는 꿈속에서의 체험을 그저 지나가는 꿈이라고 여기지 않았습니다. 그는 누구도 부인할 수 없는 생생한 현실로 받아들이는데, 주목해야 할 장면입니다. 야곱은 "주께서 분명히 이곳에 계시는데도"라고 생각하는데, '분명히'라는 말에서 확신을 보입니다. 그 확신의 내용이 특이합니다. 꿈에서 전개된 장면이나 하나님이 주신 축복 이야기가 주된 관심이 아니라, '하나님의 존재 자체'에 대한 깨달음이 그 중심에 있기 때문입니다. "주께서 ……계시는데도"라며 하나님 자체에 주목하지 않습니까?

야곱은 여기에서 가장 정직하게 자신의 현실을 만납니다. 누구의 도움도 기대할 수 없는 자리에 서게 되면, 이 세상에 자기 혼자밖에 없는 현실을 철저히 깨닫고 인간은 정직해질 수밖에 없습니다. 혼자서 누굴 속이겠습니까? 자신을 속일 수도 없습니다. 거기에서 야곱은 하나님과 아무런 겉치레나 포장 없이 진실한 모습으로 마주하게 되었습니다. 하나님이 그에게 하신 말씀은 바로 이런 것이 아니겠습니까? "사랑하는 야곱아, 흔들리지 마라. 돌베개를 하고 고난의 잠을 자야 할 때도 나는 너를 지킬 것이다." 만약 야곱이 집에서 자기가 선택했던 방법으로 성공했다고 확신했다면 그는 계속해서 그런 방법을 썼을 것이며, 날이 갈수록 점점 더 타락한 인간이 되었을 겁니다. 그것은 성공이 아니라 이미 실패입니다. 진정한 야곱을 회복할 길은 거기에서 닫히게 되지요. 그렇기 때문에 가장 정직한 야곱 본연의 모습을 찾아가는 문이 "여기에서, 이제" 열리게 되었던 것입니다.

이 체험을 하고 나서 야곱은 일찍 일어나 돌베개를 기둥으로 세우고 베델, 곧 '하나님의 집'이라는 표식으로 삼습니다. '하나님의 집'이란, 과연 하나님이 계실까 회의하는 우리의 마음을 바로잡아주는 영혼의 일깨움이며, 어디에서도 우리를 지켜주시는 하나님의 사랑을 의미합니다.

야곱은, 다음날 아침 일찍이 일어나서, 베개 삼아 벤 그 돌을 가져다가 기둥으로 세우고, 그 위에 기름을 붓고, 그곳 이름을 베델이라고 하였다.……
제가 기둥으로 세운 이 돌이 하나님의 집이 될 것이며,…… 창세기 28: 18-22

자신이 베고 잤던 돌을 기둥으로 세워 기름을 부은 뒤 '하나님의 집'이라고 선언하고 있습니다. 이 돌은 당시 고대 문명권에서 웅장하게 건축한 돌로 된 기둥과 다릅니다. 그냥 '막돌'이라고 할 수 있습니다. 깎아서 정교하게 다듬은 것과는 달리 들판 어디든 널려 있는 거친 돌입니다. 하나님의 축복이 절박한 때에야 이 돌을 알아보겠지만, 성공하고 돌아와 여유 만만할 때에도 그 넓은 들판에서 이 돌로 세워놓은 표식을 어렵지 않게 알아볼 수 있을까요? 야곱이 거대한 바위를 베고 잔 것도 아니고 커다란 돌덩어리를 베개로 삼은 것도 아닙니다. 만일 그랬다면 그가 어찌 그걸 주변에서 주워서 머리에 베고 잘 수 있었겠습니까?

야곱은 정교하고 예술미가 뛰어난 돌기둥과 비교해보면 초라하고 주목할 만하지도 않은 돌을 세웠던 것이지만, 진심으로 마음의 서원을 했습니다. 멋지게 조각한 돌기둥이 아니요, 밤중에 들판에서 잠을 청하며 베고 잤다는 돌이 이제부터 그 품격과 가치가 달라지는 것입니다.

고난의 밤에 체험했던 꿈이란 남들이 보기에는 시시하게 여겨질 수도 있습니다. "네가 하도 힘드니까 그런 꿈을 꾼 거야"라고 조롱할 수도 있지요. 그러나 야곱은 이 꿈을 그의 영혼에 깊이 새겨 생명의 의지로 삼고 새롭게 길을 나섰습니다. 고난의 자리에서도 하나님께서 그를 찾아주셨으니, 결코 낙담하고 주저앉을 자리가 아니라 도리어 힘차게 일어서야 할 곳임을 깨우쳤습니다.

인생을 살면서 때로 우리는 후회하는 일도 할 것입니다. 안개 속에 쌓인 듯이 길이 보이지 않을 때도 있겠지요. 하지만 하나님의 은총 안에서는 돌베개의 고단한 현실이 고난으로만 끝나지 않습니다. 그 체험은 우리를 어느새 지혜롭게 해주며, 미래를 여는 사건의 시작이 될 수 있습니다.

야곱이 자기 집에서 살았을 때에는 모든 것이 자신의 목표를 향해 존재했습니다. 나이가 들어 눈이 보이지 않는 아버지도, 이런저런 일로 원수처럼 되어버린 형 에서도, 자신에게 내릴 저주까지 감수하며 아들을 위해 나선 어머니 리브가도 모두 야곱의 삶을 위해 필요한 사람들일 뿐이었습니다. 자신의 가치만 중요하고 나머지는 그 가치를 위해 바쳐야 하는 수단적인 존재였습니다. 그는 자신의 욕망과 목표를 향한 자세 외에는 알지 못했지요. 이런 계획이 무너지자 그는 비로소 하나님을 향해 서 있을 줄 알게 되었습니다. 무너짐이 곧 일어섬이 되었습니다. 무너짐도 하나님의 뜻 안에서는 축복입니다. 야곱은 하나님을 향한 존재로 바뀌어갔습니다. 이제 끝없는 욕망을 향해 달리는 자도, 무기력하게 절망을 향해 발걸음을 옮기는 자도 아닙니다. 하나님의 생명과 사랑을 입고 일어나 자신의 새로운 목표를 향해 힘차게 나아가는 존재가 되었습니다.

쫓겨나듯 길을 떠난 야곱, 그러나 그는 이제 더 이상 떠돌이가 아닙니다. 진정으로 가야 할 길을 볼 줄 아는 사람입니다. 돌베개가 그 모든 것을 압축해서 이야기해주고 있습니다. 때로 뿌리가 뽑힌 채 떠돌이가 되어버린 듯해도 자신이 어디로 가야 하는지 깨우칠 돌베개의 표식을 세우는 인생은 '하나님의 집'에서 잠들고 먹고 마시며 새 일을 기쁘게 감당하는 존재가 되어갈 것입니다. 아무것도 없는 빈들에서도 이런 일은 일어납니다. '하나님의 존재'를 아는 순간 세상의 두려움은 없을 것입니다.

28

¹⁰ 야곱이 브엘세바를 떠나서,
하란으로 가다가, ¹¹ 어떤
곳에 이르렀을 때에, 해가 저물었으므로,
거기에서 하룻밤을 지
내게 되었다.
그는 돌 하나를 주워서 베개로 삼고,
거기에 누워서 자다가, ¹² 꿈을 꾸었다.
그가 보니, 땅에 층계가 있고, 그 꼭대기가
하늘에 닿아 있고, 하나님의 천사들이
그 층계를 오르락내리락 하고 있었다.
¹³ 주께서 그 층계 위에 서서 말씀하셨다.
"나는 주, 너의 할아버지 아브라함을
보살펴준 하나님이요, 너의 아버지
이삭을 보살펴준 하나님이다. 네가 지금
누워 있는 이 땅을, 내가 너와 너의
자손에게 주겠다. ¹⁴ 너의 자손이 땅의
티끌처럼 많아질 것이며, 동서남북
사방으로 퍼질 것이다. 이 땅 위의 모든
백성이 너와 너의 자손 덕에 복을 받게 될
것이다. ¹⁵ 내가 너와 함께 있어서, 네가
어디로 가든지, 너를 지켜주며, 내가 너를
다시 이 땅으로 데려오겠다. 내가 너에게
약속한 것을 다 이루기까지, 내가 너를
떠나지 않겠다."
¹⁶ 야곱은 잠에서 깨어서, 혼자
생각하였다. "주께서 분명히 이곳에
계시는데도, 내가 미처 그것을 몰랐구나."
¹⁷ 그는 두려워하면서 중얼거렸다.
"이 얼마나 두려운 곳인가! 이곳은 다름
아닌 하나님의 집이다. 여기가 바로
하늘로 들어가는 문이다."
¹⁸ 야곱은, 다음날 아침 일찍이 일어나서,

베개 삼아 벤 그 돌을 가져다가 기둥으로
세우고, 그 위에 기름을 붓고,
¹⁹ 그곳 이름을 베델이라고 하였다.
그 성의 본래 이름은 루스였다.
²⁰ 야곱은 이렇게 서원하였다.
"하나님께서 저와 함께 계시고, 제가
가는 이 길에서 저를 지켜주시고, 먹을
것과 입을 것을 주시고,
²¹ 제가 안전하게 저의 아버지 집으로
돌아가게 해주시면, 주님이 저의
하나님이 되실 것이며, ²² 제가 기둥으로
세운 이 돌이 하나님의 집이 될 것이며,
하나님께서 저에게 주신 모든 것에서,
열의 하나를 하나님께 드리겠습니다."

30 라반의 계략, 야곱의 고난

창세기 29장 1절 - 30절

하란에 돌아오다

야곱은 빈들에서 헤맬 뻔했지만 '하나님의 집'이라는 새로운 좌표를 갖게 되었습니다. 뿌리 뽑힌 자였지만 이제 삶의 방향이 분명해졌지요. 인생의 일대 전환점을 맞은 것입니다. 이제 그의 발걸음은 가볍고 거침이 없습니다. 목표가 분명하고 희망이 생기니 주저할 이유가 없지요.

야곱이 줄곧 길을 걸어서, 드디어 동방 사람들이 사는 땅에 이르렀다. 창세기 29 : 1

그는 머뭇거림 없이 '줄곧' 힘차게 목표를 향해 갔습니다. 그러고는 하란 가까이에 이르게 됩니다. 하란은 어떤 곳입니까? 증조부 데라가 묻혔고, 할아버지 아브라함이 떠나왔던 곳 아닙니까? 야곱은 조상들이 힘들게 떠나왔던 곳으로 다시 돌아가되 새로운 마음과 의지, 가치관을 지니고 갔습니다. 어디를 가더라도 자신의 주체적 내면의 모습이 중요합니다. 베델에서 돌베개의 꿈을 꾸기 이전과 이후의 야곱은 전혀 다른 사람입니다. 사람이 달라졌으니 같은 곳을 가더라도 일어나는 사건은 다르게 마련입니다.

야곱은 우물이 있는 어느 곳에 이르게 되었습니다. 성서는 우물가의 만남을 자주 기록하고 있는데, 우물가란 단순히 물을 마시는 장소가 아니라 마을 공동체의 중심입니다. 그렇기에 이곳에서의 만남이란 특별한 의미를 갖습니다. 무언가 앞으로 중요한 일이 벌어짐을 예고하지요.

우물가의 특별한 만남

우물가에는 양 떼 세 무리와 목자들이 있었고, 우물 아귀는 큰 돌로 덮여 있습니다. 알고 보니 이 돌을 치우고 양들에게 물을 먹이려면 양 떼들이 전부 모일 때까지 기다려야 한다는 겁니다.

거기 들에 우물이 있는데, 그 곁에 양 떼 세 무리가 엎드려 있는 것이 보였다. 그곳은, 목자들이 양 떼에게 물을 먹이는 우물인데, 그 우물 아귀는 큰 돌로 늘 덮여 있어서, 양 떼가 다 모이면, 목자들이 우물 아귀에서 그 돌을 굴려내어 양 떼에게 물을 먹이고, 다 먹인 다음에 다시 돌을 굴려서, 우물 아귀를 덮고는 하였다.……야곱이 말하였다. "아직 해가 한창인데, 아직은 양 떼가 모일 때가 아닌 것 같은데, 양 떼에게 물을 먹이고, 다시 풀을 뜯기러 나가야 하지 않습니까?" 그들이 대답하였다. "그렇지 않습니다. 양 떼가 다

248

모일 때까지 기다렸다가, 양 떼가 다 모이면, 우물 아귀의 돌을 굴려내고서, 양 떼에게 물을 먹입니다." 창세기 29: 2-8

상황이 이러하니 양들은 아무리 목이 말라도 다른 양들이 다 올 때까지 갈증을 참고 기다려야 합니다. 먼저 온 양들은 달리 목을 축일 방법이 없고 시간이 갈수록 지쳐갈 것입니다. 큰 돌을 치우려면 꽤나 힘들고 성가시기도 하니 그런 관습이 생겨났는지 모르지만, 모두 인간 위주의 생각이 아닐 수 없습니다. 더군다나 돌을 치울 힘이 없는 사람이 양을 몰고 오는 경우, 물을 먹이는 일이란 엄두조차 내기 어렵습니다. 이 관습이 상당히 불편한데도 누구도 아직까지 시정할 생각을 하고 있지 않았습니다.

야곱은 아직 양들이 다 모일 때가 아니니 우선 급한 대로 물도 먹이고 풀도 뜯도록 해줘야 하는 것이 아니냐고 하자, 목자들은 양 떼가 다 모여야 그럴 수 있다며 동네의 고유 방식이라고만 대답할 뿐이었습니다. 나그네인 야곱의 생각과 하란의 관습이 장차 충돌할 수 있음을 예고합니다. 야곱은 기존의 질서를 그대로 받아들이지 않고 과감히 돌파하면서 새로운 현실을 만들어내려는 인간형임을 떠올릴 필요가 있습니다.

야곱은 이런 대화의 중간에 외삼촌 라반의 집안에 대해 묻습니다.

야곱이 그 목자들에게 물었다. "여보십시오, 어디에서 오시는 길입니까?" 그들이 대답하였다. "우리는 하란에서 오는 길입니다." 야곱이 그들에게 또 물었다. "나홀이라는 분의 손자인 라반이라는 분을 아십니까?" 그들이 대답하였다. "아, 예, 우리는 그를 잘 압니다." 야곱이 또 그들에게 물었다. "그분이 평안하게 지내십니까?" 그들이 대답하였다. "잘 삽니다. 아, 마침, 저기

그의 딸 라헬이 양 떼를 몰고 옵니다." 창세기 29: 4-6

우물은 멀리서 온 야곱과 라반의 집안, 특히 그 딸 라헬과의 첫 인연
을 시작하게 해준 자리가 되었습니다. 그러나 그것은 그저 친척 또는 혈
육관계에만 의존해서 맺어지는 인연은 아니었습니다.

목자들이 대답을 마칠 무렵 마침 라헬이 양 떼를 몰고 오는데, 이때
야곱은 즉각 행동에 나섭니다. 기존의 관습이 정해놓은 절차를 넘어서
서 양들의 갈증을 그 즉시 해결하는 방법을 취했습니다. 해가 아직 한창
이라니 더웠을 것이며, 양들의 목마름도 목마름이지만 라헬은 우물 아귀
를 막은 큰 돌을 치우기 위해 다른 목자들의 도움을 받아야 했습니다. 그
러자면 나머지 양들이 모두 모일 때까지 오래 기다려야 하지요.

야곱이 목자들과 말하고 있는 사이에, 라헬이 아버지의 양 떼를 이끌고 왔
다. 라헬은 양 떼를 치는 목동이다. 야곱이 외삼촌 라반의 딸 라헬과 그가 치
는 외삼촌의 양 떼를 보고, 우물 아귀에서 돌을 굴려내어, 외삼촌의 양 떼에
게 물을 먹였다. 창세기 29: 9-10

야곱은 돌을 굴려내 우물을 열고 양들이 물을 마시게 했습니다. 야곱
의 어머니 리브가가 우물의 물을 떠서 아브라함이 보낸 늙은 하인과 낙
타들에게 주었던 장면을 떠올리게 합니다. 그때 리브가는 생명의 필요와
요구 앞에서 머뭇거림이 없었지요. 물을 다 긷고 가려던 참에 다시 물을
긷는다는 것, 그것도 낙타 열 마리의 목마름을 달래는 것은 간단한 일이
아니었을 텐데 소녀 리브가는 당찬 태도로 이를 감당해냈습니다. 자기편

의주의의 울타리를 넘어서었습니다. 야곱 역시 목마른 생명의 목을 축이는 일에 주저하지 않았습니다.

성서에서 우물의 사건은 그렇게 생명공동체의 필요를 주목케 하고 이 필요를 채워주는 이의 등장을 보여줍니다. 야곱은 이곳 관습이 그러하니 좀 기다리자가 아니라 그 현장에서 당장 채워주었지요. 멋진 남자입니다.

외삼촌 라반과의 만남

우물을 막은 돌을 치우는 장면에서 우리는 야곱에게 '돌'이 남다른 의미와 상징이 있음을 봅니다. 돌이켜 보면, 첫째 베델에서 돌베개로 '하나님의 집'을 세운 장면은 하나님을 향한 믿음을 자기 삶의 중심으로 옮겨놓은 이야기입니다. 둘째 이 우물의 덮개 돌을 치우는 모습은, 인간의 삶에 장애가 되는 일은 즉각 해결하겠다는 의지를 드러냅니다. 그러니까 돌을 세우는 남자, 돌을 치우는 남자를 함께 묶어 이야기하자면 야곱은 자기 인생의 중심에 하나님에 대한 믿음을 분명하게 세우고 그 힘으로 인간사에 필요한 일이라면 주저하지 않고 달려가 그 장애를 치워주는 상당히 괜찮은 사나이가 되었다고 할 수 있습니다. 매일 집에서 팥죽만 끓이던 남자가 말입니다.

그렇다고 해서 집에서 팥죽 끓이는 걸 하찮게 여긴다는 뜻은 아닙니다. 그 팥죽 끓이는 걸 기득권으로 내세워 배가 고파 어쩔 줄 모르는 형에서에게 장자권을 빼앗았던 치졸한 사람이었는데, 이젠 상대의 필요에 귀를 기울이고 반응하는 사람이 된 것입니다. 하나님에 대한 믿음을 바탕으로 현실의 필요를 해결하는 능력이 충만한 존재로 거듭났음을 우리는 여기서 확인합니다.

이렇게 한 뒤 야곱은 기쁜 나머지 라헬에게 입을 맞추고 울었습니다. 그러고는 자신의 정체를 밝힙니다. 집을 떠나 빈들을 지나고 먼 길을 걸어, 마침내 하란의 어느 우물가에 이르러 자기 사정을 하소연하고 또 자기가 앞으로 지내게 될 집안의 딸을 보게 되었으니 얼마나 가슴이 벅찼겠습니까? 라반의 집에 가서 자기가 겪었던 그간의 모든 일을 털어놓는 장면을 봐도 그의 가슴에 묻어둔 이야기가 얼마나 많았을지 상상할 수 있습니다. 이런 맥락을 전제로 하고 야곱이 라헬에게 입을 맞추고 기뻐 우는 장면을 이해한다면 그것은 야곱의 외로움, 서러움, 기쁨이 한데 뒤섞인 감정의 폭발이라고 할 수 있습니다.

그러고 나서, 야곱은 라헬에게 입을 맞추고, 기쁜 나머지 큰소리로 울면서, 라헬의 아버지가 자기의 외삼촌이라는 것과, 자기가 리브가의 아들이라는 것을 라헬에게 말하였다. 라헬이 달려가서, 아버지에게 이 사실을 말하였다. 라반은 누이의 아들 야곱이 왔다는 말을 듣고서, 그를 만나러 곧장 달려와, 그를 보자마자 껴안고서, 입을 맞추고, 자기 집으로 데리고 갔다. 야곱은 지금까지 있었던 일들을 라반에게 다 말하였다. 창세기 29: 11-13

야곱의 이야기를 들은 라헬은 아버지 라반에게 이 사실을 전하고 라반 역시 당장에 달려와 자기 여동생 리브가의 아들이자 처음 보는 조카 야곱을 집으로 데려갑니다. 라반은 리브가가 얼굴도 모르는 이삭에게 시집 가려고 집을 떠날 때 이 여동생을 며칠만이라도 집에 더 머물게 하려 했던 적이 있는데, 그립고 보고 싶었던 그 여동생의 아들이 왔으니 얼마나 반가웠겠습니까? 라반이 다른 사람을 시켜 그 자신이 한달음에 달려가 야곱을 껴안고 입맞추며 데려왔으니, 얼마나 그 기쁨이 컸을는지 짐작할 수 있습니다.

그런데 인생은 참 묘합니다. 이렇게 감격에 찬 만남이 훗날 속고 속이는 자, 착취하고 착취당하는 자, 추격하고 도주하는 자가 되어 긴장관계가 만들어집니다. 결국 두 사람은 장인과 사위로서 화해하지만 인생이란 사뭇 그 장래를 알기가 힘듭니다. 외삼촌 라반과의 만남으로 야곱의 삶이 지금까지와는 극적으로 달라집니다. 그 예기치 못했던 관계의 변화에서 겪는 고통을 통해 하나님은 야곱을 새롭게 길러내십니다. 야곱이 변모해가는 과정은 좀더 훗날의 이야기이지만, 일단 여기서 야곱은 자신을 반갑게 맞이해주는 외삼촌 라반에게 자기의 일을 모두 이야기합니다. 반가움이 넘쳐 야곱의 마음이 무장해제되었는지 아니면 예쁜 라헬을 만나서 정신을 차리기가 어려웠는지 또는 서러움이 복받쳐 그랬는지 그는 자기 사정을 전부 쏟아놓습니다.

야곱이 어디까지 이야기했을까요? 성서 본문은 자기 일을 일부는 숨기고 일부는 밝혔다고 한 것이 아니라 모두 말했다고 기록하고 있습니다. 야곱의 이야기를 듣게 된 라반은 무슨 생각을 했을까요? 나중에 보면 라반은 보통 사람이 아니라는 걸 알게 됩니다. 세속에 닳고 닳은 사람으로서 목적을 위해서라면 수단과 방법을 가리지 않습니다. 제 딴에는 꽤나 영특하다고 생각했을지 모를 야곱은 그런 그와 비교하면 순진하기 짝이 없는 사람이라고 할 만합니다. 야곱이 자기의 약점까지 스스로 다 말해버린 건데, 상대를 충분히 알지 못하는 상태에서는 신중하고 아주 조심해야 합니다. 현실의 냉혹함을 잘 몰랐던 야곱은 훗날 라반에게 크게 뒤통수를 얻어맞지요. 이런 과정을 겪으면서 야곱이 성장하는 것을 우리는 봅니다.

사랑을 얻기 위한 세월

라반은 야곱을 자신의 피붙이라며 그의 집에서 살게 합니다. 야곱에게 는 살 길이 열린 것이지요. 그렇다고 그가 빈둥빈둥 놀면서 대접만 받고 지낸 것은 아니었습니다. 밥값을 하겠다고 했습니다.

말을 듣고 난 라반은 야곱에게 말하였다. "너는 나와 한 피붙이이다." 야 곱이 한 달을 라반의 집에 머물러 있을 때에, 라반이 그에게 말하였다. "네가 나의 조카이긴 하다만, 나의 일을 거저 할 수는 없지 않느냐? 너에게 어떻게 보수를 주면 좋을지, 너의 말을 좀 들어보자." 창세기 29: 14-15

라반은 일하는 대가 또는 품삯의 계약조건에 대해 말하고 있는데, 야 곱은 이를 사랑을 얻는 사건으로 변화시킵니다.

라반에게는, 두 딸이 있었다. 맏딸의 이름은 레아이고, 둘째 딸의 이름은 라헬이다. 레아는 눈매가 부드러웠으며, 라헬은 몸매가 아름답고, 용모도 예 뻤다. 야곱은 라헬을 더 사랑하였다. 그래서 그는 "제가 칠 년 동안 외삼촌 일을 해드릴 터이니, 그때에 가서, 외삼촌의 작은 딸 라헬과 결혼하게 해주 십시오" 하고 말하였다. 그러자 라반이 말하였다. "그 아이를 다른 사람과 짝지어주는 것보다, 너에게 짝지어주는 것이 더 낫겠다. 그러면 여기서 나와

함께 살자." 창세기 29: 16-19

야곱의 선택은 분명했습니다. 상대방은 지금 노동의 대가로 무엇을 줄지 말하고 있는데, 야곱은 사랑을 위해 자신이 무엇을 헌신할 것인가를 밝히고 있습니다. 사랑하는 라헬과 결혼하는 대가로 칠 년의 노동을 감수하겠다고 합니다. 레아와 라헬이라는 두 여인 가운데 야곱의 마음을 사로잡은 상대는 라헬이었어요. 그런데 그 방식이 주목됩니다. 칠 년 일을 하고 나서 라헬을 달라고 했는데 그때 라반의 마음이 바뀌거나 라헬이 야곱에게 관심이 없다면 어떻게 해야 하나요? 상대가 칠 년 뒤에 막상 어떻게 나올지도 모르는데 일단 자신이 원하는 것을 얻고 나서 그 다음에 칠 년을 노동하면 되는 것 아닌가요? 이게 야곱에게는 훨씬 유리한 방법이 아니었을까요?

이 제안은 그런 면에서 볼 때 사실 야곱에게 위험부담이 있습니다. 자기의 소중한 인생 칠 년을 거는 것 아닙니까? 라반의 마음이 바뀌면 그 칠 년의 봉사는 모두 허사입니다. 그런데도 이 일은 우선 성사됩니다. 라반이 허락합니다. 그리고 약속했던 세월은 쏜살같이 흐르지요.

야곱은 라헬을 아내로 맞으려고 칠 년 동안이나 일을 하였지만, 라헬을 사랑하기 때문에, 칠 년이라는 세월을 마치 며칠같이 느꼈다. 창세기 29: 20

그 칠 년은 의무의 세월이었지만 사랑을 이루는 과정이었기에 단 며칠처럼 느껴질 만큼 짧았습니다. 같은 시간이라도 시간의 가치와 뜻이 달라졌기 때문입니다. 야곱이라는 인물은 과거에는 자기를 걸고 뭔가 얻으

려는 사람이 아니었는데, 지금 그는 자기 인생 칠 년을 온통 사랑하는 한 여인을 위해 바칩니다. 진정한 이 사랑에 자기를 정직하게 투신하지요. 이는 야곱의 성장을 상징적으로 보여주는 대목입니다.

라반은 야곱의 제안을 받아들이고 나서 함께 살자고 합니다. 본래 야곱이 집을 떠나올 때는 어머니가 "형 에서의 분이 풀리면 그때 기별을 보내겠다. 그러면 돌아와라"고 했는데 그것과는 다른 상황이 벌어진 것입니다. 라반의 집에서 얼마만큼 머물게 되는가 하는 문제는 에서의 분이 풀리는 것과는 별도의 일이 되었습니다. 모든 것은 그 현장의 요구와 조건에 따라 바뀔 수 있습니다. 거기에는 다 그럴 만한 하나님의 뜻이 있습니다. 잠시 있다가 돌아갈 줄 알았는데 이십 년 가까운 세월을 이곳에서 보내고, 야곱은 성숙한 자의 면모를 갖추게 되지요.

그런데 왜 칠 년이었을까요? 성서에서 칠은 완전한 숫자를 상징합니다. 그 숫자 자체가 그렇다는 것은 아니고, 칠 년이라는 세월이 지나면 하나의 마디가 충분히 마무리된다는 뜻이지요. 야곱으로서는 "이 정도면 충분히 점검할 걸 점검하고 나도 보일 걸 보일 수 있는 그러한 세월이니까 그 지점에 가서 딴소리를 할 수는 없지 않겠습니까? 칠 년 정도 저를 지켜보신다면 그때에 저의 됨됨이를 보면서 딸을 주시는 것에 아마 이의가 없으실 겁니다"라고 할 만한 상황입니다. 먼 장래에 대한 계약이기도 하지만 그건 그만큼 야곱이 자신의 성실함에 대한 최선의 노력을 그 세월 동안 흐트러짐 없이 쏟아 붓겠다는 것을 뜻하기도 합니다. 그러고 나서 어떤 일이 벌어졌을까요?

칠 년이 지난 뒤에, 야곱이 라반에게 말하였다. "약속한 기한이 다 되었습니다. 이제 장가를 들게 해주십시오. 라헬과 결혼하겠습니다." 라반이 그 고장 사람들을 다 청해놓고, 잔치를 베풀었다. 밤이 되었을 때에, 라반은 큰 딸 레아를 데려다가 신방으로 들여보냈는데, 야곱은 그것도 모르고, 레아와 동침하였다. 라반은 여종 실바를 자기 딸 레아에게 몸종으로 주었다. 창세기 29:
21-24

두 명의 신부

라반은 야곱을 속였습니다. 야곱은 상당히 치밀한 사람이라 속는다는 것은 상상할 수조차 없는 일이었지만 결국 라반에게 당하고 맙니다. 어떻게 그럴 수 있느냐고 의아해할 수 있지만 정황을 보면 납득이 갑니다.

라반은 그 고장 사람들을 모두 초대해 잔치를 베풀었는데, 고대에서 근대사회로 들어설 때까지 결혼은 마을 공동체 차원의 사건이었습니다. 그러니 야곱과 라헬의 혼인은 마을 축제가 되었지요. 이렇게 공개되고 알려진 결혼식이었으니 마을 사람들을 포함해서 당사자 자신도 결혼식은 누구하고 누가 한다는 것을 다 알지 않았겠습니까? 애초에 손님들을 부를 때도 야곱과 레아가 결혼한다고 얘기하지 않았을 것임은 분명합니다. 그날 혼인식에서 우리처럼 맞절을 했다면 그 상대는 분명 라헬이었을 것입니다.

만일 야곱이 결혼 상대가 레아라고 했다면 당장에 항의했을 것이고, 비밀스럽게 한다고 해도 결혼식 준비에 적지 않게 시간이 걸리는 걸 감안하면 말이 새어나가지 않았겠습니까? 혹시 그랬다면 자신이 당연히 신부라고 생각하고 있었을 라헬도 가만히 있지 않았겠지요. 지난 칠 년의 세월을 손꼽아 기다리던 순간 아닙니까?

신랑 신부를 밝히지 않는 결혼식은 없습니다. 따라서 야곱도 전혀 의심할 이유가 없었지요. 그런데 밤에 아버지가 라헬이 아닌 큰딸 레아의 손을 붙잡고 신방에 들여보냅니다.

> 아침이 되어서 야곱이 눈을 떠보니, 레아가 아닌가! 야곱이 라반에게 말하였다. "외삼촌께서 저에게 이러실 수가 있습니까? 제가 그동안 라헬에게 장가를 들려고 외삼촌 일을 해드린 것이 아닙니까? 외삼촌께서 왜 저를 속이셨습니까?" 창세기 29: 25

아침이 돼서야 야곱은 신부가 레아라는 사실을 알고 라반에게 격렬하게 따집니다. 맏아들의 축복을 야곱에게 가로채였던 형 에서가 어떤 분노를 느꼈을지 야곱은 조금이나마 되돌아볼 수 있는 상황입니다. 야곱은 지난 칠 년 세월의 의미를 내세우며 자기를 속인 삼촌에게 항의합니다.

야곱의 아버지 이삭이 늙어서 눈이 잘 보이지 않아 목소리와 피부, 체취까지 가능한 한 모든 것을 동원해서 자세히 살펴 쌍둥이 아들 가운데 누구인지 파악하려 애썼던 것을 생각해보면, 야곱이 상대를 알아보지 못한 것은 기묘한 일이었다고 할 만합니다. 레아가 입을 꾹 다물고 라헬 행세를 했다는 점도 야곱을 기막히게 했겠지요. 아니었다면 목소리 하나로도 금방 상대의 정체를 알았을 텐데 말입니다. 자신이 형 에서처럼 꾸몄던 것을 그대로 되돌려 받은 셈입니다.

라반은 화가 잔뜩 난 야곱에게 언니를 먼저 시집보내는 것이 마을의 풍속이라고 넉살좋게 구실을 갖다 붙입니다. 우물가에서 목자들이 그 동네 관습은 양들이 다 모여야 우물 아귀의 큰 돌을 치워 물을 먹인다고 했던 것과 통하는 대목입니다. 거기에서는 야곱이 주도권을 가지고 그 관습의 벽을 깨뜨렸는데, 정작 자신의 일에서는 그 고장의 풍습과 법을 구실 삼는 라반의 주도권에 패배하고 말았습니다. 라반은 야곱의 항의에 마을의 풍속을 내세우며 라헬을 마저 줄 테니 칠 년을 더 일하라고 요구합니다. 결국 야곱은 라헬을 얻기 위해 십사 년의 세월을 바치게 되어버렸습니다.

라반이 대답하였다. "큰 딸을 두고서 작은 딸부터 시집보내는 것은, 이 고장의 법이 아닐세. 그러니 이레 동안 초례 기간을 채우게. 그런 다음에, 작은 아이도 자네에게 주겠네. 그 대신에 자네는, 또 칠 년 동안, 내가 맡기는 일을 해야 하네." 야곱은 그렇게 하였다. 그가 레아와 이레 동안 지내고 나니, 라반은 자기 딸 라헬을 그에게 아내로 주었다. 라반은 여종 빌하를 자기 딸 라헬에게 몸종으로 주었다. 야곱이 라헬과 동침하였다. 야곱은 레아보다, 라헬을 더 사랑하였다. 그는 또다시 칠 년 동안 라반의 일을 하였다. 창세기 29:26-30

정말 그 마을의 풍속이 그랬다면 애초에 야곱에게 말해주어야 했겠지요. 설령 백 보를 양보해서 칠 년 전에 얘기했을 때는 그 사이에 큰딸이 먼저 시집갈 수도 있었을 테니까 그래서 얘기 안 한 거였다고 변명할 수도 있습니다. 하지만 적어도 그날만큼은 사정을 말하고 야곱의 선택을 기다려야 했던 것 아니겠습니까? 라반은 그동안 지켜보니 두 딸 모두 야곱의 아내가 되는 편이 낫겠다고 생각했거나 아니면 칠 년을 더 붙잡아

두고 자기 재산을 축적할 수단을 확보하려는 계략을 편 셈이 아닌가 싶기도 합니다.

결혼과 관련해서 라반의 처신을 악의적으로 보면 야곱을 자기 집의 능력 있는 머슴으로 부리기 위해 두 딸을 팔아먹은 셈이나 마찬가지이기에, 나중에 두 딸이 "아버지가 우리를 팔았다, 자기 욕심을 채우려고"라며 불만을 토로하는 장면도 나옵니다. 사실 야곱의 헌신으로 라반의 집안은 부자가 되지요. 야곱과 두 딸은 이런 라반의 목적에 이용당했다고 여겨질 수도 있습니다. 라헬이 그 첫 희생자였던 셈입니다.

라헬은 첫날밤을 망친 신부가 되고 말았습니다. 이제나저제나 기다리고 있었을 라헬 역시 얼마나 기가 막혔을까요? 그날 결혼식의 진짜 주인공이 아니었던 언니 레아도 문제가 있는 셈입니다. 그녀의 입장을 최대한 헤아려본다면 동생과 서로 사랑하는 야곱을 그 마음에 두고 혼자 속을 태웠을지도 모르지요. 야곱이 본래 결혼하기로 했던 상대가 있는 현실에서 라반의 잘못된 선택은 훗날 두 딸 사이를 연적 관계로 만들고, 그들에게 각각 딸려 보낸 여종 실바와 빌하마저 아들 낳기 경쟁을 하게 만드는 불행의 씨앗이 됩니다. 이 일은 이후 야곱의 아들 요셉의 운명에까지도 영향을 미칩니다. 요셉이 이복형제들과 관계가 우호적이지 못한 이유는 물론 요셉 자신의 처신에도 문제가 있었지만 어머니들 사이의 여러 사연들이 복잡하게 얽혀 있었기 때문이기도 했습니다.

여기서 야곱의 인품에 대해 한번 짚어볼 필요가 있습니다. 그가 만일 라반에게 레아와 이미 동침하고 난 후인데, "이 결혼을 물러주십시오"라고 했다면 레아는 수치와 모욕을 당한 끝에 자살하려 했을지도 모를 일입니다. 치욕을 당한 여성이 되는 거지요. 그런데 야곱은 그렇게 하지 않습니다. 레아가 온 동네 사람들에게 모욕을 받지 않도록 했고, 레아 자신이 의도했건 의도하지 않았건 야곱은 레아를 아내로 지켜냅니다. 그러고 나서 라헬을 얻기 위해서 칠 년을 더 일하라는 요청을 받아들였는데, 이는 그 세월이 다 지나고 라헬이 나이가 더 든 다음에 데려가라는 것이 아니라 칠 일 동안 레아와의 초례를 치르고 난 다음에 라헬도 같이 살게 했던 것입니다. 초례를 치르는 그 칠 일이 라헬에게는 칠 년의 세월보다 더 길었을지 모르지요. 그 대가로 야곱은 칠 년 노동을 더하게 되지만 그 시간은 결코 헛된 세월이 아니었음을 두고두고 알게 됩니다.

여기에서 다시 한 번 주목하게 되는 것은 자신이 사랑하는 여인 라헬과 맺어지기 위해 야곱은 십 년이 넘는 시간을 고스란히 그리고 흔쾌히 바쳤다는 사실입니다. 그는 이 과정에서 자기의 모든 시간과 노력, 진정한 삶 전부를 걸지 않으면 자신의 것으로 언어지는 것이란 이 세상에 하나도 없음을 뼈저리게 체험한 것입니다. 그는 이 일을 떠올릴 때마다 분노로 치를 떨었다거나 첫날밤을 혼란스럽게 만든 레아를 핍박했다거나 약속한 세월을 채우지 않고 도중에 라헬을 데리고 도주했다거나 하지 않았습니다. 야곱은 겉으로 보기에는 사기당한 자로 어리석은 인생을 산 것 같지만, 그는 라헬을 아내로 얻기 위해 묵묵히 일한 오랜 시간 동안 자신을 새롭게 훈련시키고 성장합니다. 얼핏 보기에 야곱은 라반의 집에서 말도 안 되는 일을 강요당한 자처럼 억울하게 보일지 모르지만, 그 과정을 통해 사랑을 이루고 성숙된 승리자로 서게 되었던 것입니다. 진정한 마음으로 자기를 헌신할 때에 상상을 뛰어넘는 능력을 얻는 축복이 있습니다.

인생은 절대로 누가 대신 살아주기가 불가능하지요. 처음부터 끝까지 자신이 감당해나가야만 합니다. 그러나 어디까지나 하나님을 향한 분명한 좌표가 서 있을 때만이 닥쳐오는 시련과 어려움 앞에서도 무너지지 않는 존재로 커나가게 됩니다. 주어진 현실의 어려움을 극복해내는 데 걸리는 세월은 참된 행복에 다가서는 지혜와 능력을 기르는 시간으로 바뀝니다. 그렇기에 사랑하는 여인 라헬을 위해 바친 십여 년은 야곱에게 자신의 진정한 모습을 발견하고 하나님의 능력을 자기 몸에 충만하게 스미도록 하는 기간이 됩니다. 그리고 마침내 야곱은 라반의 계략을 넘어서 자신의 삶에 당당히 주도권을 가지는 존재로 우뚝 서지요. 야곱은 속은 것 같지만 속은 것이 아니라 결국 그것을 반전의 기회로 삼을 줄 알았고, 자신의 삶을 풍요하게 만드는 힘을 가진 자로 성장해나갔습니다. 자신의 진실을 가지고 만나는 하나님 안에서는 궁극적인 패배란 없으며, 마침내 시련의 세월을 이기게 됩니다. 벼랑 끝에서 하나님의 손길에 자신을 맡기는 사람은 두려움을 떨치고 벼랑 밑으로 내려가는 길을 반드시 찾아내고야 맙니다. 하나님이 도와주시기 때문입니다.

29 ¹ 야곱이 줄곧 길을 걸어서, 드디어 동방 사람들이 사는 땅에 이르렀다.

² 거기 들에 우물이 있는데, 그 곁에 양 떼 세 무리가 엎드려 있는 것이 보였다. 그곳은, 목자들이 양 떼에게 물을 먹이는 우물인데, 그 우물 아귀는 큰 돌로 늘 덮여 있어서, ³ 양 떼가 다 모이면, 목자들이 우물 아귀에서 그 돌을 굴려내어 양 떼에게 물을 먹이고, 다 먹인 다음에 다시 돌을 굴려서, 우물 아귀를 덮고는 하였다.

⁴ 야곱이 그 목자들에게 물었다. "여보십시오, 어디에서 오시는 길입니까?" 그들이 대답하였다. "우리는 하란에서 오는 길입니다." ⁵ 야곱이 그들에게 또 물었다. "나홀이라는 분의 손자인 라반이라는 분을 아십니까?" 그들이 대답하였다. "아, 예, 우리는 그를 잘 압니다." ⁶ 야곱이 또 그들에게 물었다. "그분이 평안하게 지내십니까?" 그들이 대답하였다.

"잘 삽니다. 아, 마침, 저기 그의 딸 라헬이 양 떼를 몰고옵니다."

⁷ 야곱이 말하였다. "아직 해가 한창인데, 아직은 양 떼가 모일 때가 아닌 것 같은데, 양 떼에게 물을 먹이고, 다시 풀을 뜯기러 나가야 하지 않습니까?" ⁸ 그들이 대답하였다. "그렇지 않습니다. 양 떼가 다 모일 때까지 기다렸다가, 양 떼가 다 모이면, 우물 아귀의 돌을 굴려내고서, 양 떼에게 물을 먹입니다."

⁹ 야곱이 목자들과 말하고 있는 사이에, 라헬이 아버지의 양 떼를 이끌고 왔다. 라헬은 양 떼를 치는 목동이다.

¹⁰ 야곱이 외삼촌 라반의 딸 라헬과 그가 치는 외삼촌의 양 떼를 보고, 우물 아귀에서 돌을 굴려내어, 외삼촌의 양 떼에게 물을 먹였다. ¹¹ 그러고 나서, 야곱은 라헬에게 입을 맞추고, 기쁜 나머지 큰소리로 울면서, ¹² 라헬의 아버지가 자기의 외삼촌이라는 것과, 자기가 리브가의 아들이라는 것을 라헬에게 말하였다. 라헬이 달려가서, 아버지에게 이 사실을 말하였다.

¹³ 라반은 누이의 아들 야곱이 왔다는 말을 듣고서, 그를 만나러 곧장 달려와, 그를 보자마자 껴안고서, 입을 맞추고, 자기 집으로 데리고 갔다. 야곱은 지금까지 있었던 일들을 라반에게 다 말하였다.

¹⁴ 말을 듣고 난 라반은 야곱에게 말하였다. "너는 나와 한 피붙이이다." 야곱이 한 달을 라반의 집에 머물러 있을 때에, ¹⁵ 라반이 그에게 말하였다. "네가 나의 조카이긴 하다만, 나의 일을 거저 할 수는 없지 않느냐? 너에게 어떻게 보수를 주면 좋을지, 너의 말을 좀 들어보자."

¹⁶ 라반에게는, 두 딸이 있었다. 맏딸의 이름은 레아이고, 둘째 딸의 이름은 라헬이다. ¹⁷ 레아는 눈매가 부드러웠으며, 라헬은 몸매가 아름답고, 용모도 예뻤다. ¹⁸ 야곱은 라헬을 더 사랑하였다. 그래서 그는 "제가 칠 년 동안 외삼촌 일을 해드릴 터이니, 그때에

가서, 외삼촌의 작은 딸 라헬과 결혼하게 해주십시오" 하고 말하였다. ¹⁹ 그러자 라반이 말하였다. "그 아이를 다른 사람과 짝지어주는 것보다, 너에게 짝지어주는 것이 더 낫겠다. 그러면 여기서 나와 함께 살자." ²⁰ 야곱은 라헬을 아내로 맞으려고 칠 년 동안이나 일을 하였지만, 라헬을 사랑하기 때문에, 칠 년이라는 세월을 마치 며칠같이 느꼈다. ²¹ 칠 년이 지난 뒤에, 야곱이 라반에게 말하였다. "약속한 기한이 다 되었습니다. 이제 장가를 들게 해주십시오. 라헬과 결혼하겠습니다."

²² 라반이 그 고장 사람들을 다 청해놓고, 잔치를 베풀었다. ²³ 밤이 되었을 때에, 라반은 큰 딸 레아를 데려다가 신방으로 들여보냈는데, 야곱은 그것도 모르고, 레아와 동침하였다. ²⁴ 라반은 여종 실바를 자기 딸 레아에게 몸종으로 주었다.

²⁵ 아침이 되어서 야곱이 눈을 떠보니, 레아가 아닌가! 야곱이 라반에게 말하였다. "외삼촌께서 저에게 이러실 수가 있습니까? 제가 그동안 라헬에게 장가를 들려고 외삼촌 일을 해드린 것이 아닙니까? 외삼촌께서 왜 저를 속이셨습니까?"

²⁶ 라반이 대답하였다. "큰 딸을 두고서 작은 딸부터 시집보내는 것은, 이 고장의 법이 아닐세.

²⁷ 그러니 이레 동안 초례 기간을 채우게.

그런 다음에, 작은 아이도 자네에게 주겠네. 그 대신에 자네는, 또 칠 년 동안, 내가 맡기는 일을 해야 하네."

²⁸ 야곱은 그렇게 하였다. 그가 레아와 이레 동안 지내고 나니, 라반은 자기 딸 라헬을 그에게 아내로 주었다.

²⁹ 라반은 여종 빌하를 자기 딸 라헬에게 몸종으로 주었다. ³⁰ 야곱이 라헬과 동침하였다. 야곱은 레아보다, 라헬을 더 사랑하였다. 그는 또다시 칠 년 동안 라반의 일을 하였다.